现代大学校长文丛

朱清时 主编
李传玺 执行主编

陈垣 卷

杨春 编

时代出版传媒股份有限公司
安徽教育出版社

图书在版编目（CIP）数据

现代大学校长文丛. 陈垣卷 / 杨春编.
—合肥：安徽教育出版社，2015
ISBN 978-7-5336-8115-9

Ⅰ.①现… Ⅱ.①杨… Ⅲ.①高等教育—中国—文集 Ⅳ.①G649.2-53

中国版本图书馆CIP数据核字（2015）第210942号

现代大学校长文丛·陈垣卷
XIANDAI DAXUE XIAOZHANG WENCONG CHEN YUAN JUAN

出 版 人：郑　可
质量总监：张丹飞
策划统筹：王　骏　钱　江
责任编辑：周大勤
装帧设计：阮　娟
技术编辑：王　琳

出版发行：时代出版传媒股份有限公司　安徽教育出版社
地　　址：合肥市经开区繁华大道西路398号　邮编：230601
网　　址：http://www.ahep.com.cn
营销电话：(0551)63683011，63683013
排　　版：安徽创艺彩色制版有限责任公司
印　　刷：合肥中德印刷培训中心印刷厂

开　　本：720×960　1/16
印　　张：21.5
字　　数：315千字
版　　次：2015年11月第1版　2015年11月第1次印刷
定　　价：39.00元

（如发现印装质量问题，影响阅读，请与本社营销部联系调换）

总　序

一

我们似乎不应该忘记一个日子。清光绪二十四年(1898年)八月初六,那是一个血雨腥风的日子,戊戌变法失败了。一边是慈禧再度"训政",一边是废黜光绪,废除新政,对倡导变法维新人士进行大搜捕、大屠杀。其中独有一项"成果"经过一个老人的巧妙运作保留了下来,那人是时任管学大臣的孙家鼐,那"成果"便是京师大学堂。

也许是经过变法者心血与鲜血的滋润,这粒中国现代教育的种子开始了它的倔强生长。

至1949年,中国现代教育体系包括大学教育体系以及它的格局、架构已基本形成。

由此,人们常常发问:

那是一段什么样的历史时期,朝代更迭,袁氏复辟,走马灯式的北洋政府;军阀割据,连年混战,人民水深火热几不聊生;外敌入侵,十四年抗战,虽取得胜利,接踵的又是国共内战。如此时空背景,常常使课堂里放不下一张平静的书桌。可就是在这样的时代氛围中,中国现代大学教育却能够生长,且健全了各门类基础学科,诞生了一批名校,培养出了惠及后世的大量杰出人才,在教学相长过程中走出了大批大师级的教育家、科学家、思想家。为什么？

钱学森先生曾这样发问。

每个人一说到中国现代大学教育时，总会想到蔡元培先生，总会想到西南联大，更会这样发问。

二

2010年3月14日下午，首都机场。全国两会结束，各地的政协委员返程。全国政协委员，曾任中国科技大学校长，时任南方科技大学校长的朱清时先生正坐在过道边的椅子上。那段时间，他是热门人物，一直被媒体包围着，此刻他好像很累很疲倦，但仍有记者不停地同他说着教育的热点话题。作为安徽政协委员向中央报送信息的联络员李传玺也站在旁边听，并不时对朱清时先生切中肯綮的评论报以由衷的赞美。

"你是哪家报社的？"朱校长问李传玺。

《江淮时报》副总编常河先生站在旁边，向朱校长介绍了李。

"噢，你研究胡适啊，我对30年代那批大师，尤其是那批大师级的教育家非常佩服。"

这句话也埋下了一粒种子。

2012年初，时在安徽教育出版社就职的王骏先生询问李传玺，今年有没有好的选题。

李传玺的脑子里突然闪现出了在首都机场与朱清时校长谈话的画面，以及朱先生最后的那句话。何不请朱清时先生担纲编选一套现代大学校长文丛？王骏向社领导做了汇报，很快得到了同意。可朱清时校长能同意么？初春的一个下午，李传玺拨通了朱清时校长的电话，虽然天气不热，却紧张得一手心汗。没想到朱校长听完了介绍后，欣然同意。

于是有了现在呈现在大家面前的这套书。

三

让我们倾听一下那些大师们的声音。声音都不是那种激昂慷慨式的,很平和,却更入灵魂。

蔡元培先生:"对于各家学说,依各国大学通例,循思想自由原则,兼容并包。无论何种学派,苟其言之成理,持之有故,尚不达自然淘汰之运命,即使彼此相反,也听他们自由发展。"

张伯苓先生:"允公允能,日新月异","允公是大公,而不是小公,小公只不过是本位主义而已,算不得什么公了。惟其允公,才能高瞻远瞩,正己教人,发扬集体的爱国思想,消灭自私的本位主义","允能者,是要做到最能,要建设现代化国家,要有现代化的科学才能……不仅要求具备现代化的理论才能,而且要具有实际工作的能力"。

蒋梦麟先生:"大学者,为研究高等学科而设","学校之惟一生命在学术事业","研究学术而有所顾忌,则真理不明","畀以学术自由之权,所以求思想与学术自由之发展,不受外力阻挠也"。

梅贻琦先生:"所谓大学者,非谓有大楼之谓也,有大师之谓也。""新民之大业,非旦夕可期也,既非旦夕可期,则与此种事业最有关系之大学教育,与从事于此种教育之人,其所以自处之地位,势不能不超越几分现实;其注意之所集中,势不能为一时一地之所限止;其所期望之成就,势不能为若干可以计日而待之近功。"

胡适先生:"学术的发达,人才是第一要件。我们必须集中第一流的人才,替他们造成最适宜的工作条件,使他们可以自己做研究,使他们可以替全国训练将来的师资和工作人员","只有在自由独立原则之下,才能有高价值的创造","'自由'是学校给予师生的,'独立'则为创造的"。

竺可桢先生:"科学精神就是求真,要'只问是非,不计利害'。这就是说,只求真理,不管个人的利害","求是的路径,《中庸》说得最好,就是'博学之,审问之,慎思之,明辨之,笃行之'。单是博学、审问还不够,必须审思熟虑,自出心裁,独著只眼,来研辨是非得失"。
……

  不需要再引了,读着这些话,如果你是一个教育工作者,也许自会得出本文开篇所提疑问的答案。即使不是,你也会强烈感受到一个真正教育家的教育胸怀。此书还选收了大量大师们其他方面的论文甚至美文,任何一个读者都可以从中充分领略到大师们多面的风采。

李传玺

2015 年 3 月

目 录

1	**历史学家之外的陈垣**
1	短评(一)
1	短评(二)
2	短评(三)
3	短评(四)
3	短评(五)
4	短评(六)
4	短评(七)
5	荆州驻防满兵与汉城居民恶感之历史
6	新政府何多旧政也
6	时局之可虑
7	本报对于龙统制屡请去粤之政见
8	精神之军政府
8	赣皖内讧之大警告
9	今日慈善家亟宜发起恤兵会
9	论政府对于浙人之恶感
12	**医学报道**
12	广东军医学堂奏咨立案
13	又有用担竿压毙孖胎者
14	局坏
15	光明眼药
16	在公地唾涎者真要罚矣
18	针灸术保存会
19	贵人之信西医
20	青岛又有医科专门学校
21	跋阮元引痘诗

21	牛痘入中国考略
26	释医院
29	警道示预防时疫
31	禁屠避疫
32	伟哉汕头防疫会
33	改良医院急乎重建城隍庙急
34	粤军新设看护手
35	医生产婆痘师注册
36	吉省新设检验吏
36	英人谋兴中国医学
37	灭鼠防疫
38	来路猫
38	万国卫生会
39	万国学校卫生会
40	奏设检验吏已咨行到粤
41	坏鬼先生多别字诚哉
42	坊人有太古遗风
43	广府中学有疫存疑
44	伟哉海阳又有防疫会
45	京师医事汇闻
45	美医剖验交涉命案
46	宝隆医生画像
47	日本医人之风度
48	人骨可作奇货
48	日人以新世界医术逼韩
49	飞猎滨除疫法
50	题郑学士送别图
51	送郑学士之白耳根万国麻疯会序
54	检查娼妓非咸湿医生不可
55	新药制造公司之萌芽
57	此死孩而不以供解剖之用惜哉
58	京师亦有私立产婆学校矣

58	美医剖验交涉命案续闻
59	南雅雄剐狗
60	江督派员考察日本医学
61	江南又考试医生
62	光华医事卫生杂志发刊词
63	古弗先生
67	万国医学会之疑传
67	良好处女之鉴定
68	请增风院名额
69	吗啡累了曲见
70	高嘉淇传
71	第四回万国精神病者看护学会
72	麻风中外古今皆有
73	军医学生之前途
74	医师诊断新婚妾小产案始末识
74	敬告寄稿诸君
75	咨议局筹设学校医
76	谐谈一则
76	论徒恃三指按脉不足以知病跋
77	新发明之麻醉药跋
78	上海检疫之大风潮
79	中国解剖学史料
84	粤中医院之始祖
86	伍连德像题词
87	**历史随笔**
87	释汉
88	释唐
90	秋千拉绳之纪念
91	记王将军墓
94	书李袭侯
96	说正朔

99	国朝首请泯除满汉畛域者仁和杭堇甫先生
100	袁宏道李温陵传识语
101	说满汉之界
108	释奴才
111	说纸鹞
112	满洲嫁娶仪
113	郭亮哭李固
114	杨匡守杜乔
115	孔子诞感言
116	记九皇会
117	放胸的说帖
119	报父仇(一)
120	报父仇(二)
121	识粤东驻防地界图
122	论安插内地驻防
124	圣裔不鬻道
125	老父识民权
126	原顶
127	说铜壶滴漏
128	论利导国民
130	十月十日之纪念
132	说剧
133	徐闳中女
134	刘同子妻
134	党党
135	入狱
136	读金正希先生集
138	蒙古女节(一)
139	蒙古女节(二)
139	书水浒传
141	识东西得胜庙白云庵

142	种族之界说
147	宏光宫女（一）
147	宏光宫女（二）
148	秦桧害岳飞辨
150	更论宋高宗忌岳飞之原因
152	闻大成
153	吴学
154	对于二十、二十一两日谕旨之舆论
156	论今年学务之进步
158	撮录元史刑法志
161	扬州节妇
162	湖南贞女
163	元世广东乱民志
166	**学术小品**
166	罪言序
167	万松野人言善录跋
168	耶稣基督人子释义序
169	重刊灵言蠡勺序
170	重刊辩学遗牍序
171	从雍乾间奉天主教之宗室说到石老娘胡同当街庙
173	陈白沙画像与天主教士
175	明末殉国者陈于阶传
179	国籍司铎之新园地
181	陈香伯公教论书后
183	教海一楫
185	查嗣庭轶事
186	何焯轶事
187	年羹尧轶事
187	钱名世轶事
188	方孝标方苞轶事

190	彭家屏轶事
193	记吕晚村子孙
195	记徐松遣戍事
203	跋陈东塾与郑小谷书墨迹
204	跋凌次仲藏孙渊如残札
207	跋洪北江与王复手札

序言跋文

209	清代学者像传之吴渔山
210	艺舟双楫与人海
213	广东光华医学院故校长郑君纪念碑
214	乱世与学术
216	杨太师母乐太夫人八十寿序
218	毛革杂志缘起
219	黄钧选先生暨罗夫人七十双寿序
220	瞿宣颖北京历史风土丛书序
221	日本文学博士那珂通世传序
222	广韵声系序
222	马相伯先生文集序
224	余嘉锡论学杂著序
226	景教三威蒙度赞跋
227	跋何其厚重修晏公神庙碑记
228	跋文渊阁四库全书排架图
229	跋魏建功家书
229	謇斋剩墨跋
230	跋元苌振兴温泉颂
231	寿尹文书札跋
232	跋王南陔先生遗札
232	王西庄窥园图记跋
233	跋汪容甫陈庆笙手札卷子
233	跋钞本申范
234	跋王羲之小楷曹娥碑真迹

236	跋陈鹏年自书诗卷
237	跋西凉户籍残卷
240	跋董述夫自书诗
241	跋陈鹏年书秋泛洞庭诗册
242	论登崖山观奇石诗
243	题钓矶诗集
243	哈珊碑拓本识语
244	关于谚语赵老送灯台
245	题新刊吴评唐诗鼓吹
245	奉军炸弹螺盖题记
246	写本集古梅花诗识语
246	张星烺中西交通史料汇编题词
247	《通鉴胡注表微》小引
248	《释氏疑年录》小引
249	《中国佛教史籍概论》缘起
250	《中国佛教史籍概论》后记
250	《明季滇黔佛教考》重印后记
251	《清初僧诤记》小引
252	《南宋初河北新道教考》重印后记

一校之长

253	为北京孤儿工读园所撰对联
253	北京私立平民中学立案申请
254	平民中学同学录序
254	私立北平辅仁大学缘起
256	为辅仁大学题词
256	辅仁大学应勉进者三事
257	辅仁年刊序
258	一九三七年为辅仁毕业同学录题词
258	一九三九年为辅仁年刊题词
258	一九四〇年辅仁校友返校节题词
259	一九四〇年辅仁年刊题词

259	一九四一年对返校校友赠言
259	一九四一年为辅仁年刊题词
260	一九四二年为辅仁年刊题词
260	一九四五年九月三日在辅仁大学开学典礼上的讲话
261	一九四六年辅仁返校节题词
261	私立辅仁大学致北平市教育局公函
262	辅仁运动会开会词
263	在辅仁大学欢送考取华北革命军政大学及南下工作团大会上的讲话
264	在五一五四纪念会上的讲话
265	在辅仁大学新校委会筹备会上的讲话
266	在辅仁大学校务委员会成立大会上的讲话
267	对北平各界代表会议的感想
269	新辅仁发刊词
270	在辅仁大学教职学工大会上的讲话
272	中央人民政府教育部接收辅仁大学时的讲话
274	辅仁大学反帝斗争的经过
276	对辅仁大学的天主教徒讲话
278	自我检讨
288	检讨卅年前曹锟贿选事
289	思想改造在辅仁大学
295	宣布辅仁与师大调整为新师大的大会上讲话
297	在师大中文系师生纪念屈原晚会上讲话
299	教师工作使我永远年青
305	和青年同学谈读书
310	在历史研究所学术委员会扩大会议上的讲话

315　谈谈我的一些读书经验
319　春风桃李　百年树人
　　　——北京师范大学六十周年校庆
326　与历史系毕业生谈学习历史的门径

历史学家之外的陈垣

短评（一）

△袁世凯、萨镇冰汉人也。昨日电闻荫昌既参袁世凯之骄肆,又参萨镇冰之难信,可知荫昌满汉之见实深,岑春萱幸未遇之耳。

△荆州旗兵闻武昌满员被杀,不胜愤恨,大施报复,亦满汉之见也。满汉之见,终非地方人民之福,当用何法以消除之,宜亦官绅所有事也。

△即日度支部来电,既称部库支绌,断无余力兼顾各省矣。又称各省艰窘情形,固为本部所深悉矣。则何以又饬各省筹解协饷耶？部且不能兼顾各省,粤又岂能兼顾各省耶？所谓极力设法,所谓勉为其难,皆直令各督抚从重抽剥已耳。

△报馆记者自谓无冠帝王,今汉口记者仅得有官知府。

短评（二）

△昔之少年驰马试剑,今之少年当驰马演枪。

△昔之世重科名,故翰林、进士尚。今之世重学问,故有专门之学

者佳。

△可怜昔日之红员,一朝变为废物。

△可怜昔日之豪绅,一旦变为庶人。

△旧政府一推倒,则所有前日之所称有势力者,一旦尽失其势力,反低首下心于前日所不在目中之人。世事变幻无常。可叹。

△更有前日无所谓之人,一钻营得新政府差,则出日藤轿,意气扬扬,可鄙。

△往代开国,屠沽牙侩多能立功,原不足怪。奈何今有无功而受禄者,可叹。

短评(三)

△新志士辄言"海外大多人才"。岂海内遂无人才耶?失言孰甚。

△龙旗已下,招牌之满汉等字亦已删除,何以邮票上之龙旗尚依然飘拂?大清国之名号尚传递不衰?

△新政府人物大都初则有"斯人不出,如苍生何"之叹,继则有"斯人既出,如苍生何"之恨矣!

△吾又甚望新政府人物初则有"孰杀子产,吾其与之"之谣,继则有"子产若死,其谁嗣之"之恨。

△刘永福昨致报界书有"自分与草木同腐,何心与新世界伟人争雄长耶"之语。吾哀其言,限于篇幅,明日录之。

短评（四）

△闻金陵克复，人皆喜形于色，闻武汉警耗，人皆嗒然若丧。是何心理？曰爱国心，与国家同休戚心。

△得国人能与国同休戚，吾国不亡矣。

△言汉阳克复，有争辩是我军克复，抑清军克复者。所谓我军，"我"得大声。

△事非经过不知难。当身未任事时，手指口画，无不如意。及一登舞台，则又无以异于众。奇也。

短评（五）

△均主息兵主义，以免涂炭生民。然梁鼎芬以劝黎元洪，李准以劝陈夔龙，则李准过梁鼎芬远矣。

△冯如为近代飞机大家，有名于各国。粤军政府既不能助之，并不能以好语奖慰之。奇哉！

△吾阅各省都督电，皆有如已举有替人，即归故里之概。吾为大局喜，喜国人之深维大局，而无私见于其间也。

短评（六）

△接阳春黄坭湾电二通,虎门、水东、南雄、容县、浔州电各一通,皆告急者。限于篇幅,不能刻,歉极。

△又接西樵、顺德、番禺、鹤山、大良、佛山函各一通,亦告地方不静者。不能备载,亦歉极。

△差可慰者,广东北伐军出发耳。然吾人安坐家乡,军人戮力上国,当何以对之,又歉极。

△武昌孤危,求援极急,汉阳同胞,惨遭屠戮。爱莫能助,痛心何益。又歉极。

△女子从军助饷,手不绝书。吾辈男儿,真当愧死。又歉极。

△军队冲突,时惊吾民。尽余笔力,竟不能开导。又歉极。

短评（七）

△古有五礼:吉凶宾军嘉。军人最重礼节。军礼不夙习,甚缺点也。昨日各民军欢送北伐军,居然有礼让之风矣。此以新军教练民军之效果也。不然,军人而不知军队礼节,乌乎可?

△"丈夫非无泪,不洒别离间。仗剑对樽酒,耻为游子颜。"陆龟蒙语也。惟吾北伐军足以当之。

△"车辚辚,马萧萧,行人弓箭各在腰。爹娘妻子走相送,哭声直上干云霄。"此杜甫记从军之苦况也。吾北伐军何尝有是。

△"多行不义必自毙",古语也。然亦有不然者。孟子曰:"义,人之正路也。舍正路而不由,哀哉!"乃昨日竟有在由义巷被枪毙者,是由义之不免也。然此巷虽名由义,其实窄路而非大路云。

△黄士龙辞参督,龙济光往钦廉,龙头龙尾均去也。此为省城不见有龙尾之兆乎?

△总商会函致胡汉民,防有推刃割腹之事。胡汉民答以"出亡六年,悬购五万,未尝携一枪自卫。"不失书生本色。

荆州驻防满兵与汉城居民恶感之历史

连日报载,荆州驻防因满员被害,大为愤恨,逢人便杀,惨不忍言。甚非地方之福也,亦非维持人道者之本意也。查荆州驻防始于康熙二十二年,与汉城居民素有恶感,道光间曾屡起冲突,其他小小龃龉所不计也。

道光二十六年,裕泰奏,荆州满洲旗营人纠众殴毁汉城铺户。先因荆州驻防人与汉城铺户观划龙舟,争强互殴,频年结怨未释。适是年闰五月初五日有满洲营旗人纠众绕进汉城,专寻咸宁、武昌二县铺民滋闹,将民人殴伤二十余人,且有因伤毙命者。复拆毁铺面,弃掷货物,并将咸、武客民会馆放火焚烧,请分别弹压钤束等语。

谕曰:荆州驻防旗人,生齿日繁,游手好闲之徒,潜至汉城赊买物件,酗酒打降。咸宁、武昌民人良莠不齐,亦多村野强梁之辈,彼此争竞,已非一日。在旗人又以不列编氓,于府县各官不能听其约束,该地方官亦不无遇事迁就之处。遂至积习相沿,纵恣日甚。嗣后荆州驻防旗人，无论兵丁闲散，如有无故潜至汉城生事滋闹者，即由该地方官径行拘拿，一面申报将军公同审办，倘系汉民肇衅欺凌，亦即从严惩治，不得稍存偏袒。总期永杜后衅，久远相安。钦此。此道光间之历史见诸奏案者也，然其平日之积不相能，概可见矣。循至今日，遂蓄而必发，大相决裂，不可收拾。孰致之哉？所难堪者，身亲受之者已。

新政府何多旧政也

吾见新政府之文告，每日以示与民更始，又每日自应照旧办理。然究竟与民更始者少，照旧办理者多。

照旧办理而善，则何不可照旧办理。照旧办理而不善，则何贵有此改革为。民之望治者切也，则责备亦愈重矣。一心盼新政，新政不可得，而照旧办理一语，摇笔即来，以是塞吾民之望，可见幕中人物之宏伟也。

时局之可虑

今日何日，岂争意见之日乎。吾知忧国者必无此事。

今人但知各属扰乱之可虑，北京未破之可虑，外人窥伺之可虑，而不知可虑者不止此。

今虽同为民国之民也，然有种心理仍不能一致。异党其一，劣绅其二，猾吏其三。

革命军之得势，彼党人固恨之入骨而无可如何者也。彼党人固未尝一日解散也。

劣绅虽无能为力，然各省中之一二大绅，其平日既不见容于新人物，其举动又或可以煽动而有余，则有逼虎跳墙之患。

猾吏则或稍负时望，相机而行。我军政府苟无懈可击，彼亦无所施其技。不尔，则此三种人皆可以危我也。诚不可不慎。

本报对于龙统制屡请去粤之政见

十五日大会议，兢兢求军权之统一。万众一心，可谓知务矣。

然本省现在军队有新军，有民军，有旧日之防营，皆易统一。惟客军之桂、济二军，则不如任龙统制带回滇桂便。

龙统制思去粤久矣。其始不去，为粤东保存库款军械及省城之治安。其继不去，为全粤绅商再四之挽留。统制之于粤，自问可以告无罪，粤人亦当无间言。

桂、济二军，言语不通，情形不熟，遂与粤省军民终不能无隔阂。此统制所屡言，而又有近日事实可见者也。

前者黄参督所带之新军未到省，粤人为省城治安计，留龙统制有词。今新军既已全队到省，龙统制又屡辞，滇南又复屡次电催，在粤人固可容龙统制一去。

龙统制为一最有血性之人，其言皆出于至诚，无一虚饰语汇。观迭次告粤父老书，情词恳挚，其所言军士思归及滇省情形亦甚确论，则我粤人何不容龙统制稍卸其责，俾桂军可以带回广西陆都督调遣，济军可以带回滇南原籍，一举而三善。其于粤省军权统一之前途大有补助也。粤人如与龙统制有感情,当开送别会以欢送之。

精神之军政府

既称军政府,不可一刻离军事上之精神也。否则声威不振,奄奄无生气矣。粤中最精神焕发之时刻则为八月十九武昌起义以后之电报。全粤士民均气象万千,头角峥嵘。快哉斯时,过此不继矣。能守此精神而不懈者,吾见有上海军政府。上海无战事,与广东等。然上海军政府无日不将武汉及南京各处军情布告于众,其意盖欲与民共之,不徒任报馆之自为记载而已。用能兴起国人奋志而示人以军政时代之现情也。广东无此。

赣皖内讧之大警告

△省界之说累之也　　△是可为吾族大痛哭

林述庆之辞镇江都督也,天下称其让。吾亦不得不称其义。虽然,林闽人也,不独林,蒋雁行、徐绍桢皆辞焉。盖近日省界之风甚盛也。

友人有客云南者,云南独立后走险回粤。告余曰:云南人排外特甚。余始闻而疑,继始知所谓外者,外省也。吾国有此现象,岂不痛哉!

湘人之在粤者,亦于湖南会馆集议,以为粤人有省界,遂相率而离粤。凡此皆举其例也。近日事变之根于省界者甚夥,识者百端维持之,而不足汉奸一二蜚语煽动之而有余矣。吾深望同族勿先自腐而与人以渔人之利也。

今日慈善家亟宜发起恤兵会

今日报载有某君以棉衣八千件运沪赈济被兵人民。美哉是举也!

抑记者更有一言:各国之有恤兵会也,与战务同时发起,又称为恤兵团体。其意以军人为国家出力,为吾民效死,吾人爱之敬之感之重之而思所以报之则无以为报也,于是有恤兵会,以为军人之阵没者、疮痍废疾者,恤其家属或其终身,以冀酬报军人战阵之劳于万一。此慈善家所有事,而吾民心理所必需此而后安者也。此举固较恤被兵人民为有价值。

论政府对于浙人之恶感

民气不可长也。既具有专制之能力,则不可不养成一毒蛇猛虎之手段以摧败一国之民气。民气盛,非专制福也。鄙谚曰:"无两道工夫,不作乡勇。"乡勇且然,曾谓一偌大政府而无两道工夫耶?吾知政府必有以对我国民者矣。

政府既挟其毒蛇猛虎之手段以对我国民矣,则必时有不测之雷霆,暴起于白日光天之下,以炫动我国民也。乃我国民不畏而撩之,撩之不已,云合响应,群起而与以难能。雷霆之威,可以施矣,施而无效,则人益轻量政府。故政府于此等剧烈之风潮,姑先吓禁之。禁之不止,然后姑务为宽大以柔之。柔之无不可止也。民气一涣,聚者散,热者冷,风平浪息之后,政府将为所欲为,无施不可也。于此而欲散者复聚,冷者复热,不可得也。

政府之所以能操纵如是其裕如者,居之高也,与民之远也,近则不能也。故京外各官,无论为满为汉,如信勤,如梁鼎芬,其平日无事不取媚政府者,亦不敢不阿民请。是故梁鼎芬亦有不主借款之议,而新授浙抚冯汝骙,其衔命之始,亦政府党也,一出京而言论变矣。如是则政府愈忌,故有责浙省大吏取悦士绅之电。

岂独责浙省大吏而已,将以会党之乘机窃发为浙省官绅是问也。夫浙中官绅有何权力,能保两省无会党窃发之事。又加以政府之遏压,民气之愤张,革命党固得以利用其鼓簧。而彼夙称安分之农民,谨愿之学子,亦将投袂起矣。酿此祸者政府,当其咎者官绅,官绅险乎哉!

且拒款一事,不同于拒约也,亦不同于争西江缉捕权也。他事含排外性质,不过请政府力争耳。政府未尝显逆国民之请,民亦未尝不曲谅政府之心也。至于借款,则政府既显示国民以必借之谕,而为欺压国民取悦友邦之为,则国民之有拒款会也,纯乎含对待政府的性质,而无排外之思者也。政府乌得而不深恨主动诸人也。

且浙江何地?雍正间因吕留良之案,曾停浙江乡试矣。浙江人怀入关屠戮之怨,父老相传,视为至痛。故他省之会党,草窃为多,而浙江则有学士大夫为之拂扬,其民夙称难治。近复有徐锡麟案起,于是政府之与浙江,遂成一大反对之物质矣。海外主张革命最有势力之《民报》,亦浙人所主持也。则政府之嫉妒浙人,靡有艾也。

当风潮初起时,浙人无不归罪于汪大燮。归罪于汪大燮,则国民只怨汪大燮,而不怨政府,政府犹幸得汪大燮诸人任其咎也。今民情已知此事非汪大燮诸人所能为,其坚持之者实政府也,汪大燮特其傀儡矣。则政府既无任咎之人,其嫉妒必愈甚,无已,则袁世凯乎,此正效力政府时也。统一国之大怨,以一身代政府肩之,德何如也。然国民仍不信袁世凯一人能任之也,则此事始终怨政府,至有停纳房捐之举动,悍矣!

浙路总理何人乎?汤寿潜。汤寿潜固东南老宿,望重清流者也,与张謇、郑孝胥等同。曩者曾有人指张郑等为党魁矣,今政府怵于汤之稍负时名,或不敢有所发作,而其老羞成怒,又奚难倒行而逆施之也。

杭辛斋已复逮矣,虽出于无赖小人之为,无关于政府之意旨。然政府既责成大吏,则程赞清可以媚大吏者,即大吏可以媚政府者也。(程对杭言。有现在新任冯中丞宗旨主持借款,而阁下开会拒款,与之反对。既在兄弟境内,便难辞咎,尚须阁下体谅云云)逮人多矣,几见有政府之须亲身逮捕者。盖无不假手于人者也。吾于是为江浙士夫危。呜呼!以今民气之蓬蓬勃勃,政府诚无奈之何。然吾国民能百折不回否乎,幸无卖了诸父老也。

医学报道

广东军医学堂奏咨立案

日前军医学堂开办施诊所，以便军民就诊，并俾军医学员，得以实地练习，各情均纪报端。昨张督特将该堂所开办情形，附片奏陈。其片稿照录如下：再陆军重要之学有二：战术所以操致胜之权，医术所以存伤痍之众。是以练兵处奏定陆军营制饷章、卫生制略，于医局医院办法，备载详明，亟应次第筹办。前督臣岑春萱有见于此，曾于光绪三十一年八月，饬行筹设广东随营军医学堂，并附设病院。电请出使日本大臣代聘东洋医科毕业学士山本三树等来粤充当教习，遴委员司，招选生徒，就省城北较场旧有模范营房，修理开办，并设军医局，储备药品，以资应用。维时事属创始，规模简略，办理多未完备。周馥抵任，另行详订章程，将随营军医学堂改名新军军医学堂，隶于督练公所统辖，挑留在堂程度合格学生三十七名，学习东医。另在外招考谙习英文新生三十名，学习英医，分为甲乙两组，延长学期。更订东医三年毕业，西医四年毕业。并添聘留学美国医科大学毕业生、医科举人、考取内阁中书郑豪等充当英医总教习。仍以日医山本三树充当东医总教习。选购中外精美医书图籍，储置堂中，分科教授。光绪三十三年四月，接续开办。原有军医局当即裁撤。并将附设之医院，按照陆军章制，改为军医局，另派员司经理，以免牵混。臣到任后，查核该学堂所订章程，尚属周妥，当饬在事员司，妥慎经理。计自该堂改办以来，中外教员，均尚能悉心教授，学生亦各勤求向学。现复择地开设施诊所，以便军民来医就诊，亦便堂中员生按日分科临症，得以实地练习，藉资试验。一俟毕业期满，再行核实考验。如果均能合格，学有成效，应请照章给予出身奖励,以资鼓舞。至历年所需经费,开办之初,均由善后局支销。改章以后,现由陆军粮饷局拨用。兹据广东新军军医学堂总办补用道黄榜书,会同兼理兵备处总办河南补用道傅文通,详情奏咨前来。除将章程送咨陆军部查照立案外,谨附片具陈,伏乞圣鉴训示,谨奏。

粤中军医学堂,开办数年,至今年始咨部立案矣,今日始附片具奏矣。片中有东医、英医、西医之名,外间多疑东西医有不同处。不知今日世界医学,其间学制疗法,虽间有小殊,然大体无不同趋于一致。不比我国医学与世界独殊也。日本医学革新后,英人近亦加入医学同盟国中。所谓东医西医,或就其教习言,及所用之文字言,非东西医有异也。质言之,粤中军医学堂分两班,一为东文班,一为英文班。东医非朝鲜人许浚所著《东医宝鉴》之东医也。

又有用担竿压毙孖胎者

刘子威君函云:贵报第三期所刊之《请认孖胎》一则,当以为乡间始有此野蛮举动,不期省中亦有之。即日有人到请罗女医生接生,系高第街礼拜堂附近之某宅,其主妇因产后胎盘未出,所雇之稳婆,亦用一担竿压之。殆压出一手,始知孖胎,乃急到请医生。及医生至时,用法取出,其胎儿已被压毙矣。此等稳婆营业,有保民之责者,理当严行干涉之。请登贵报,幸勿以重出见遗云。

按 他国法律,产婆非试验及格登录产婆名簿者,不得营产婆之业。非修习产婆学术一年以上者,不得受产婆试验。欲受产婆试验者,须有产婆学校及产婆养成所等之卒业证书,或修业证书,或有产婆及医师二名证明之修业履历书。试验之科目,分为学说试验及实地试验。非学说试验及格者不得受实地试验。虽登录产婆名簿得营产婆之业,然对于妊妇、产妇、褥妇或胎儿、生儿,除剪脐带、施灌肠、行消毒之类之外,仍不得行外科治术,用产科器械及投与药品。倘见有异常之处,应延医师诊治,产婆不得自为处置。产婆关于其职业而犯罪,地方长官得禁止其产婆之营业。产婆之业既被禁止后,而仍为产婆之业务,与未经登录产婆名簿而为产婆业务者,处以五十元之罚金。呜呼!抑何人视产婆之业之重,而我乃委诸龙钟潦倒之愚妪也,亦可慨已。幸吾粤施赠接生事业日多,闻邓君绍初等所办之羊城医院,亦拟添延女医开办,差可慰耳。

局　　坏

《安雅报》云:港商陈某纳一妾,居于西关沙基横街。室中雇一佣妇,无别人。陈妾已育一子,犹在哺乳。昨因偶与佣妇并邻妇同作叶子戏,时儿已熟睡,乃置之榻上,以棉被覆之。既而牌罢各散,入房视儿,则已气绝,盖为被闷压所致也。第未审厥后若何。

按 陈子之是否因被局坏不可知。然吾见街上抱过之婴儿,则多有连头连面包之者,近日冷天尤甚也。呜呼!以此为矜贵耶,作贱之甚矣。粤人以不见天者为阿瓜。寻常植物,尚须打雾。阿瓜而不见天,其又焉能长大耶?夫人身之血,所以常用而常鲜者,恃有空气中之养气耳。《庄子》曰:吐故纳新。所谓新,即养气,所谓故,即由肺吐出之炭气也。《千金方》亦曰:凡吐者出故气,亦名死气,纳者取新气,亦名生气。所谓死,所谓生,即炭与养之谓。以被覆首,则新不得纳,所纳者惟先所吐之炭。血既缺养,人焉得不死,死后且全身俱瘀也。此非绝气,乃绝养气耳。应璩诗曰:昔有行路人,陌上见三叟。年各百余岁,问何得此寿?下叟前致词,夜卧不覆首。不覆首者百岁,则覆首者必不够百那可知也。粤人以儿生百日为百那。

光明眼药

河南龙溪新街黄某,因病延医诊治。其病少愈,后患眼痛,遍起红筋,服药十余日不效。某医谓其起膜也,拟一方,云得自秘传,内皆金石药品,如琥珀、珠末、石决明、石蟹之类。更有磁器粉,即粤俗所谓金鸡瓦者。药凡十余味,共研为细末掺之。黄某照用后,其痛更甚。医曰:此药所以去膜也。连搽数日,病愈甚。延别医视之,其一明角罩已穿,不治。其一急用药水洗去,治之月余,虽幸而愈,然已不如常矣。

石类药品,吾国医方本罕用,而眼科则反多用之,奇也。谁人不知眼为嫩滑不可磨擦之器,而偏以颗粒形之固体物磨擦之,奇也。磁器粉未必人人用,而珠末则吾见用之者多矣,且以是为圣药也,奇也。寻常风吹细砂入眼,眼犹觉痛,珠末为水所不能溶解之物,而世人以是掺眼,又奇也。或曰:此庸医耳,他医未必如是。曰:是诚然。吾见《审视瑶函》(坊肆或名《眼科大全》)称其"点药惟用气而不用质,去翳虽不神速,决无后患。其制药诚非世俗所得知也。但药得于家传,兼以苦心思索有年,幸而得其妙"云。盖深于阅历,而能独出新意者乎?抑吾尤有一言,眼之解剖及生理,亦医眼者所当知也。为器机师而不知器机之如何构造,如何掣动,又岂能胜器机师之任耶?

在公地唾涎者真要罚矣

第三期报三州府拟禁在路唾涎,闻已实行,出有华文告示如下:钦命三州府辅政司养为晓谕事:照得凡在公众地方,乱吐痰涎,能令人传染肺痨内伤吐泻等症,为此皇家特设新例一章,以保卫生。此例定于西人一千九百零九年,正月一号,即华人戊申年十二月初十日举行。既行之后,无论诸色人等,若在各衙署学堂,庙宇街市,即吧索公园戏馆、酒楼饭店、码头路头、各公路之骑楼及两旁之小路以及一切公众聚集、游玩耍乐之地方,敢吐痰涎落地者,或在领牌出税之车辆、或电车火车、敢吐痰涎于车内者,一经告发,均可罚银二十五元,绝不宽贷。先此谕知,各宜禀遵,毋违,特示。大英一千九百零八年十月五号,华历戊申年九月十一日示云。又香港洁净局,于西十一月九号,亦提议此事。因前三月三十一号,洁局会议时,已定议禁止唾涎一事,再延六个月然后提议。又请华民政务司拟定一禁止唾涎告示稿,至是日下午再将此项则例研究。堪富利士提议云:将来此等控案谅必甚多,凡有犯此例者,须判罚。可以阻止其在公众地,或半属公众之地,免致有污地方。又必须如刘君铸伯所言:须遍贴告示,又多设唾壶。刘铸伯云:自从我之写字楼粘贴告白,及多设唾壶之后,则无此等弊端。若周围依此办法,可以不用行此则例。华民政务司云:将来每日此等控案当有数百宗。至捕差与府署,将来必额外增添多无限工夫。但此事曾经研究透彻否?虽则此处写字楼贴有告白,但妨有等新到港之人,不知此禁例。堪富利士曰:华民政务司既云由内地来港出洋之客,不知例禁,可用华文缮就告示张贴。刘铸伯曰:此等华人多半不识字,奈何!堪君曰:吾意并非在街亦不准唾沫,不过公众屋宇,及半属公众屋宇而已。晓活君曰:吾望政府照英属加拿大之哥林堡省之法办理:凡在道旁人行之小路,及公众屋宇唾沫者,即须照例议罚。惟先必从轻施行。马主席曰:华人到港贸易,多以例简为便。若此例行,不明白者将相告不可到港。吾意以为教以卫生及礼仪,则更有用。哈巴君曰:石叻现已通贴告示,不准人在女人多行之小路唾沫。然在街上与小路不同。可否请华民政务司通贴禁人唾沫告示。现将问题再搁起两礼拜,以观其效验。晓君曰:不意主席与刘君俱欲整理本港洁净之人,竟不赞成此议。吾欲请政府照哥林堡省之例,立例颁行于香港。若本会无人和议,吾将亲谒督宪,研究此例。皮医生遂和议。主席曰:现在研究之问题,系应否罚银耳。遂投筒定夺。以为应罚者,为晓君及皮医生二员,抗者主席暨刘铸伯二位。其余哈巴及堪富利士在两可之间。从违各半,主席加一筹,遂作罢论。

唾口水,习惯耳,非必有不得不唾之实也。真有痰涕,不得不唾,少数之少数耳。夫无病而乱唾口水,不独无益于人,并且无益于己。人亦知口水之可贵乎?口水核有三:在舌底曰舌下腺,在耳下者曰耳下腺,在颔下者曰颔下腺,皆所以生口水者也。口水无用,人何为具此三对口水核也。口水何用?所以溶和食物者也。煮米沙粥之理,人所共知。必先将米用磨磨碎,然后用水搅之。用磨磨碎,犹口之齿牙作用也,用水搅之,犹口之口水作用也。齿牙作用,学理上称为器械的作用;口水作用,学理上称为化学的作用。胃之蠕动力,胃之器械作用也;胃有胃汁,胃之化学作用也。肠亦如之。但胃汁属酸类,口水属碱类,稍为不同耳。故食物不嚼者,失齿牙之作用也。嚼而不久嚼者,失口水之功用也。今人见口干干,就不舒服,犹煮米沙粥之不下水也。口水之大用如此,奈何有口水唾之?唾之有瘾,则不唾不得。不知不觉,无所谓,又闻咳声矣。皆不知口水之大用者也。孙思邈曰:津宜常咽。岂无故哉!今三州府既实行罚之,香港又重拟禁之,吾恐此事必有办到之一日。谓三州府之罚款太重则可,谓有此禁例则人将相戒不到港,则大不然。何也?利之所在,虽至羞极辱,人犹将拼命而进,况仅仅禁唾口水已乎！观诸各埠之华工，其必不舍得因此而不到港也。

针灸术保存会

上海报云：上海医学研究所各董，以针灸一科为医学各科之冠。其治各病及疫痧等症，尤为神速。近世医家都不讲究，恐其失传，因议先在会中轮流演讲取穴之法。再行延访专家，聘为教习，优送束修，每逢三六九日下午七时至九时，在宝安里医会讲习。一俟愿习者多，即行开办，卒业后当续设推广传习所云。

近日风气，好言国粹，一反前八九年之侈言革新焉。是未知国人知识之进步乎，退步乎？骎骎乎风气又及于医学矣。夫中国医学，未尝如前八九年之多人侈言革新也，今亦惟恐其亡，谋所以捍卫之，我国人其知我医术将有沦胥之痛哉！日本针灸术，传自中国耳，其名家则视吾国倍多。康熙二十年，幕府亦曾令振兴针术，命杉三和一等设馆，率诸生讲习。江户近郊及诸国针治讲习所至五十余所，可谓盛矣。咸丰间针师石坂宗哲等，更能傍采兰说，去《内经》迂回无用之法，著《针灸说约》《针灸知要》等，至今日则仅有冈本、奥村、久木诸说耳，固已如鲁灵光殿之巍然独存矣。吾国学术不主开新，惟主持循，动辄以失传为诟萃，亦医学之幸也，特未证针灸术于治疗上之价值何如耳。

贵人之信西医

北京报云：伦贝子因患血疾，延北洋医学堂总办屈桂庭医治不愈，因函召医科进士、学部主事谢卫臣入都调治。谢现在上海某药房设诊，闻召后已即束装就道。又云：尚书戴鸿慈因病迭次请假，病仍未愈，闻为其门生某所荐之西医误治，至脚肿不能行动。近延得东洋某女医士，用蒸法调治，数日即痊愈，举动已如常云。

徐灵胎尝著有《病家论》，数病家十误，中有云：病家戚友偶阅医书，自以为医理颇通，每见立方，必妄生议论，私改药味。善则归己，过则归人。又或各荐一医，互相毁谤，遂成党援。甚至各立门户，如不从己，反幸灾乐祸，以期必胜，不顾病者之死生。又或病势方转，未收全功，病者正疑见效太迟，忽而谗言锋起，中道变更，又换他医，遂至危笃，反咎前人。其他饮食起居，寒暖劳逸，喜怒语言，不时不节。小病犹可，若大病则有一不合，皆足以伤生云云。又尝著《医误人无罪论》，有云：旁人互生议论，病人自改方药，医者欲其术之行，何难曲从病家之意。病者深喜其和顺，偶然或愈，医者则矜其功，如其或死，医者不任其咎。故医者之曲从病家，乃迁功避罪之良法也，云云。亦可谓参透病家之状况矣。《后汉书·方术传》称郭玉精医术，而医疗贵人时或不愈。帝召玉问故，对曰：贵者处尊高，其为疗也，有四难焉。自用意而不任臣，一难也。将身不谨，二难也。骨节不强，不能使药，三难也。好逸恶劳，四难也。此其所为不愈也。帝善其对。是贵人之病，尤比他人之病为难治也。又况不至危笃，不用西医。虽用西医，服食起居，仍不守卫生之法。徐灵胎所谓不时不节，郭玉所谓将身不谨，则虽百西医,亦将奈之何。扁鹊曰:越人非能生死人也。此自当生者,越人能使之起耳。可知病非徒恃医可能为,必其天然之力可以拒病,而卫生之法又足以免病,然后医者用术助之,乃可愈病耳。不然则忽愈忽病,不足为忧喜也。顷者大行皇帝亦尝令屈永秋、关竹朋等用西法调治。大行太皇太后亦尝召西医诊视。庆亲王云患咯血晕倒,亦令西医救醒。均见各报。可见朝家未尝不信用西法,而卒至两宫同时弃各臣民而去,此则薄海所同痛哭者也。

青岛又有医科专门学校

德国政府现拟在青岛设立大学,筹定开办经费三十五万马克,常年经费七万五千马克,定名为青岛特别高等专门学堂。大致分为法政、矿务、工科、医科四科,附设预科,并议由中国协筹开办经费四万克,常年经费四万马克云。德一马克约值华银半元。

按各国之在我国伸教育权者,美为最,英次之,法次之,德又次之。日本则其教育权虽能及于我国人,而不能得意于内地。近日本报纸已大声疾呼鼓吹其政府谋我内地教育权矣。意以为独让美人先步为不察也,恨其政府力有不逮耳。德国工艺医学为地球享大名之国,其政治又近为吾政府所注意取法,去岁末已办德文医学堂于上海,今又谋高等专门学校于青岛,兼有医科,吾国人真不忧无求学地哉!

跋阮元引痘诗

此诗《揅经室集》未收,《南海县续志》《广州府志》采之,次句作"禁之仍恐禁未全",与此小异。阮公以道光二年督粤时适申鸦片之禁,故云。意以鸦片、牛痘均来自外洋,鸦片害人而牛痘益人,可相补也。其实鸦片乃药品,我国人始以为嗜好品耳。然则鸦片害人,抑人害鸦片哉?戊申十二月陈援庵跋。

牛痘入中国考略

中国古有种痘术,然不得发明者主名。《治痘十全》言:宋真宗时峨眉山有神人,为丞相王旦之子种痘而愈,其法遂传于世。则神话历史耳。新法非世俗所乐闻,故重之以丞相,讬之以神人耶?有功德于民则祀,今有大德而不居其名,可不谓神哉。《医宗金鉴》言:种痘之法,大别为四。有取痘粒之浆而种之者曰浆苗,有服痘儿之衣而种之者曰衣苗,有以痘痂屑干吹入鼻中种之者曰旱苗,有以痘痂屑湿纳入鼻孔种之者曰水苗。四者之中,水苗为上,旱苗次之,痘衣不应验,痘浆太残忍。古法独用水苗,近世始用旱苗云。此吾国固有之种痘历史也。然此法印度、阿非理加、西域,古时皆有之。康熙五十六年,英国驻土尔其公使之夫人诇瑭故,得土尔其国医种痘术种于其子,随传其术于英国,而广布于欧洲。同治间,英人德贞为京师同文馆生理教授,尝著《牛痘考》,刊《中西闻见录》(第十三十四期)中。谓土尔其种痘法大抵由中国传至西域者也。日本种痘术亦传自中国,始于杭州之李仁山。李仁山以乾隆十年到长崎施种,日人多纪《桂山医胜》云:闻斯邦房州滨海一村,有自数百年前行种痘法,多用干苗,乃先于彼土(彼土谓中国)而知用此,亦奇矣。则此等"人工免疫法",固人类思想所同到,不必尽倚他邦传入者也。

顾此法虽传于欧洲、日本,然究属初步,害多效少。有时痘毒即从种痘之医师互相传染,患者反众,后卒为欧洲各国所禁。一千七百七十年(乾隆三十五年)至一千七百八十年(乾隆四十五年)之间,英人占那氏者出,乃发明牛痘之法。初得之于村妇,云染牛痘者不出天花,乃遍访诸蓄牛之家,均同此说,于是立意研究此事。又越十有六年,至一千七百九十六年(嘉庆元年)有女子因取牝牛之乳,曾染牛痘于其手。占那氏乃假其痘浆种于他婴儿臂上。西历五月十四,即初种人工牛痘纪元日也。不数年间遍传大陆矣。

一千八百零五年(嘉庆十年)四月,英商哆啉哎携牛痘种由小吕宋赴碑道口略喏,船至澳门,南海邱浩川先试种之,遂习其术。据《南海县续志》(卷二十八)则言乾隆间英领事曾传牛痘至中国。或者当占那研究牛痘之日,彼间报纸必盛传之,英领见吾国人犹用鼻苗,或以彼中新法告吾人未定。其说不尽无据。然中国人之习此术,则断自嘉庆十年始。《邱氏家传》云:由夷医跛臣授之。跛臣者,印度洋商公司之医生。邱氏既以其术行之家人戚友,无有不验。时曾宾谷先生开藩吾粤,先请邱氏为其公子接种,于是邱氏之术行矣。《广东通志》卷三百三十一为识其事于《杂录》云:广中近时有邱氏熺引痘方,其效甚捷,其法来自西洋。于婴儿臂上挑损之,见膜而止。继取牛痘浆傅之,不数日即出数颗,如期奏功,永不再出。以人传人,如火之传薪。少司马顺德温公汝适云:《本草纲目》有稀痘方,用白牛虱扑缘牛身,食饱自坠,用之能稀痘。盖取其中有牛血也。牛虱尚能稀痘,则用牛痘以种人,宜获十全之效。是中国人已获其端,外洋人遂触类引申之耳。《通志》

此说,盖采温氏《引痘略叙》文。按《本草纲目》卷四十牛虱条下,时珍曰:牛虱古方未见用者,近世预解痘毒方,时或用之。谭野翁方,用白水牛虱一岁一枚,和米粉作饼,与儿空腹食之,取下恶粪,终身可免痘疮之患。高仲武《痘诊管见》曰:世俗用牛虱治痘,《本草》不载。窃恐牛虱唼血,例比虻虫,终非痘家所宜,而毒亦未必能解。据此,则牛痘之法,虽不可谓发端于中国人,而中国人之早有见及,则典籍具在,不可得而诬也。所谓"人工免疫法"为人类思想所同到,不必尽倚他邦传入者也。中国古法之痘从鼻入,占那氏之牛痘从破口入,牛虱之法从口入,其意均同。特牛虱法有效有不效者,则视乎牛虱所噬之牛是否痘牛耳。

《南海县志》卷四十四信据谢兰生《常惺惺斋诗注》云:英商哆啉吷既携牛痘种来,洋行商人郑崇谦翻译为《种痘奇书》,募人习之。当时同习者有梁辉、邱熺、谭国、张尧等四人。时粤人不甚信。迨嘉庆十五年,蕃商刺佛再由小吕宋载小儿至,洋行商人卢观恒、伍敦元、潘有度等始集资数千金,于洋行会馆设局,延邱谭二人施种。《通志》独言邱氏,谬也。《广州府志》(卷一百六十三)更详著梁辉为番禺人,谭国、邱熺为南海人,张尧为香山人。又言厥后梁归黄埔,张归翠微,邱、谭二人遂擅其技。可见当时习者果不只邱氏一人,今日惟邱享大名,未始不因著有《引痘略》也。《引痘略》刻于嘉庆二十二年,为中国翻译西洋医学说之始。虽其间或羼以旧说,然过而存之,其洋说原文尚略可辨识。邱氏此书实本郑崇谦所译之《种痘奇书》。郑氏书,余未之见,其原叙则见诸《引痘略》中。日人吴秀三富士川游《痘志》云:《种痘奇法》,乃英国人哆啉吷所著,同国人嘶唥哬翻译为华文。此书既流至我邦(谓日本),天保十二年(道光二十一年)尾张人伊藤圭介为之训默校刊云。则此书日本人见之矣。哆啉吷,即《南海县志》所谓英商携牛痘来者也。德贞《牛痘考》则谓当时将牛痘法纪录为小册者,乃英医毕尔顺。毕尔顺即邱氏家传所谓跛臣。二说当以德贞说为确。德贞所据者,必得之于西籍。《痘志》所据,则汉文之《种痘奇法》耳。嘶唥哬者,《牛痘考》作斯丹敦,英使臣伯爵也。《痘志》、《牛痘考》均谓《种痘奇法》为此人所译,《南海县志》则谓洋行商人郑崇谦所译,意者斯丹敦与郑氏同译者乎？然今人寡知有郑氏书者,则以邱氏书有当时士大夫为之攸扬也。吾独奇《通志》先以此事隶《杂录》,《广州府志》而下率因之。甚至寻常跌打诸医如□□□等,《南海县志》且为之立传,而牛痘一事,则皆附卷末,未闻有以邱氏隶方技传,而以郑、谭、张、梁附传者,亦关于士大夫之史识也。

阮文达《赠邱氏》诗有云:"若把此丹传各省,稍将儿寿补人年。"牛痘之传各省,虽不能尽悉其年月,然据《引痘略》各叙犹可略知其梗概,亦有历史观念者所欲闻也。粤之乳源与湖南宜章相比邻。先是,乳源有廖凤池者,得牛痘术,以道光七年输入宜章。是为牛痘由粤传各省之第一次。明年香山曾望颜以牛痘种至京师,郭尚先叙之曰:岁己卯,余典广东乡试。闻牛痘说,疑之。既博询之而信。则又怪远夷能于九万里外传之中国,而粤人不能数千里传之都下也。曾卓如编修乃为设一局于米市胡同南海会馆,索牛痘种于粤。道光八年三月十九日,牛痘种寄至,是为牛痘种传各省之第二次。道光间,南海颜叙功宦闽中,闻粤有牛痘种,乃以多金聘痘师陈碧山雇募乳妇褓负痘童,沿途递种。道光十一年正月十六日至闽,是为牛痘种传各省之第三次。道光甲午,江南大痘,京江医者包祥麟乃赴楚购牛痘苗,道光十六年四月至扬州,并分种于芜湖,是为牛痘种传各省之第四次。道光二十年,江西痘师刘子堃由新昌挟其术至省之奉新,是为牛痘种传各省之第五次。凡此皆记载所及,其他年月无考及记载阙如者,无由叙述也。然邱氏书之至京师,京师之贵人达官无不诧为奇术,以故好事者翻刻殆遍。迄今可知者,道光己丑九黄子杰刊于豫南,辛卯十一凝瑞堂刊于山左,丙申(十六)陶福恒刊于南昌。丁酉(十七)蜀人陈煦侨寓扬州,闻其术好之,思传其术于蜀,命弟北崖习之,则牛痘之入蜀亦在此数年间也。

日本牛痘种虽非传自中国,然汉文《种痘奇法》及邱氏《引痘略》之入日本,则在和兰医传牛痘种于日本之先。日本人之知有牛痘法,系我国所介绍,日本人不讳也。然则今日我国全国痘苗多购自日本,在日本人为报德,在我国人不已愧赧甚耶？

虽然，牛痘之入中国，誉之者有如上所述，毁之者亦实繁有徒。新法之不理于人，自昔然也。读湘人周纯熙及吴氏鲦之说，不能不服二人之伟识，而叹世俗之难与更始。周氏《洋痘释疑》曰：天下事以习见者为常，罕见者为怪，人情类然，洋痘为尤甚。洋痘之术，自古蔑有，生斯世者虽博学通儒，不惟目所未睹，抑且耳所未闻。前叙云传自欧罗巴洲。考欧罗巴为海外五大部洲之一，其人尚文学，极精巧。国王广设学校，有大学、中学、小学。大学分四科：一医科，一治科，一教科，一道科，四科外又有度数之学。国王取士以医科、历家为最（按此大抵本南怀仁《坤舆图记》）。历家姑弗详，详其医。其科无内外大小之分，著有脏图、腑图、脉图、筋图、骸图、经络营卫图，凡人身之关节奥窔，披图了然。而其临症则有视色、视毫毛、听声、写形诸法。诊脉则有六度九候五气之分。此非海外之神异而为中国所未闻者欤？洋痘者医之余技也，今持是说以与天下争，而信者十之一，不信者十之九，此亦囿于一隅之见耳。请即其易晓者言之。如历法、律吕二家，中国有之，究不若外国之精且简。铜壶滴漏，仙器也，洋人则有时辰钟、时辰镖之异制。钟鼓琴瑟，乐器也，洋人则有铜丝琴、指环钟之巧音。又况小呢羽毛之类，其出自外洋者，皆为珍于中国。此固人所共见共闻者也。兹乃于其有资日用者，相率以为常，于其有利婴孩者，遂惊疑以为怪。甚至洋烟一事，其贻害于人者匪浅，且群然呼之吸之，而于洋痘则忌之讥之，呜呼！何其愚之甚也！总之，四海之外，六合之内，何所不有。凡语言、风教、物产、技术，其因地而异者，书亦不能尽志，要在审其有利而无害者信之而已。洋痘之术，为法便而收功捷，常也，非怪也，人奈何而不为此？吴氏《洋痘可信说》曰：天下绝无而忽有之事，不独闻之者不信，即亲见之者犹不信，如洋痘一事是已。然即痘言之，三代无痘症，自汉马援征武溪蛮，军中始染此症，传之中国。则出痘亦绝无而忽有之事也。（按吾国医籍言痘疮之起始，诸说不同。曰得自马援定交趾，此一说也。曰得自张骞使西域，又一说也。据《外台秘要方》所引《肘后方》则言，建武中于南阳击虏所得，仍呼为虏疮。建武云者，或曰东汉之建武，或曰东晋之建武。然晋以前医籍无言痘疮者…曰痘疮当自《肘后方》

始,则起于东晋之说近是）及至宋王旦,因诸儿痘亡求神而得鼻苗法,则鼻苗亦绝无而忽有之事也。洋痘之法亦犹是耳。然忌此法者多为乱言以惑众听。余谓马伏波以苗蛮之痘入中国灾小儿,今英吉利以鬼子之法入中国救小儿,皆自然之理,无足怪者。欧罗巴人尚文学,精巧思。自明末利玛窦入中国,为我朝颁历法,即浑天仪、量天尺、自鸣钟、千里镜、勾股算时测度卜影以及哆啰哔叽之类,皆非中国所及,牛痘亦洋人巧思之一端也。何有害之洋烟人偏嗜之,而有益之牛痘人反疑之耶？今已由粤及楚,行且由楚及天下,诸大吏必有以其法入告者。我皇上有谕满洲蒙古未出痘者不必来京之旨,得此法可使中外同登仁寿矣。

周氏说著于道光七年,吴氏说著于道光十年。时合信等犹未至中国,而二氏乃知崇尚西医,伟哉！然亦可见疑忌牛痘者之一斑也。由嘉庆十年至于今凡百有四年矣,日本明治三十一年犹赠楢林宗建正五位。楢林宗建者,以我道光二十九年就兰医传牛痘术,著《牛痘小考》,犹之我国之邱浩川其人也。而我国人对于邱、谭诸人又何如？

释 医 院

医院之制,吾国古代多有之,特皆为疗治贫民而设,未有如今日各国之医院者。《管子·入国篇》：凡国都皆有掌养疾、聋盲、喑哑、跛躄、偏枯、握递不耐自主者,上收而养之。此废疾院也,非医院。又曰疾,官而衣食之,殊身而后止。尹知章注：殊,犹离也。疾离身而后止其养,则医院之椎轮也。

《南齐书·文惠太子传》：太子与竟陵王子良俱好释氏,立六疾馆以养穷民。《竟陵王传》亦言：子良于贫病不能立者,在第北立廨收养,给衣及药。曰馆、曰廨，则居然医院矣。《魏书·世宗纪》：永平三年十月诏曰：下民之茕鳏疾苦，此而不恤，岂为民父母之意也。可敕太常于闲厂之处，别立一馆，使京畿内外疾病之徒，咸令居处。严敕医署分师疗治，考其能否而行赏罚。则官立医院之稍为美备者也。吾国医院之制，盖起于六朝矣。

自是而后，唐有养病坊，宋有安济坊，若金、若元则有惠民药局，皆官立以养民之贫病者。唐制养病坊则以僧尼供事。《旧唐书·武宗纪》：会昌五年十一月敕：悲田养病坊，缘僧尼还俗，无人主持，恐残疾无以取给。两京量给寺田赈济，诸州府七顷至十顷，各于本管选耆寿一人勾当，以充粥料。

《宋史·徽宗纪》：崇宁元年八月置安济坊，养民之贫病者，仍令诸郡县并置。《傅伯成传》：伯成知漳州，创惠民局济民病，以革祝鬼之俗。《黄簪传》：簪知台州，创安济坊以居病囚，皆自有子本钱。《苏轼传》：轼知杭州，曰：杭，水陆之会，疫死比他处常多。乃哀羡缗得二千，复发橐中黄金五十两以作病坊，稍畜钱粮待之。又多作馈粥药剂，遣使挟医，分坊治病。

《金史·哀宗纪》：天兴二年八月设惠民司，以太医数人更直。病人官给以药，仍择年老进士二人为医药官。

《元史·食货志》：元立惠民药局，官给钞本，月营子钱以备药物，仍择良医主之，以疗贫民。初，太宗九年始于燕京等十路置局，以奉御田阔阔、太医王璧、齐揖等为局官。世祖至元三年，又敕太医院领诸路医户惠民药局。二十五年，以陷失官本，悉罢革之。至成宗大德三年，又准旧例，于各路置焉。凡局皆以各路正官提调，所设良医，上路二名，下路州府各一名。其所给钞本，亦验民户多寡以为等差。凡此皆历代医院之制，今日施赠留医院之所本也。

然医院岂独为贫民疗病已哉！舍贫民外，岂遂无病者哉？吾国古代盖未知医院之益也。此其故由于医学之暗晦。在他国则政治上有政治上所设立之病院，军事上有军事上所设立之病院，学术上有学术上所设立之病院，营业上有营业上所设立之病院，贫病院特诸病院中之一种耳。所以诸病院外，又有各等专门病院。如传染病、精神病、胃肠病、耳鼻咽喉病、皮肤病、肺病、眼病、脚气病之属，莫不有特设病院以为诊疗考察之用。故其国医学日益光大，而其国人皆以医院为保险行，无贵无贱，无贫无富，有病应入医院者，无不以入医院为乐。彼固视医院犹己之外府，未有如吾国人之以医院为不祥者也。吾国人何独畏忌医院，岂不以有积年之习惯哉！在历史，则六朝、唐、宋以来之医院，仅为恤民之典。在粤中，则方便所等，仅为慈善之业。在香港，则谚所谓玻璃厂者（玻璃厂本传染病院），且以为厉民之举矣。有此习惯，焉得不以医院为畏途也。请略言医院之益：

一、有病不可常对家人者入医院益。
一、有病不可兼理别事者入医院益。
一、有病不能速愈者入医院益。
一、有病须施行手术者必须入医院。
一、有病能传染家人者必须入医院（谓传染病院）。
一、四乡有欲来省就医者必须入医院。

医院之构造，必较寻常住宅养病为宜。医生便，器械便，看护手便。一切起居服食有人监督，不能任性，则不便亦便。如是，则入医院何尝不祥，何容畏忌，特恐无上等医院之可入耳。犹忆《格致汇编》中有一三十年前议论，及今观之，可见吾国人近来之进步者。其言如下：

> 杭州来信问：中国通商各口岸，西人所到之处设立医院，凡贫病者一概送诊。如为重病，可在院住宿。医生治病发药，不取分文。此事最为善举，而贫人大得其益。所设之医院，大半以教会相副，间有为教外行善之人所设者。又有专为治西人疾病者，如上海公济医院等处。进院之人，分为数等，取费依所住房屋等事而定。有西医生数名，每日按时到院，大为利便。盖贫苦之人家中多不能洁净，且无养病之法，亦无应用之器，而公病院中无不备便。病人进院若非绝症，总能治愈。贫微人外，又有士商中之寒微者，稍出钱文，亦可

入院医治。如能另设一公病院，专为华人养病之所，所出钱费亦依所住房屋等事而定。请问西国设立医院，其章程如何？

答：所问之意甚佳。设立中国公病院，亦为易事，只有两事为要：一在中国各等人深信西医，二在信者肯捐资襄办。有此二事，则不日可成。如恐西医治病言语不通，易于误事，则已有华士数人曾往西国学习西医，考得医据者，其医道应与西医无异。又各埠开设医院甚多，皆愿收受生徒，教以西医。数月前闻上海仁济医馆欲收生徒数名，从学西医，帮同诊治。来者须聪颖子弟，已通华文。数年之后，业即可成。久访其人，竟无就者。再格致书院之设，原为兴行格致各学，医道亦在其内。果有人实欲考究此学，在书院内延请西师教习，亦无不可。惟至今尚无人来院议及此事，皆因不明医学之要，而不信西医之法也。故华人欲开设公病院之说，尚觉太早。

上见《格致汇编》第二年（光绪二年）第九卷互相问答栏第一百八十四则，其言如是。在今日已达此阶级否乎？盖已如旭光之曦微矣。公立官立之病院，已有数起矣。民政部所设之内外城官医院，西医每季诊治人数，恒逾于中医矣（见本期医事批评）。则《格致汇编》所讥诮，已渐可取消矣。人孰不爱生命哉，昔者盖未之知已。

警道示预防时疫

现巡警道出有告示云：现据老新城六局禀称，该局段内近有核疫发现等情。查本年二月间雨水过多,寒暖不时,湿气甚重,最易发生此种微菌。病势猛烈,传染尤易。已病施治,既无必效之方,未病预防,方为万全之策。除饬各分局加意清洁道涂并严禁私囤攞□外,合将卫生规则出示晓谕。为此示仰城各居民人等一体知悉。尔等须知,疫疠虽属天灾,然能讲求卫生,未尝不可竟生存于天演。自示以后,务宜谨守规则,随时随事留意调摄,以迓祥和而免夭札。本道有厚望焉。计开规则十条:

一、核疫之毒传于鼠。鼠身有虱,既啮鼠后啮人,人之受毒大半由是。各居民宜捕鼠,家少一鼠即少一病根,不可轻忽。一、鼠肉最为污秽,本无益于卫生。目下鼠疫证多,倘从前误食有毒之鼠,为害不少。各腊味店不得以鼠作腊脯发售。居民人等亦不宜以此物充食品。如有违章售鼠肉者,应比照违警律第三十八条第二节违背官令卫生章程处罚。一、屋内宜勤加扫除,并宜常用几阿连水(即臭水)洒地,墙壁旧者用石灰水刷洒,床脚、沟渠、厕所等处,均宜洒以石灰粉。一、宜注意衣服清洁,并勤沐浴身体。一、饮料宜用自来水或山水,不可用井水。如用山水,仍以沙漏隔净。凡茶水食物均宜煲滚,不可冻食。一、此病之毒,易由伤口传入。各宜随时留意,不可使身有伤口。设有之,须注意解毒法。其法以二十份之 石炭酸水沈患处。(石炭酸水即加布力水。此水制法,石灰酸五分,盐酸一分,水九十四分)洗后用洋来合口膏贴之。(即俗称孖指膏)足有伤口,尤不可徒跣而行。一、居民有患此病者,不可留家内医治,应送医院或方便医院等,以免传染。客店尤宜照此办法。病人痰唾粪溺,用皂矾末或石灰粉掺之。病者眷属不可仍居此屋,应避居船上一月半月始可登陆居住。一、各居民焚化已故者衣服,须携往城外无居民处,不准当街焚化,以免秽气传染。违者比照违警律第三十八条第二节,违背官定卫生章程处罚。一、酒食征逐,宜加节制。早睡早起,日夜衣被不可缺少。一、不可食未熟或已烂瓜果蔬菜及一切陈腐食物。

不知卫生,一等人。知卫生之理而懒于实行者,又一等人。抵制卫生之说者，又一等人。抵制者之言又分数等：凡事有天命，人事不可为，拼烂而已，此一等。某屋某人好洁甚，亦不免于疫，某屋某人不洁甚，亦不见其死，卫生之说伪也，此又一等。从前无人言卫生学，未见人种绝，今日人人言卫生学，未见疠疫绝，此又一等。年稍老大者曰：卫甚么生，我几十岁，何物不食，何水不饮，亦未曾死去。凡此皆抵制卫生之说者也。一言正告之曰：孖龄艇可以去佛山矣，何必坐火车。大眼鸡（船名）可以去香港矣，何必搭火船。乡间过涌之木桥，阔不过一尺，用之数十年，渡尽千万人，未见有跌下水者也，何必筑石桥，更何必筑铁桥。卫生之道亦如是矣。

禁屠避疫

《七十二行商报》云：新会邑城颇有疫症，陈令于二十六日出示禁屠。文曰：天气不和，斋戒三日，禁止屠宰，城厢一律。邑人谓会城去岁由会商招人报充洁净局，除大街垃圾之可以获利者外，余概不打理。即城内所有巡警六十名，见之亦不干涉。今但出示禁三日屠宰，非策之善云。

出示禁屠以治厉疫，盖因所屠牲畜有传染疫病者耶，则禁之宜也。然禁者之意，未必如是。以言戒杀，则近世学者方将传疫之老鼠杀尽，而戒杀者乃欲放生，难哉！不杀者三日，第四日又鼓刀复屠矣。均之杀也，吝此三日何？

伟哉汕头防疫会

汕头绅商现设防疫会,已订定章程,计日开办。今将其序文及章程录之如下:我潮连年鼠疫,论者每归咎于天行,而不知实人事之未尽也。去年台湾银行伙伴适染是症,日本医生以血清药水救治,病霍然愈。其后嘉应当疫症发现时,州人士用注射预防法,活者无数。则此药水之奇验,无待赘言。今者庵埠疫症传染,过者掩鼻,言者酸心。同人悯之,佥议创设防疫会,先自庵埠一区试办,由同人量力捐资,购办药水,聘请日本医生伴元造君专司一切疗治。复于汕头地方实行注射预防。伴元造君不计薪金之厚菲,慨然担任,有足多者。日本领事馆暨台湾银行复极力赞成。夫日本仅与吾国同种,尚热心如此,何况吾辈,居同乡,生同井,休戚相共,痛痒相关。对兹浩劫之流行,与其事后咨嗟,空言无补,孰若先时补救,既可保宝贵之性命,亦能造幸福于桑梓。传曰:人之好善谁不如我。况且兹举宏大,必集群力,始克支持。邦人诸友有题是举者,请捐金助之,是则同人之所顶祝也。夫章程十则:一、本会定名为汕头慈善防疫会,专用血清注射预防等法,以疗未染而治已染为宗旨。一、经费由发起同人并乐善诸君踊跃捐集,除医士礼仪夫马,以及购办药水等用之外,别项不得动支。所有应需之项,事竣之日列单布告。一、汕头施医公所,附设于同济善堂,所有干事由善堂总司理派役担任经理,不受薪水,以尽义务。一、是会开办之初,经费未充,医士先请一人。庵埠疫症酷烈,就近先行疗治。设庵埠太和善堂为施医分所,俟所医者有验,各同人当再行广募,增请医士,派往各乡救治。一、请中华医院日本医士伴元造君,暨帮手一名,担任注射疗治。除其谢礼外,通事一人,每月薪金饭食车租共六十五元。一、施医分所附设于庵埠太和善堂,则一切劳作,应由该善堂派役照料。一、病人有要注射,到会挂号,不取其贽仪药费。若富裕之家乐于捐资助医者听之。一、病人有不能来医所,欲请医士往治者,其埠内车租轿费应由病人之家自备。一、文明国对于防疫,皆为法律所规定,医士得按法疗治之职权。我国人民知识未广,甚难强行,惟有听人自便。一、有疫鼠之处,须用药水清洗乃得无虞。倘有要用,切向敝会声明,自当代购。

此所谓人巧免疫法也。核疫之人巧免疫法,有哈传干志贺洁两氏之预防接种法,及耶阿先氏之血清疗法,为世所赏用。耶氏乃法国细菌学大家,于一千八百九十四年(甲午)与日本北里柴三郎同发现核疫病原菌于香港者也。氏既寻得核疫霉菌,乃发明一种敌疫血清。其法先以种得之疫菌浆种于马身,使染其病,马血中即发有一敌疫毒之质。乃取此马之血清(即血汁)用以注射入人身中,不独能使无病者有敌疫之能,亦可使已病者有敌疫之能。其理与种牛痘及以血清治喉生假皮症略同。香港亦曾用以治疫,惟未见确效。或谓此血清来途远,其质或有变坏,此则理想之言耳。耶氏尝亲至厦门,闽人知其以治疫血清取自马血,故有称之为种马痘先生者。今汕头绅商组织斯会,得风气之先矣。省中善团有见及此者乎,将有矣。

改良医院急乎重建城隍庙急

日前北美加挚大云高华中华会馆华侨函致广仁善堂,并缴回劝捐缘部,力言重修城隍庙非当今急务。函中有一节云:今诸公亦既赠医矣,惟其收效之如何,可以自问无愧否?吾知诸公未敢应之无疑也。

吾见海外各埠之医院，同是济世救人，而其地方之宏敞雅洁，服食之安舒适宜，看护之小心缜密，虽在富贵之家，父母妻子之亲切，断不过是。以视我中国之苟简疏慢，真有天堂地狱之别。诸公以团体之大，岂无身历外国而目击其事者，又何不以重建城隍庙之资财魄力而一为仿效之？如其办理妥善，则富者亦往就医，出其资财，便可助贫者不足。此固各国所同然，所谓费力小而收效大也。此善举中之急于建庙者一也。云云。

华侨以善堂改良医院，急于重建城隍庙，抑何其言之沉痛也。吾谓改良医院只可医人于已病耳，重建城隍庙，则城隍能保佑各人，令人无病，且不胜于改良医院耶？或曰：城隍果能保佑人，则城隍庙后楼可不致倾塌矣，然耶？（此次之欲重修，即因去年七月大风吹塌庙后楼，跌死司祝一人也）

粤军新设看护手

日前督练公所发出示文一道，略云：为出示招募事。照得各国病院，皆有专司看护之人。其人均须讲习看护学术，方能胜任。现在新军各营所设医兵，不谙看护之法，殊非体贴病兵之道。现议招募学兵六十名，由军医学堂山本、梅田两教习以看护病兵简法，三月毕业，派充医兵。如果勤慎从公，即可递升医兵目。业经详奉督宪批准，合行出示招募，为此示仰军民人等一等知悉。尔等如有愿充此项学兵者，即便查照后开简章，觅同保人，前往军医局报名。统限至三月十五日止云。简章如下：

一、年龄：二十岁以上，三十岁以下。二、身体：强健无病者。三、性质:柔顺能忍耐者。四、学力:粗通文字。五、课业:每日传习看护法两点钟。六、职任:毕业后陆续派充各营医兵,递升医兵目。七、报名:愿学者觅同保人至军医局报名,查验合格即填保证书,听候示期开课。八、学额:先收六十人作为一班。九、饷章:每名每月给饷银三两三钱,毕业补充医兵,月饷四两二钱。如果勤慎,可递升至医兵目。十、资格:此项医兵限于广东人,否则亦须能通本省语言,方为合格。

他国海陆军病院皆有教育看护手之职任,设看护术练习所,教授看护术练习生,未有以不学无术之人当医兵者也。今区区百日教育,虽未得高等看护术,然已胜于不学之医兵多矣。此亦粤中军事界之卫生新事业也。

医生产婆痘师注册

《安雅报》云:民政部令内外厅造医生、产婆、痘师注册,将传令考验。

接生当以医生为之,不得已而后有产婆。种痘亦当以医生为之。乃吾国医生多不谙种痘,痘师又多不为医,奇也。闻之日本,当明治十年时,采用新法固未久,而所有国中种痘馆挂,悉令除之。种痘馆挂者,粤中谓之种痘馆招牌。危哉种痘先生,须设法永保其世业矣。

吉省新设检验吏

法部、吏部议覆东督、吉抚奏：吉省改仵作为检验吏一折，请饬各省仿办。于法政学堂内附设检验所，招二十岁以上子弟入所学习，年半毕业，派赴各州县专司相验。五年期满试验择优录取，予以从九、未入流等职，缴凭销差。京城先设一所，奉旨依议。

检验之事，当委诸医生，不可委诸仵作。本报第六、七期《洗冤录略史》叙述中言之已详，兹不复赘。今所云于各省法政学堂附设检验所，招子弟入所学习，未识用何等人为教官也。部议必有详细规则，特未之见耳。

英人谋兴中国医学

伦敦函云：英国创立华人应接会，会长为中国总税务司赫德君。兹拟筹集英金十万磅（一磅约值中银十元），为振兴北京医科大学，及在中国他省设教会医学校三区之用，以便造就中国医科人才，及他学问。定于西三月十六号，即华二月二十四日在伦曼生堂会议各节。

中国医学之不振，中国人之故步自封也。所谓不为，非不能也。

财力不足耶？聪明不及人耶？非也。则何无人出巨资振兴医学？则何无人出巨力担任医务，而必待他人之越俎代谋也？领得人情多，抑亦觉愧矣！或曰：香港医学堂，中国人何尝不捐巨款。吾闻有邓竹溪者，于丙午年以遣资万金拨充学堂经费矣。又有吴理卿者，于丁未年担任建筑医学堂于港政厅所拨之地址矣。此则中国人能以巨资与外人办理医学者也。而外人之捐资办中国学堂者，皆其国人主持之，无肯授其权于中国人者。此则慈善心而兼有爱国心之为之也。

灭鼠防疫

《大同报》云：保市顿电称：本处卫生部人员，欲为未雨绸缪之举，现已效法大埠，驱捕老鼠，洁净地方，以防厉疫。业有上流社会之名望妇人数名，亦十分赞成此举，闻于日间便可从事搜捕矣。

鼠为核疫之媒介，吾国人亦知之，故有鼠疫之名。而鼠能致疫之理，乃在于鼠虱，本报第三期论之已详矣。而粤人犹有以屋内有老鼠为好者。其大意谓疫由地气而生，鼠居地下，有疫则鼠先沾染。屋有多鼠，则此屋之无疫可知也。借鼠以壮志，其智识如此，焉得将此则捕鼠治疫之新闻遍告之也。

来 路 猫

美京华盛顿电云：京本外务部是日接到日本照会，谓日政府欲在芝加咕埠采买好猫五千只运回日本，捕捉老鼠。因该处近来老鼠非常之多，所有毒老鼠之药，皆无效力云。

买猫常事耳，何足纪？纪之所以奖励吾国人之畜猫也。六畜有马而无猫。马乃北方之兽，南中安得家畜而户养之？毛西河所以有退马而进猫之说也。今鼠虱传疫之理既日发达，则猫之日见重于世界宜也。《郊特牲》有迎猫之典，唐祀典有祭猫之礼，古人已迷信之矣。闻香港亦有禁猫出口之例也。

万国卫生会

欧美各国现组织一万国卫生会，总会设于法京巴黎。赞成者已有英、美、法、俄、意、巴、比、西、和、葡、瑞、埃等十二国，以防备疾病传染，研究卫生，及编辑卫生杂志等事为宗旨。目下正拟组织董事会，以保全会议机关。常年经费，闻拟每年六千金镑，由赞成各国捐助，视所捐多寡以定选举额数。

曰万国卫生会矣，吾国独不在万国中耶？人不与我入会，抑我不入人会耶？粤谚曰：自己知自己事。不入会亦"自己知自己事"之一端也。盖一入会，则人将干涉我之不卫生矣。虽然，宁可受干涉，不可不入也。未识吾政府知有此会否？

万国学校卫生会

万国学校卫生会会议，第一回以一千九百〇四年开于德国入兰堡，第二回以一千九百〇七年开于英京伦敦，第三回将于西历一千九百一〇年三月二十九日至四月二十日开于法京巴黎，与附属万国学校及教授卫生展览品会合开。各国均已派人赴会，闻日本已派定医学博士三岛通良氏为代表云。

日本人之言曰：我国学校卫生进步之速，超越西洋各国，此实我卫生学泰斗三岛医学博士之力也。氏在东京医科大学卒业后，复入大学院专攻儿科学。明治二十六年发明新式种痘法，世称之为三岛式种痘法。明治二十四年奉文部省令行学校卫生之调查，是为日本研究学校卫生之嚆矢。其后全国学校悉数调查，生徒数百万均一一视察，后先数年，损益完备，渐臻隆盛。至千九百年巴里开世界博览会，先生得受名誉金牌。越年被选举为万国学校卫生会终身会员。二十九年，官文部省学校卫生主事，寻兼任高等师范学校教授等职。三十四年撰《日本小儿发育论》，升授医学博士。三十六年游学欧洲，考察欧美各国学务。三十七年归国，寓于趣町区内幸町，专任小儿科生徒科之治疗。先生毕生事业均于儿童有关系，天性然也。日本教育大家石川半山敬慕先生，称之曰良叔，先生盖日本儿童之慈母哉！今万国学校卫生会开第三次会议,日政府复派先生为代表,不知吾国又将派某先生也?求我国派代表易,求我国有良叔其人,则需复者升屋北面招以衣而呼"皋某复"者三也。

奏设检验吏已咨行到粤

前由东三省总督奏请以仵作改为检验吏,比照吏员给予出身等因,经纪前报。兹复由法、吏两部会议奏明,通饬各省一律遵照,现已咨行来粤。查原奏略谓检伤之法,外国责之法医,中国付之仵作。法医系专门学问,先必由学堂毕业,于一切生理解剖诸术,确然经验有得,始能给予文凭。故业此者自待不轻,即人亦无敢贱视。而仵作则系其党私相传授,率皆椎鲁无学,平昔于宋慈《洗冤录》一书,句读且难,更无讨论。各州县既视为无足轻重,若遇相验,但令该仵当场喝报,即以为事可□辨。甚至本地并无仵作,移借邻县,不问其人品、技业精良与否。注伤填格,种种弊端,不可究诘。驯至案悬经岁,尸属忿争,朽骼腐骴,或且误遭蒸验,是难尽法以绳其后。而生者已控无可控,死者实冤益加冤。嗣后曾设有审厅省分,应于上级厅内附设检验学习所一区,调取各属识字仵作,并招考二十岁以上聪颖子弟若干名,责令检察长督同入所肄业,各给《洗冤录》一部,派员讲解。此外生理解剖等学,亦应择其普通浅近,关系检验者附入课程,并陈列骨殖模型标本,定期一年半毕业,发给文凭,分派各州县专司相验等事。旧日仵作名目,即改为检验吏,优给工食。其未经设有审厅各省,即在法政学堂内添设检验一科,俾人知向学,狱尽无冤。给予出身,则比照吏员,以着役期起五年期满,考试分为从九、未入流两项,注册选用云云。督宪接文后,即饬司刊刷例册,酌量筹办矣。

谈者动曰收回治外法权。夫欲治外法权之收回，舍与人为同一之法律不可也。暹罗近亦大改法律，与欧洲公律等。闻英人已撤去领事，所有居留暹罗之英人，均与暹人同受治于同一法权之下，此其大验矣。中国乃不肯轻改法律，以为中西风俗不同也。乌知所谓同一之法律者，犹之吾商家之行例耳。对于内，则一铺可以有一铺之规例，对于外，则不欲与人交易则已，不欲入行则已，苟其欲之，则不得不遵通行之行例也。商业如此，国业何独不然？抑何谋国者乃若是梦梦耶？今仵作之改检验吏，似矣。然试问有人命交涉案，他人将公认我检验吏之所验以为据否耶！抑仍必以曾受法医学教育之医生所验为据耶？吾初闻仵作改设检验吏时，不知其若是已也。今乃仍以《洗冤录》为课本，而于生理解剖等学，不过择普通浅近者习之，则亦乌足以折服他人哉？岂舍芜杂谬误之《洗冤录》，遂别无可以为教者哉？原奏明明知检伤之法，外国责之法医矣。以外国责之法医者，我乃责之检验吏耶？故谓检验吏不犹愈于今日之仵作者非也，谓人命交涉案能据检验吏之所验以与外人争胜，则左矣。

坏鬼先生多别字诚哉

医生罗森以被人伪冒方药具禀警署，请予查禁。王道据禀，以所列市药，既属平常，而于蝉酥作蝉须，麝香作射香，血竭作血蔼，误字连篇，其平日并非积学已可概见。

以此等不学之医，平常之药，何致为人伪冒假充。而来呈一似伪冒之多，其为自行铺张以为广告之用，昭然若揭矣。但近来各家药店，多有此种办法，已成常套。既据禀准有案，姑准一体查禁。又医生苏元勋将所著论说具呈巡警道,奉批谓:来禀已悉,两论牵合中西,毫无心得。至引用《封神演义》之说,尤属鄙琐不经。各方药味杂凑,未见精义。其以防己、苦参为调养药,闹杨花子为天仙子,考核亦未详审。所请通饬各界知照之处,应毋庸议。医学精微,关人性命。该生如欲以医行世,须再潜心研究,不可鲁莽灭裂,贻害民生。本道忠告之言,幸勿以为河汉也。论说附。

语曰:"心肝脾肺贤,日日遗几钱。心肝脾肺肾,日日无人问。"此语虽旧,可见医人识字之不足贵也。抑吾闻昔有医者冼焉希,其自写招牌曰"冼焉希医科",误写为"洗马布酱料",见者无不匿笑也。又有外科医者黄炎建,自书横额曰"黄炎建包医恶毒大疮",乃左写为"疮大毒恶医包见阎王"也。凡此,未知说者之作家乎,抑果有是事乎?今罗生既以蝉酥作蝉须,麝香作射香,血蝎作血蔼,苏生又以闹杨花子作天仙子(药材无定字),此语殆专为我辈设也。吾国酱料所以日见进步者,此非一大原因耶?

坊人有太古遗风

《时敏报》云:粤垣天时不正,疾疫传染颇众,居民惶骇。城隍庙司祝谣传购买上好息香一筒,往城隍庙祈祷后,向司祝换回免难辟疫香三枝或九枝,于四月、五月、六月之初一日在家每日炷香一枝或三枝,虔诚拜祷,始获平安,且能邀福。连日无知男女,购香往换者,不知凡几。司祝名为不取钱文,惟以多数之香换回数枝,且到庙者勒买宝烛一毫,另有缘部劝人签捐。其谋利之法,真可谓匪夷所思矣。又云:城内疫症流行,死亡颇众。平日既不讲求洁净卫生,遇病复不研究方药,一味媚神以求消灾,其愚昧殊堪浩叹。月之初三日,观莲街众又因时疫之故,求神禳解,集议捐资,请某寺僧人数辈在该街华光庙内,日则诵经,夜则焰口超幽云。真不值识者一笑。

《七十二行商报》云:城东荣华坊横街小巷,住眷稠密。近因疫症流行,该街好事之徒捐资跳舞狮子,以为镇压,可除厉疫。东元里某宅邀狮入室,使其跳舞,助以纸炮。讵舞毕未逾一天,该宅忽一人染而逝。不及三天,舞狮者亦因染疫而没。所谓求福得祸者也。

扁鹊曰:病有六不治。信巫不信医,一也。仲景曰:不留神医药,钦望巫祝,穷告归天,殆也。今愚民辄谓不拜神为进教。夫进教何尝不拜神,特所拜者非木偶耳。扁、仲二氏为我国医家先师,其言若是,是亦崇拜基督者耶?孔子曰:丘之祷久矣。孔子亦不拜神者也,孔子亦进教者也。

广府中学有疫存疑

《时敏报》云:广州府中学,校地本甚宽大。惟近来监学庶务等员,于地方清洁、学生起居等事,绝不讲求。故日来该校每日检出死鼠数头,学生甚为惊惶。甚有虽已染病,亦不准请假调理者。以至一星期内,乙班学生任本炽、癸班学生杨庆猷先后染疫死。此外有病各学生,均异常危惧云。旋据该学堂来函云:启者:本日阅贵报所登广府中学堂疫死学生一节,不胜骇异。敝堂向极讲求地方清洁等事,自闻省城有疫,尤加意扫除。本月二十一日曾于操场检出死鼠一头,随将全堂熏洗,自后亦并未见死鼠。乙班学生任本炽,自正月患咳嗽疾,告假回家调理,在家病故,本非因疫。癸班学生杨庆猷亦于本月二十日告病假三天,在府学东街刘祠染病,回家身故,并非在堂。特请更正,以免讹传,是所至祷云。

据该堂之辨明,则广府中学之无疫可信也。然他国学校卫生制,于公立学校必设置学校医。学校医视察学校之际,如查有犯病生徒,当申告校长。视病症或使其停课休学,或为之疗治。学校医于学校近旁,或学校内,发生传染时,当常到该学校施行所必须之预防消毒法。如视其情形,须闭锁学校之全部,或一部,即当申告管理者及学校长。如通学生徒之所在地发生传染病,亦必须禁该生徒进校,并申告管理者及学校长。粤中公立私立之学校渐多,子弟之入学校者又渐众。即不入学校而寻常私塾,又必以浅狭之地,萃数十生徒。孰不有子弟从事于学塾者?学校医之不建设,与学校卫生之不讲求,即最轻传染病如癫,亦必至全校传染殆遍,何况急性传染病。无怪为父兄者之放心不下也。吾故因广府中学疑传新闻一则,而引起学校卫生问题,以为一般教师告,并为一般有子弟入塾者告。

伟哉海阳又有防疫会

汕头绅商组织防疫会,已纪前报。兹闻潮郡近多死鼠,人心极为怆惶。昨由海阳自治研究所谢君友潜、廖君友葵等,因汕埠组织防疫会,以预防注射等法疗治极有成效,特邀集绅、商、慈善各界到该所筹议。仿照汕埠防疫会办法,十一日由谢君友潜、郑君弼臣往汕调查一切章程,并请该会林君少枚代为邀请日本医士福田君赴潮施治云。

中国新旧医学之竞争,非为学术也,为饭碗耳。苟为学术计,则新法所在，方将钻研之不暇，何肯深闭固拒，嚣然而不屑措意也耶？医者之衣食重，吾人之生命亦重。吾人而爱其生命，则未有不肯求新法者，特恐为浸润之谮所阻耳。汕头、潮州之防疫会，皆非医界人为之发起也。商之医人，则殆矣。

京师医事汇闻

北京函云：法部各堂宪现因东西各国均以卫生为要务，故通饬各省，即于各级审判厅内一律添设医官，以重卫生。并已分饬京师各审判厅，先行遵照办理云。又云：太医院各医官，不解新学者居多，甚至有不知卫生为何物者？闻某相国忠谏于摄政王云：人生性命，非同儿戏，亟宜设法整顿，以资改良。又北京电云：民政部现订定医科专律。

谓国家不知注重医学，则近日医事革新消息日至。无论执政者非顽固，即顽固矣，而新世界风潮日益波荡，其势不能不变。彼梦然者犹谓在外国医科卒业，犹须补习汉医方，以是为争胜之地，多见其不知量也。盖彼实不知世界为何物，徒死守目前之饭碗而已，可哀也。

美医剖验交涉命案

上海报云：九江英捕击毙余发程一案，十七日经美医士将余发程尸剖视,刀痕划处有鲜血涌出,溅及医士面。医士又将心经以次细验,并无些微之病。及验至小肠,则血管裂断,正近外面伤处。其为棍击无疑。医士因指视众人云:此即因伤殒命之据也。盖血管断则周身之血逆流贯注于胸际,血阻而气乃闭。直至十数日后,血犹不凝而溅,愈见前此并无他病云。当由医士谒见浔道签明验单存据。浔道复据情照会领事。

按上所叙情节,乃报馆访员所述已。报馆访员于此等事理未必熟悉,故所记述者仅如此。当美医相验时,其检验证书必甚详悉也,特不可得见耳。去岁粤中佛山轮船葡人奴路夏踢毙华人何与听一案,中西验法不同,中西官亦各据所验以为据,本报曾痛述之。今该案已阒然无闻矣。此次英捕击毙余发程,幸由美医检验,亦幸美医检验以为果系因伤殒命,否则吾国又出件作矣。第未知此美医由英领所请,抑由华官所请,该报访员不能详记也。虽然,此英捕想亦印度人耳,未必英人也。

宝隆医生画像

上海德文医学堂监督,兼同济医院医生宝隆,于二月间因病逝世。现其友人拟将同济医院易名为宝隆医院,镌刻碑石,并就厅事中塑立半身肖像以志不忘。此举计共需银三万两左右,业由该院董事发起,函劝中西人士量为捐助,集成此数。

《医学世界报》曰:上海同济医院本宝隆氏所组织,每以余暇,在院诊治中国病人。又因就诊人所助之医药费,为数甚微,尝捐巨款存放利息以充常年经费。故该院董事议创此举以酬报之。呜呼！他国人恒能在吾国组织医科事业，且多能捐巨款以成之，吾国人独不自爱其国人哉？抑风气之所及，有速有迟哉？

日本医人之风度

日本东京医科大学教授青山胤通博士，于去腊应两江总督端之聘，来华诊视。端公馈以万金。事毕，自江宁溯长江抵汉口，由芦汉铁路至北京。途中遍谒当道，更赴天津，自津榆铁路入营口，自满洲铁道之大连遂乘汽船至彼国门司，由门司改乘气车入东京，先后约一月。往复旅费及其他需用，计耗去四千余金。归国后以五千金捐入早稻田大学，作为该校第二期扩张费。旅行匝月，依然两袖清风云。

青山胤通即一千八百九十四年（甲午）核疫流行香港时，各国均派医生到港，查究疫源及传播实状，日本亦派医生北里柴三郎及青山胤通等到港。青山在港竟染疫病，厥后痊愈。据青山之亲历，则病时所饮食者，为葡酒等兴奋剂也。则太削伐之药，于该疫亦非所宜。吾故因青山此次来华而并及之以告我国人。

人骨可作奇货

日本金马莫都府开设药房之日人何斯家华氏,因售卖人骨事日前被巡警捕获。另有居住长崎之同党日人三名,亦同时被逮。当由何氏店内板下搜出人骨四包。现查何氏自一九零二年始屡向坟堆偷取人骨,由同党日人三名,及侨寓长崎之华人运至中国销售,每百斤值日币四百元云。

兽骨之用,吾闻之矣。人骨何用耶?意者中国医校日多,将取人骨作标本用耶?若然,则泽及枯骨也。死者何修,而得其骨为人所日抚弄若此,以视埋藏黄土中,与草木同腐者,贵贱特殊矣。罪之胡为?呵!

日人以新世界医术逼韩

东京函云:韩国皇室之侍医,向有四十名,皆汉医也。近自日本佐藤医生渡韩后,此等汉医被汰仅余四五人。此四五人亦各使兼学泰西之医术。且韩医一名,则以三日医为之辅。据佐藤言:韩帝虽未接触文明学术,然余以显微镜为试验解剖,将实地之理科供诸帝览,韩帝殊大惊喜。向来韩帝诊察时,例以绢布蔽其胸部、脚部,贵重其躬,不许受皮肤之触诊。其妃则并首、手亦蔽之。昨年因韩帝脚肿,余奉旨入诊,病果渐痊。韩帝自云:朕已五十年不入浴。余乃劝帝暂以水温其脚,温之既快,遂渐及其两脚,且至浴及全体。现宫中已新设浴殿。每余入诊,其妃必微开其窗以观闻帝及余之谈话。盖此妃名丽妃,不论何人拜谒,常隔窗以听。如遇所谈要事,帝或忘之,丽妃必为覆奏,亦有心之女子也云云。

日本河内柳溪先生(先生名全节,为日本汉医耆宿)曰:日本医学,先求之三韩。自汉医方之输入,而三韩医方殆乎止熄,命也。降自幕末,至于方今,乃泛求西洋医方以救斯民夭折,而皇汉医术并废,是亦命也。呜呼!今日本以泰西医术报三韩矣,吾汉不自图,则日人又将依次以泰西医术报我,我其尚可以为国哉。

飞猎滨除疫法

美国在飞猎滨之治疫证,犹古巴之治黄病也。盖古巴之黄病,其根在污秽与蚊虫,而飞猎滨之污秽,不减古巴,传染之故则由于鼠。一千八百九十九年,自广东、香港传疫证至该处,及一千九百年,死一百数十人,又一年死一百数十人。以上之数,但据末业赖京城而言。可见蔓延日广,不得不从速除之。因考其传染何以如是之速,则以鼠为媒介。于是飞猎滨政府,特颁毒鼠之物饵与捕鼠之机械。凡获鼠者,无论生死,标识某号门牌,浸于药水,送入医局考验。初时每百头中有疫者十头,旋增至二十三。飞猎滨之人无不视为大敌,所有房屋或重行洒扫,或竟付一炬。如是者历若干时,颇为有效。一千九百零二年而其病绝矣。今阅其清单,计将捕得之鼠送医局六万头,已验者四万头,内有疫者二万头。其不送医局者约数百万头,每月机械用六万五千三百七十二次,毒饵用四十万三千镑,房屋之重行修整六百余座,茅庐之焚毁者不计其数。尤奇者,则人欲免疫症之险,可以引药种之如牛痘焉,凡种者二万五千人云。

上海《万国商业月报》曰:此病出于中国,其传染于印度最盛,而飞猎滨次之。然中国并无除疫之政,其污秽亦素著名地球,殊足令与之为邻者不能不日日警惕也。故邮船往来太平洋者,验疫最严。呜呼!中国若不速行整顿,使人早释重负,则各国又将夺其主权而代除之。土耳其墨加之故事,岂非中国前车之鉴乎。各国回教人每岁必朝墨加,而墨加污秽无比,时有疫气,来者恒不得免。其人既散回国,则传染各处。于是各国强土耳其政府整理之。

题郑学士送别图

郑学士送别图,当阶而立者凡二十有四人,为光华学生公饯郑学士之白耳根第二次万国麻风会摄影也。其雅度从容,虚怀若谷,留发而预备改装者,郑学士也。左侧手团扇而正视,貌甚端肃者,光华院长陈衍芬。又左捻钮深眉,若有所思者,保全堂主人刘子威。又左束身敛袖,骨气峻整者,资生堂主人池耀廷。右侧厚重少文,低眉而木讷者,东美主人李镇。又右癯然两髯如戟者,六和主人陈则参。又右同有髯,怒目而谋远者,恒安别馆主人梁慎余。学士之后,气体丰隆,养之有素者,九丹池主人左吉帆。子威之后,袖手旁观,神采机警者,大同春主人陈子光。凡此皆光华教授及医生也。与衍芬同持团扇,若野鹤顾视,闲行自在者,光华书记长陈泮馨。此外学生十余人:泮馨之后，手折扇，气象英勃者，汪宗藻。宗藻之右，鞠躬油然，若无所可否者，唐崇基。与崇基并列，崖岸峻峭者刘玉生。其前两鬓飘然，若子弟受训者，周硕臣也。右列之末，手潮扇，若端拱而议者马觉凡。觉凡之后，丰裁俊美，口若含枣者梁叔敬。叔敬之左，沉毅有健力者罗伟臣。伟臣之左，侧面延伫，貌甚温婉者吴夔飏也。左列之末西装者三人：高出同群，粹然而侧立者苏骏。跃跃欲动，廉悍逼人者张傅霖。眼镜手草帽，短小而精警者林汉存也。汉存之后，仰首注视如古德之容者，苏若由。与若由并肩，栗然若不适意者梅湛。二者之间，形容枯槁，如三家村学究者，著者陈援庵也。图摄影于海珠慈度寺前。寺为今水巡总局，借公庭作长亭也。夫送别亦至常矣，何独有纪于是？吾慨乎吾国人历史观念之薄，斯为吾国医事纪念之大者，不可无纪也。不必使后之人观览斯图慨然而有感，即后数年或十数年，开第三次万国麻风会时，吾犹欲持是图而觇吾国医学进步之高度也。昔王晋卿会当世名士于西园，凡东坡以下十六人，李伯时图而米南宫叙之，斯时以为美谈。今图中诸人，方之东坡未知何如，然为今日吾国医学革新之健卒，可断然也。与东坡辈固分道而驰。予不才，幸得随诸君子后，以是为荣宠，乃镂诸写真板，录诸人姓氏于后，俾他日有所考焉。己酉年五月。

送郑学士之白耳根万国麻风会序

己酉七月，那威白耳根开万国麻风会议，政府特派内阁中书举人郑学士豪参列其间。行有日矣，光华医学专门学校校友会诸君，谋所以饯之，为开送别会于海珠慈度寺畔。同人等既各有祝词，而余为之序，时五月有二日也。序曰：

世界之有医会，不自今岁始也。我国医人未尝赴会焉。不独不赴会,且不知有会焉。学士此行,殆为吾国医人赴世界医会之第五次也。第一次为光绪三十年,美国开万国军医会,政府特派北洋徐翼周、钟栋臣、何醴泉往。翌年同会,又派陈子光、周子为、何醴泉往。又翌年同会,派何怀德往。同年菲律宾开热带病学会,膺其任者则学士也。夫寻常游历亦莫不有游记之属,以饷国人。以诸君之壮游,归国后皆仅有以复命于政府,而不闻有以报告于我医人。是虽我国医会之迄未成立乎?吾愿学士此行,亦必有游记之属以报告于我医人也。此吾所期望于学士者一也。

麻风之为患于我国,数千年于兹矣。《素问·风论》所谓其肉有不仁,其鼻柱坏而色败,肌肉愤膶,皮肤疡溃,非风也耶?《说文》谓之疠,解之曰恶疾。《巢氏病源候论》谓之癞,释之曰恶风。《苏沈良方》则直谓之大风。至今日人犹谓之癞,而吾粤则谓之风(潮阳麻风院犹称癞民所)。无论其为疠、为癞、为风,斯疾之害吾民,孔子已有命夫之叹矣。然累世学者,多不肯于斯疾措意,以故医籍虽众而言风者殆绝少。其中仅有元朱震亨《本草衍义补遗》,所发明之大风子油,为今世界学者所公用。其他治疗风病者,皆下流医已。而世界则自千八百八十年,亚理穆尔氏认定风病原杆菌以来,斯学日见发达,月有考查,岁有报告。若爱克司光线,那斯」之疗法,吾国人竟充耳不闻也。吾愿学士此行,有以得各家治疗风病之成迹,汇译之,以为吾国组织风病疗养所之预备也。此吾所期望于学士者二也。

风症不独吾国有也,西洋之波路昆半岛、墨西哥、土耳其、西印度、瑞典、芬兰,东洋之日本九州、印度、爪哇等处,皆有之。凡风患者之鼻分泌液、皮肤溃疡分泌液、呼吸器排泄液,均有风病菌之存在,足以传其病于他人。故各国法律,莫不以此为地方性传染之疾患,而思设法以预防之。在他国吾不知,在日本则近十年来癞病之预防法案,法会中殆无时不提出,而癞病疗养所、收容所、救护所之设置,则不惜靡费巨帑以成之。计去年日本癞疗养所建筑费之预算,东京十二万四千余元,大阪九万八千余元,熊本七万五千余元,香川四万五千余元,青森四万余元(《日本医学杂志》第四十八号)。其他之构造法、管理法、消毒法等，又无不实力研究。回视吾国，则非不知此病之能传染也。《三因方》所谓此病亦有传染，非自致此，则不谨之故，气血相传，岂宿业缘会之所为也者是也。然自国初各府县建设麻风院以来，舍薄给口粮外，未闻有其他特别预防之法。以故风人仍可任意游行街市，传染之烈，莫此为甚。吾愿学士此行，有以得各国预防风病最完备之法，足以施行于我国者毕录之，冀政府之实行也。此吾所期望于学士者三也。

吾国社会之知识，以为北方冷地无风也。而不知俄罗斯、瑞典、那威、芬兰等，皆在极北之地。吾国社会之知识，又以为风果有三十六种，百三十种也，而不知由皮肤发现之状态，区别风病，仅有三种：曰斑纹癞，曰结节癞，曰知觉麻痹性癞。如世人言，则凡类似麻风之病，如狼疮、寄生性须疮、象皮疮，与及树胶肿性霉毒疹、海绵状黏膜憩肉、纤维软肿、白斑病等，皆可谓之风矣。吾国社会之知识，又以为风病之传染，必由于配偶与遗传也。而世界学者则曰：风病无遗传之确据也。即由配偶而得之风病，其传染之途径，亦每由于彼而不由于此。以风病之传染为由于配偶与遗传，则天下之蒙不白之冤者多矣。以故美国教会且设洁德书院于东郊麻风院侧，专以教育风人子弟也。以此语吾国人，吾国人必咋舌而不肯信。吾愿学士此行，有以得各家学说之已定论或未定论者，并存之，以祛吾国人之惑也。此吾所期望于学士者四也。

闻学士此行，不独至那威而已，伦敦、巴黎、柏林、维也纳、罗马、龛钵、华盛顿、纽约、芝加高、波士顿等处，学士将遍历之。壮哉行乎！吾闻本年匈牙利布打披士特又开第十六次万国医学会，亦在阳历八月间（二十八日至九月四日）。其布告之宿题，异常瑰伟也。会分三种：有总会，有分科会，有数分科联合会。其分科二十有一，曰解剖及胎生学，曰生理学，曰一般及实地病理学，曰微生物学（细菌学）及病理解剖学，曰治疗学（药物器械的治疗法，温泉疗法），曰内科，曰外科，曰妇人科及产科，曰眼科，曰小儿科，曰神经病理学，曰神经病学，曰皮肤病及花柳病学，曰泌尿器病学，曰鼻科及咽喉病科，曰牙科，曰消化器病学，齿科附，曰卫生学及预防法，曰法医学，曰海陆军卫生学，曰海军医学及热带病学。繁赜如此,吾国医人固梦见之乎?经一翻之宣扬,必大有裨益于医界。吾愿学士此行,顺道入匈牙利一会也。此吾所期望于学士者五也。

然有足为学士虑者,则此次会议之事件,皆非吾国有也。当千八百九十七年德京柏林开第一次麻风病会议时,吾政府不知有此会也。而此次第一日所议者,即为讨论前次会议后所用麻风预防法之成效,而吾则何讨论也?是可为学士虑者一。吾国无疯病疗养所也,所有麻风院,均候死所耳。粤中惟东莞及琼州有之,皆他国人所办,非吾国人所办也。然此次第二、三日之议题,即为麻风之疗法。吾又何疗法之可言?是可为学士虑者二。前既言吾国无取缔麻风之律矣,夫急性传染病如虎列拉、百斯笃等,吾法律尚无消毒预防之法,麻风又为最缓之传染病,政府之不之措意,宜也。然此次末日之议题,即为法律上取缔麻风之法,吾又何法律之可言?是可为学士虑者三。虽然,前此政治之失策,既贻吾人以莫大之耻辱。今后政治其犹若是乎,则又乌有今日之命也。吾愿学士此行,有以雪此耻也。此吾所期望于学士者六也。谨再拜。

检查娼妓非咸湿医生不可

巡警毕业生罗建勋于四月十三日条陈巡警署云:谨拟娼妓宜有健康诊断,以免传染霉毒事。窃娼妓之健康诊断,尤为行政警察所重视。盖娼妓之霉毒易于传染,其危害虽不如天行传染病之酷烈,然于国民发育生产,亦大有阻碍。夫行政警察对于诸般事物皆有取缔焉,而对于娼妓之取缔为尤重。因其一方为正俗,则娼妓名部登录也,一方为保持国民之卫生,则娼妓健康诊断也。夫所谓健康诊断者,凡一般之娼妓，先依地方官厅之命令，于未申请登录名部之前行之，非单指检霉毒而言。凡关于身体全部之健康，皆当受其诊断，故必经检查医员之认可，始得娼妓名部登录也。故就学理上言，娼妓登录名部，为外面形式的取缔，毋庸赘述。而健康诊断，为娼妓里面实质的取缔，尤为要点。二者并合，然后可称完美。但举办之初，必须筹款。学员谨拟检查医员薪水，由花捐公司提拨，检查医员由巡警聘定，专事检娼妓之健康。至调治药费，则娼妓之养母担负之。若自行为娼妓，其药费则自备。又指定一检查所为定时检查。大抵普通各国，七日检查一次，而亦有临时者，须依其事情而定。学员于公众健康，不敢稍有忽略，故敢陈管见，以期采择。是否有当，伏乞宪台查核施行。计开关于申请检查健康之要件有六：一、欲就娼妓业者。二、休业后而欲复业者，或移寓他寮而就娼妓业者，自受前检查之日起已过七日者。三、已入医院而欲退院者。四、病已愈而欲复娼妓业者。五、自称有病者。六、前各项之外，检查医员认为必要之时者。

娼妓检霉，必有实行之日，特未识何时耳。虽然，检霉医员由官聘定，在医员固有不给之势，而娼妓又有久候之弊。官医非其所信仰，谣诼于已起矣。娼鸨虽贱，运动甚灵，到此时则有大力者纷纷为之缓颊，而事败矣。天津已事，可为前车。是故今日欲办检霉，必听其自由择医，官为取缔，如本报第五期之论，或可行也。

新药制造公司之萌芽

普益有限公司职商邓其瑞等，集资拟设中国制造药房，延聘各国药师购办机器，选用原质，制造药物，为中国军民治病之用。凡军界及公家所用药品，减收原价三成以为报效。昨特具禀劝业道立案。陈道批略谓：该商等具此热心以图谋公益，所陈尚堪嘉许。昨准督练公所军医学堂会同移送章程请由本道核明，详请督宪立案给示等由。当查该商等所议章程，大致尚无不合。惟查西药配制精奥，必须深于是道，具有专门之学者，方可提倡。该职等拟设制造药房，对于选制药品，系仗各国药师以为督制。倘药师不得其人，或以劣品欺世，流弊不可胜言。应如何考察检查，以期妥慎，应再详加研究，明白详覆，呈由军医学堂核明。果无窒碍，再行移会核办。现已移覆军医学堂核明饬遵云。

西医之信用日盛，则西药之消流自必日多。顾医有新旧，药无中西，本报第六期问答栏已发其端矣。今日欲挽回药品输入之利权，则必自制药始。制药不难，有大资本购机器（闻制磺强机器已需银十余万），不惜薪金雇药剂师，并放弃目前之利，以收后日之效，则得之矣。资本愈大愈佳，不造则已，造则必以能胜外国所来之药，为中国唯一之大制药公司，令用西药者亦莫不安心乐用我之药而后已。如是则可为。若仅持试办之心，则不可矣。至于将中国固有之药物，及数千年经验之良方，一一而分析之，以试其生理治疗之作用，则不独可以挽回利权，保存国粹而已。药物发明家一席，阙额以待。吾国人不患不能于新药学界占一席地也。特此非牺牲多少权利，牺牲多少时日，牺牲多少精神，不易得。舍非是国家有以提倡之，多派学生于东西洋留学药物，优其奖励，学成后复假以年月，资以历练，开药物馆于京师，如往时之纂修各馆例，则是可为也。然政府且以是不急之务也。

此死孩而不以供解剖之用惜哉

西关十局界外沙地及河傍,地近荒僻,连日有人将死孩抛弃道旁。经该分局刘巡官查悉,有害公共卫生,密饬巡士随时留心巡缉。前月二十七日下午时候,有一人携抱小孩,外用破布遮盖。路经柳波涌,被巡士察出,潜尾其后。该人行至郑家祠侧,即将死孩放下路旁,举足狂奔。巡士将其拿回分局,讯据供认,姓赵名强,某处人。今日由蛋妇黄陈氏给银三毫,著伊将死孩携往荒郊等语。即传黄陈氏到局,讯认不讳。刘巡官以该蛋妇女死并不市棺埋葬,殊属忍心害理。姑念妇女无知,饬即市棺埋葬,从宽省释。至赵强受雇送往荒郊,竟敢中途抛弃,殊为可恶。若不严加惩办,不足以警其余。当将赵强一名禀解到署,覆讯前情不讳,当即收候核办云。

抛弃死孩于荒郊,与抛弃小儿于道旁,在抛弃则等矣,未必道旁为贱,荒郊为贵也。律令不许抛弃道旁者,妨害他人之卫生耳。既可抛弃之,则何不可请将该死孩送入各医校,以为医学生实习解剖之用,胜于抛弃荒郊,以供蛇鼠解剖之用者多矣。借曰现今法令所未许,焉知他日法令所不许。吾独怪乎于彼则忍,于此则不忍,是亦性质习惯使然耶。吾国人昔以妇女缠足为莫大之美观,奈何今有不然者。是故今日未有奖励解剖之舆论耳,苟其有之,则法令将随舆情而变。宪政既可取法于他国,解剖之说出于内经,独不可取法于他国耶?是故医学未欲发达已,医学如欲发达,则解剖学会又将遍设也。吾今姑妄言之,请觇其后。

京师亦有私立产婆学校矣

京师私立产科学堂已经开办。兹闻日前民政部有批示曰:法部主事江绍铨创设京师产科学堂由,据呈及简章均悉。该员提倡女学,夙负名誉。兹复设及产科学堂,尤见关心民命,深堪嘉尚。本部现正筹议此件,所请拨费补助之处,应毋庸议。

民政部不知此举为善,则亦已矣,既知此举为善,则贵有以提倡之,补助之。于此不能,而谓部中亦正筹议及此。夫部中正筹议及此,则更当有以助成之。助成产科学堂一区于京师,以树直省标率,未必民政部之力有所不逮也。此而不为,使天下谓部以是为抵制拨款之地步耳。甚为部不取也。

美医剖验交涉命案续闻

九江函云:英捕马仕械毙商民余发程一案,迭经浔道及委员徐辅仁太守,以西医剖验凭单确系故杀,请英领拟定马仕之罪。英领倭纳欲以银数百两了结,马仕仍复巡视洋街,逍遥无事。然浔道文卓峰不能与之力争,以至延搁至今,尚无头绪。现经湖口商民周瑞棠禀请浔道,将此案移至上海道与英按察使交涉,并请律师辩护云。

甚哉,中国人命之贱也。不以医生剖验为据,而以仵作相验为据,则人既不公认矣。以医生剖验为据,不以仵作相验为据,则亦欲以银数百两了结。然则携有数百金之银币者,何处而不可殴毙人耶？使吾国人以此等暴行施于人,则谓之野蛮暴动,弄成交涉巨案矣。呜呼中国人！然或者谓苟不得医生剖验凭单作据,则并此区区数百两之烧埋银亦不可得也。悲夫！

南雅雄劏狗

江西教育总会公立图书品物陈列馆于四月初五日试验剖解术,用生犬一头,实行剖验,以助医学之研究。是日绅商学界到者四百余人,三打余钟开会。由日本医学士南雅雄登台演说剖解之理由。略谓人身有病,非剖解不能尽除,并极陈医学之有功人身。随用生犬一头,以麻醉药迷之,使之寂静。割去肤毛,用刀戳肤皮寸许,钩出大肠,用刀割破,取出小虫二三头。当谓人身有病,亦宜如此医治。再用针线连合大肠,并连合皮肤,用合口药水抹之包固。该犬渐渐苏醒,依然如故。据云约一礼拜,疮口即可痊愈。试验已毕,至五点钟摇铃闭会。

南雅雄劏狗耳。粤中未禁贩卖狗肉以前,带河基一带何日不劏狗？虽然,彼劏狗为口腹,此劏狗为学术也。在昔各国法律上未许解剖人体时,解剖学者多解剖兽类以代人之用,是谓比较解剖学。今南雅雄之解剖犬,即其例也。然犬耳,何时不可解剖。吾粤光华医专校教授王泽□,前者乃解剖一犬,以为学生实习之用,特未布告于大众耳。现在吾国法律尚未许解剖尸体,与各国古代同,则此等比较解剖学,亦凡医者所当演习也。不然,则何难以心肝当狗肺哉。

江督派员考察日本医学

上海函云:四月十八日,丁君福保等奉江督札开,略谓为札派事。照得世界文明愈进,医学之发明愈精,所有户口之增殖,种族之强盛,人民生命之健康,皆惟医学是赖。查有无锡丁生福保、俞生鼎勋,于中西医学极有研究,堪特派为考察日本医学专员。凡日本之各科医学,及明治初年改革医学之阶级,与日人所录用之中药,以及一切医学堂医院之规制课程,均应一一调查,以为吾国振兴医学之助。除咨行外,合行札派。札到该生等即便遵照办理云。

当隋大业四年,日本遣僧惠齐、惠光及医师福因、惠日等,留学我国习医术。至唐武德六年始归国,前后修业共十六年。此事在《日本书纪》言之甚详,为日本人留学外邦习医术之始。吾《隋书》仅言其来学佛法,《唐书》则并不纪其留学何艺,徒云遣学生留朝肄业而已。斯时我医术正盛,大著述如《巢氏病源候论》《孙氏千金方》等,均于是时出世。千年以来,日人承用皇汉医术,未尝或改。乾隆间始有和兰医之输入。降及明治,乃竟尚独逸医学,而汉方医之势力,直持续至明治二十四五年。改革之难,不可谓不。今江督特派员调查一切,意欲以日本医学改革之成绩,为吾国欲行医学改革之模范,意甚盛也。盖日本医学之历史,与吾最相近。

江南又考试医生

同函云：江督端午帅前月又委提学司陈予砺学使考试医学，其试题列下：问：《内经》论脉有三部九候，至晋王叔和始以两手之寸关尺候五脏六府，后世因之。而西人候脉，则以中医分配藏府为妄，其得失奚若？问：中药辨气味，西药辨质。质与气味，分别何如？问：《玉堂闲话》称高骈时，有术士善医大风。置患者于隙室中，饮以乳香酒数升，则憞然无知。以利刀开其脑缝，挑出虫可盈掬，长仅二寸，然后以膏药封其疮口，别与药服之，而更节其饮食动息之候，旬余疮尽愈。才一月，眉发已生，肌肉光净如不患者。此治法与西医同，惜世不传，试以西法详阐其证治。问：扁鹊能洞见五藏症结，世以为怪。近日爱克司光镜照人，洞达表里，惟金类不能透，西医以为取弹子之用。然其照五藏亦略有微影，能研究其功用以之治他病否？中西针法疗病论。鼠疫病因疗法论。《说文》思字，兼心与脑言，与西医知觉属脑有合说。"营行脉中"一语，与西医论大动脉大静脉同，而"卫行脉外"一语，西医未及说。

去岁江督曾考试医生，所试诸题有极外行者，故本报不及载。今观右方所拟诸题，比往年相去远甚。子砺幕中，殆有人也。忆去岁冬间，浙江亦曾有人禀请考试医士。支提学批谓，时医流弊，诚堪痛恨。惟江南已设有军医学堂，中东教员具有能试验医生之资格，现浙省尚无专门之医学校，亦无东西游学毕业于外国高等专门之医学士，骤行考试，强定优劣，恐不足以服诸医之心云。是则先求有能试验医生之资格者，亦今之急务也。闻此次江南考取最优等者为丁君福保云。

光华医事卫生杂志发刊词

粤之有医学杂志自美人嘉约翰始也。嘉约翰于光绪七年发行西医新报，余于广东医学图书馆见之，惜乎八号而止。吾恐中国之医学杂志亦以是为始祖也。自是而后，光绪二十四年则有尹端楷之《医学报》，光绪三十二年则有权约翰之《西医知新报》，光绪三十四年则有梁培基之《医学卫生报》。然多者不过十号，少者则或四号至二号而止。呜呼！一省之大，四十年之间，医学杂志只有此数，而其半尚非我国人所办，而又皆不能以永年，抑又何耶？且不独吾粤已也，所有沪上发行之医报，以及留学界在日本所发行之医报，亦复如是，求一能如周雪樵所发起之《医学报》，能持续至四年者，已夐乎不可得。今周报亦已绝版矣。吾国人日矜言中国医学驾乎西洋医学之上，否亦斤斤于中西医学之短长，即以医报一端论，其所长者安在耶？岂故为是寒蝉仗马者以镇静胜之耶？人之苦莫苦于无口，口不备不足以成人，今吾医人亦赖口之用甚矣。新发见有新药，新发见有新治疗法，新发见有新病源，孰传布之？政府有新医事法令之颁布，官厅有新卫生规则之揭示，孰纪录之？世界今日开某医会，明日开某医会，其会地、其时日、其所布告事件、其所演说学理，孰编纂之？海外有医事发明家之逝世、之纪念、之诞辰、之来游，孰转述之？海外医风之转移，各国医事法令之改变，晚近医师生活之状态，孰调查之？世俗对于医师，有不规则之诽毁也，病家对于医法，有误会之怨怼也，普通社会之批评，对于医事法令，如海港检疫，如传染病预防，有非理之讥谤也，则又孰辨明之？医人对于政府有正当之要求，医人对于卫生行政有无穷之助力，则又孰机关之？他报记载医事有失实，足以簧惑社会也，孰纠正之？医师僻处一隅，欲其声气相通也，孰联络之？医者有私人之议论欲展发于大众也，孰介绍之？医家先哲有一言一事足垂法于后世也，孰掇拾之？慈善家具救世之热诚，常有刊派经验良方者，其方虽经验，未必果良也，孰指导之？风俗之习惯，对于育儿看护及延医诸法，有种种不规则之举动或迷信，恒足以累事也，孰唤醒之？凡此诸端，皆须有报以为之口。光华诸子于时有卫生杂志之倡，将欲引其吭而摇其舌，以通前此之隐也。抑吾闻之，他国医报，一科有一科之杂志，一会有一会之杂志，细如皮肤霉毒、耳病咽喉等科，莫不有会、有杂志，且能寿至千号至数千号焉。兹事体大，非此所能也。先其普通者、肤浅者，以期渐进乎深造，乎专精，并期其能稍永年焉。是岂一人之任哉！宣统二年七月新会陈垣。

古弗先生

古弗先生为近代细菌学之泰斗，业绩隆盛。不幸本年五月二十七日遽尔逝世。本社同人同深哀悼。谨将日本《医事新闻》七五八号志贺博士所为先生小传译出，以飨医界，并志哀感。

先生生德意志哈尔智之克劳斯他尔，名洛培尔脱，氏古弗。欧俗以氏行，故只称古弗。千八百四十三年十二月十一日生，生无异于常人。克劳斯他尔不过一寒村。先生家贫，年十九，乃至苟沃尔其亚、奥达斯学医学。既卒业，年二十三，屡为诸病院助手，复自开业于田舍间者数年。后应征区医，试验及第，遂为沃尔斯他音区医。此十年间，先生碌碌无所闻知，殆与寻常治疗医者等耳。

然自十九世纪以来，医学界思想已为之变。从前民族不解人类受生之理，病源之起灭，惟以不可思议之意象括之（如我国之阴阳五行病理说，罗马之星辰运行疾病统制说，印度之一万七千肺管十种病风说是）。是时之知识，纯主于心观。变此心观的医学为物观的医学者，斯时医界有三杰：德之费尔勋、法之巴斯刁、英之里太也。费尔勋氏发现细胞病理，开病理学一生面。巴斯刁氏发现发酵及腐败之原理，开微生物学的知见。里太氏因巴氏之发现，创防腐的手术，开外科学一新纪元。当先生就征区医时，三氏已赫赫有名于当世矣。

先生乃于千八百七十六年，培养脾脱疽菌成，遂证明其为本病之病原菌。翌年，又以创伤传染病之研究公诸世。此二大业绩遂为现今细菌学之基础。至此而古弗始稍知名。

初，巴斯刁氏于患脾脱疽病牛血中，见杆状物，已推知其为下等植物，特未之深究。后达明氏试以种于别种动物，得阳性之成绩，亦知其为本病原因，特其功亦止于此。至先生创为纯粹培养基，及固形培养基，以培养之，始克明其状态，确定为本病之病原菌，而一切细菌之发现亦均于培养得之。故有纯粹固定之培养法而后始有细菌学，先生之功也。

先生之于创伤传染病，其知识亦非根诸里太氏。当先生研究的论文未发布以前，创伤化脓因何而起，防御之道若何，世亦莫知。自先生阐明其理，而消毒法始获改良。创伤之后，始得第一期治愈，腹腔的切开手续，始得游刃无虞，成消毒外科之功以助外科学之进步者，亦先生之功也。

然先生当时名誉，仍不能在巴、里二氏上。至于费氏，则更欧洲大陆所称为医界之神，氏之一语一言，皆视若神圣之不可侵犯。其能与费氏抗衡之孔海姆氏，亦以英年早逝，以故德国医学靡然尽归费氏矣。后起者又焉能于细胞病理外别辟一天地哉！

虽然，细胞病理之阐发，固可惊叹，然细菌者又细胞病理之原因也。先生孜孜然从事于细菌，比费氏之研究，更有进之。既进位帝国卫生局参议，遂以一八八一年之伦敦万国医学会，以细菌学研究的新方法及其成绩供之大庭广众中，而古弗之名始著。

一八八二年发现结核之病原（即内伤），纯粹培养成，施于动物试验，又得确凿之证据，于是发表于柏林大学生理学会。标本罗列，会众见者，皆为惊异，莫敢致辨。费尔勋氏曰："吁，我观之。"则见显微镜下有细长杆体形稍曲或节节有空胞若断链者，则结核菌也。费乃默然。至是费氏与先生益生恶感。

先生既发现此病原菌，乃益进而研究结核诊断及治疗法。一八九〇年又发明所谓"土培尔克林"者，举世信之若狂。歌颂欢呼之声满市，反对者则亦嬉笑而怒骂之。然"土培尔克林"者，乃结核初期诊断所必需之法，不可磨灭。先生更益肆力，遂以一八九七年发现所谓新土培尔克林，以从事结核治疗。厥疾轻快，或竟痊愈。独惜初期纯粹结核之外，未克奏其功。此则万能之缺憾也。然近日血清疗法之基础，即于此开其机。先生门下培林、北里二氏所发现之实扶的里破伤风血清，活人无数，均由此抗毒素之原理也。

自结核菌发现以来，一八八五年任威廉大学教授，主卫生学教室，受博士学位。一八九〇年皇帝赐赤鹫大勋章，为柏林内科学会、浮音医学会、俄罗斯医会等名誉会员。一八九一年复任国立传染病研究所长，辞大学教授讲座，为名誉教授。一八九二年进陆军卫生团预备军医监，为德意志公众卫生会名誉会员。一八九三年推选斯笃霍尔学士会院之外国会员。一八九九年推选佛国学士会院外国会员。一九〇一年推选英国王立公众卫生院名誉会员。一九〇三年推选宏燕学士会院名誉会员。一九〇四年任斯天利之亚国势发展会名誉会员，及德国王立学士院正员。一九〇七年任德国外科学会及内科学会名誉会员。其他受各国学会之推戴及各国政府之征辟者尤不可记数。

一八八三年，埃及、印度虎列拉流行，先生赍使命入流行地，发现其病原菌，讲预防隔离之法，蔓延遂息。既归，受赏金十万马克。是为先生率研究队远征之始。

一八九六年，英领阿非利加牛疫流行，居民失食，士卒饥馑。英政府求救，先生许之，深入不毛之地，创牛疫预防注射法。流行顿歇，士民赖之以安。

一八九七年，印度百斯笃流行，总领阿非利加兽疫流行。一八九九年,印度阿非利加麻拉利亚流行。一九〇三年,东西阿非利加牛马疫传播不息。先生即于其报告新土培尔克林之年,率百斯笃研究队,自英领阿非利加入印度,自印度率兽疫研究队入德领阿非利加。明年归国后,复率麻拉利亚研究队入意大利。又明年由东阿非利加转入印度。一九〇〇年又自印度入牛其亚,讲麻拉利亚预防法。一九〇二年又往墨知讲窒扶斯扑灭法。一九〇三年又从英政府之请,入英领西阿非利加讲兽疫预防法。

七八年间,先生奔走印度、阿非利加者凡数次。忘其老,不倦与疫博,均唱凯而还。一九〇四年先生开六十一诞辰祝贺会时,政府犹促其再往阿非利加。越二年,既得眠睡病之纲要,乃以一九〇七年与亚非利加别。

前年三月,与其夫人为世界漫游,经亚美利加至日本。其高足弟子北里氏及日本全国医师会皆欢迎之。日本天皇为之赐见,赏与品物。本年四月九日,先生自柏林传染病研究所归宅,食后就寝,突觉胸部疼痛非常剧烈,自谓必死。翌日星期休息。十一日复如常至研究所从事研究,心脏部忽再起疼痛。经柏林大学两教授之诊断,谓因血管硬变,致心包膜炎及肺水肿,须速行转地疗养法。五月二十日,既至某疗养院中,病气稍愉快。二十七日病再剧发,遂以午后七时长逝。凶电一布,世界各所之电吊及开会追悼者无算。德皇陛下亦为文谏之。无子,女一,嫁军医监某氏。

医史学者曰:世有恒言,不为良相,当为良医。夫充医之极,亦治愈一人一命而已,乌足以比良相?信如古弗氏,则良相不如已。其利泽直施于世界及后世也。今天下学者称古弗氏为世界人类之娘,韪矣。吾国人之知古弗氏者几人乎?今外科医者莫不知有消毒法,内科医者莫不知有细菌及血清之功用,其对于古弗氏,则又如何?

万国医学会之疑传

上海报云：德国现在提倡开万国医学会。前由德使照会外部，请中国派员赴会。经外部转咨学部、民政部商办。现闻民政部尚书肃亲王，已定议派内城厅丞章宗祥带同随员赴德与会。

按万国医学会去年八月始在匈牙利国开第十六次会议，今年未闻德国有开万国医学会之举，意传闻者误也。且章宗祥固非医科卒业之员，乌得派赴医会以贻人笑柄。此段新闻，或者指德国明年五月所开之万国卫生博览会未定。姑录之以觇其后。

良好处女之鉴定

广东《公言报》云：前有黄苏氏携同自育婢女一口，到柔济医院看验。据称该婢为石歧乡黄春田看合，还身价银六百三十元，定于五月二十六日过门。距入门后，该黄春田不知因何原故，三两言不合，辄诬该婢为不贞，其实并未有成婚。或云春田畏妻强悍，出此下策，并逼勒交回原定，否则清衣斥逐。氏怜该婢无辜被诬，若不携回，恐更蒙羞辱，故勉携返，到医院看验，俾免含冤莫白云。柔济医院据此即如法相验，的是处女，已立回证书，交该婢主为据。闻该婢主拟禀官理处云。

从前遇有此等案件，只以稳婆验之。此属法医学范围，稳婆乌足以知此？以医师监定女子之为良好处女与否，当自许有始。迩者审判厅将次成立，此等案件自必日多，不至如从前之黑暗。然审判必须有审判医，或嘱托医及顾问医。虽然，如何而后可为审判之嘱托医或顾问医，此间有一问题。

请增风院名额

管理麻风院委员韩钟英，现以风民系天下之最穷苦而无告者，全靠口粮。惟该院定额仅六百名，早已足额。现已积聚六十余人，无额不能顶补，专靠乞食。更有一种断指裂肤，行走不便者，每借同院中人接济，庶免饿殍，殊堪悯恻。拟禀请当道准予酌增名额，以广皇仁而示体恤。

粤之有麻风院，由来久矣。在立法之初意，不为不周。然麻风乃一种传染恶病也，岂可任风人游行都市者？此当首先设法禁止者一。又麻风院实一候死所耳，未尝有善法以管理之。吾闻有瑞士国医师权约翰在东莞设立一众捐麻风善堂，管理较为得法。此当略为仿效者二。去年那威开第二次万国麻风预防会，吾国派本社同仁郑中书赴会。今郑中书已归国矣，是可为整顿麻风院之顾问者三。

吗啡累了曲见

潮海税关日前在汕头双美轮船查获枢夏魇白粉四万二千四百四十小甑。经洋医生考查，此药粉性质，比吗啡、鸦片尤毒，多服令人癫狂自殒。业经潮州税务总办冯骏转禀大吏，咨行税务处察核。现税务处以各国前在上海会议禁烟，公决条款内第五款，载由鸦片中提制杂和之品，研究其质，倘若妄用，则与吗啡毒害相同者，一律限禁等语。是则凡药品含有毒质，其害与吗啡相同者，均亦在限禁之列。此次潮关扣留之枢夏魇粉，虽不知是否鸦片中提制之品（注意），惟据克税司声称，此粉比吗啡更毒。而福音医院洋医生，复称医院行用无多。足见其为奸商牟利，希图蒙混无疑。自应援照吗啡办法，一律严禁等情。咨复来粤，大吏即分行各关税务司遵照，将一律严行查禁，以除民害云。

按枢夏魇者，税务司据例义对音译之。该福音医院洋医生译为寇卡印那，潮州西药房以哥官二字行用，今广州药房则以曲见二字行用，从前万国药方则译为高告也。此药为一种麻药，施行眼科手术多用之，亦有解鸦片瘾之能。然常用之，则鸦片瘾虽去而此药之瘾又成矣。成此瘾者必甚消瘦，时有血运不周之势。性灵被阻，有如醉酒，且常有凶恶之幻想。此瘾最难医治，医后易于复发。如立时断之，则有脑力脱失之虞。以此解鸦片瘾犹不解也。此案一发表，本国报纸均大书特书"咄咄有毒甚于吗啡之药粉"，若异常惊异也者。无药学知识不足怪也。独怪堂堂一税务处，竟据税务司转据洋医所称以为此粉比吗啡更毒，而此药之是否系鸦片中提制之品，税务处不知，亦不委医师、药剂师覆验,竟以"虽不知"三字了之,且直以"虽不知"三字施之公文,抑可见吾国政府之程度也。

高嘉淇传

医史学者曰:吾求吾国人留学西洋习医术者之祖,得香山黄绰卿,曾于《医学卫生报》中以为即其人矣。族兄则参先生语余曰:吾邑高老番当比黄氏先。高老番于康熙间随葡萄牙人习西医,曾为康熙太后疗乳疮愈,赐之官,不受,乃赐之金特,令圈官荒为食邑。高氏性高洁,归,不以金特圈民地,而置金特于高冈。迄今乡人犹以其地属高氏,樵采不敢及。高氏祠堂有宝石,相传即当日治愈太后乳癌者。子孙以为宝,盖铜矿养四之属也。其言不雅驯,荐绅难言。然记载阙略,舍是遂无可稽也。余闻言,心醉其为人,乞则参为余咨询其遗逸,叩其画像礼器,并辗转嘱托其后昆。越二载有奇,则参始得其遗像以寄余。余读其像中制书,始知为高嘉淇,为养心殿御医。复询诸则参,始知嘉淇名竹,号广瞻,邑之那复乡人,嘉淇其字也。高老番者,粤俗称国外人为番,邑人以嘉淇久处外洋,又习其医,故称之。呜呼!嘉淇之习西医,余之菴陋,于康雍间著述不闻其事。吾国人素鄙夷务实之学,而又蔑视外人,其对于嘉淇,宜其不之措意也。然吾闻圣祖仁皇雅好洋学。《大清一统志》称,当时既命汤若望等掌钦天监,医学亦间用之。《高氏家谱》亦言:嘉淇至京师,得召见,授职钦天监天文学博士,留充养心殿御医。日人富士川氏言:清圣祖好西洋医术,大加奖励,当时曾翻译法人奥尼斯之《解剖书》。原书于一千六百八十年巴黎出版,当康熙十九年也。奥尼斯《解剖书》余未之见,其即为高嘉淇所译与否又不可知,以时考之,则正嘉淇供职养心殿时也。恭读《圣祖庭训格言》,言医药卫生诸条，多与西说相合，意所本然欤？近吾邑人为邑《乡土志》，于宗教条下叙基督教之输入，谓肇于康熙三十三年，嘉淇于城内金紫街开地利削教会，建天主教堂。雍正间诏毁天主堂，始改为古冈义学，近又改为邑城公立学堂。邑之有西教，自嘉淇始也。嘉淇以康熙十六年邑中迁海界事起，流亡至暹罗，与葡萄牙人居，从学西医十余年，得葡人伊氏、叶氏、余氏传天主教法，乃以传之邑中。由是观之，向所谓御赐金特者，盖十字架之讹传哉！则参先生曰：人尝登高氏坟，其上有十字架云。西医与宗教之关系，自昔然矣，亦今以医传道会之意也。独惜吾先民志邑乘者竟遗其事。非有非常之智识，又乌知彼方伎者与吾医学变迁史有如是之关系者耶？吾今虽未敢谓高嘉淇即为吾国人习西洋医术者之祖也，盖有实至而名不归者矣，安得人焉为之发潜阐幽也耶？夫高嘉淇、黄绰卿之伦，其姓氏亦湮灭不称也久矣，悲夫！

第四回万国精神病者看护学会

北京报云：本年西历十月三日五日间，在德国柏林举行第四次万国调养精神病人会。闻已照会外部派员莅会云。

精神病，世俗谓之曰癫狂。《灵枢·癫狂篇》所谓狂疾发自高贤也，自尊贵也，善骂詈日夜不休者是也。近日法令谓之曰心疾。各项选举章程所谓有心疾者不得有选举及被选举权是也。谓之癫狂犹可，谓之心疾，则诚为晚近学者所笑。盖真正心疾者无癫狂之病状也。惟脑病者乃有癫狂之病状。人之灵性在脑不在心也。此所谓调养精神病人会者，乃精神病者看护学会也。吾闻此回并开精神病者及神经病者看护法展览会云。吾国于此等病素无注意，法令上之精神病者监护法亦未有专条。光绪二十四年,粤中始有美人嘉约翰者设癫狂医院于芳村。然吾观《灵枢》,其言治癫疾也曰:治癫疾者,常与之居,察其所当之处,病至视之,有过者写之。抑何其言之切挚而仁厚也。是则吾国古代精神病者看护学法语之仅存者也。莅会者幸有此区区之可述耳。

麻风中外古今皆有

日前有庞庆新者,禀巡警道请扩充麻风院。奉批:麻风一症,方书称为疠疾,又名大癞,中外古今,何国蔑有?禀称外国并无,广东自乾隆年间传染而起,殊属不经。所引起源,尤为谬妄。至扩充麻风院与限制麻风人一节,所见甚是。惟经费支绌,恐难办到。一俟筹有的款,再行举办可也。

麻风一症,自昔有之矣。《素问·风论》所谓肌肉愤䐜而有疡,其肉有不仁,其鼻柱坏而色败,皮肤溃疡者,非麻风也耶?《说文》谓之疠。《巢氏病源》谓之癞。《苏沈良方》谓之大风。至今日人犹谓之癞,而粤人则谓之风(潮阳麻风院亦称癞民所)。此症不独吾国有之,所谓西洋之波路昆半岛、墨西哥、土耳其、西印度、瑞典、那威、芬兰,东洋之日本九州、印度、爪哇等处皆有之。而庞庆新则以为外国并无,广东自乾隆间始有,真不值一斥矣。意者因广东麻风院多建自乾隆间也耶?

军医学生之前途

两广军医学堂甲班举行毕业，考验合格学生三十四名，拟查照光绪三十四年学部准湖北军医学堂普通二年预科一年毕业，援照京师医学馆毕业办法，分别奖以岁贡廪增附各出身，当即咨请陆军部查核，分别奏咨给奖。现该部以所辖陆军军医学堂历经毕业，均未给以出身，只于考验合格后，发镇试充军职，期满覆考，再予奏补军佐官阶。该省军医甲班学生，既经毕业，自应将该生送部考验，以凭照案办理。昨已据情咨覆来粤。袁督准咨后，即札行督练公所转行知照矣。

外国医事教育，除医科大学及各专门医学校外，别有海陆军军医学校，专授军阵医学，以养成军医人才。其卒业则自三等军医以至军医正，以至二等、一等军医、军医监、军医总监，其品级直与中将少将等，且更有授爵者。阔哉军医！吾国对于医人，未知所重也。以平常中小学卒业，尚有廪贡增附之奖给，军医为高等专门学校，乃无特别出身之奖励，异哉！夫谓军医历经毕业，均未尝给以出身，此当照办。然则前此工科、法科毕业之学生亦未有廷试也，胡为而补给詹天佑等以工科进士耶？此可援照以奖今之军医学生，并可援照以奖前此卒业之军医学生也。学生虽非尽为此奖励来，然国家欲养成军医人才，岂可无所以既廪称事者。

医师诊断新婚妾小产案始末识

吾国古无显微镜学,只凭肉眼所见,故医学断讼之术不精。至于查验是血是胎,吾《洗冤录》亦有些经验,未可厚非也。曰凡寡妇、处女或少时腹内症瘕,后因婚配,阴阳气和,向时结块自下,多似胎孕,疑似难明。须知胎孕必有衣膜,症瘕止是血块,此不可不辨。然则胡叶青之血块亦少时腹内症瘕,一经婚配,阴阳气和,结块遂下,致误为胎孕耶?吾将执是以难郑医生,助李巴一臂之力也。吾将通知梁少南。

敬告寄稿诸君

本报发行后,远近寄稿者甚众。将以次刊登报端,以收交换智识之益。于其中间有未署题目者,又多不加圈点者,殊费商量,殊费目力。请以后寄赠诸君,于斯二者加之意也。

咨议局筹设学校医

　　日来督宪交议筹设学校医士议草,略云:查学堂卫生,最宜研究。凡饮食起居,疾病疗治,以及平时洁净法,传染病预防法,在在皆关紧要。况各属学堂,借地开办者居多,建筑多不合宜,卫生每有阻碍。粤省迩年春夏时有疫症流行,堂员学生等,偶致传染,动辄张皇,往往全堂停课,校舍一空。似于教授功课,不无旷废。查学堂章程,惟大学堂有卫生官之设。此外高等各学堂,学生饮食起居,皆以检察官任之。间有自设校医者,然不多观。中学以上更无论矣。以中国医学论洁净卫生诸法,似不若西学之精,外府各属习医理者尤少。考日本有学校医名目,拟仿其制,通行各属劝学所,设学校医士一员,职掌学校卫生,又疗治堂员学生疾病。遇传染病起,即刊布预防法,分送本属各学堂,及巡行有疫地方,细加检查,并施医治。庶有疫症流行,不至影响及于学校。并拟筹设各属学校医士简要办法六条。文繁不备录。

　　学校医之设,允矣。惜现在之议员有此等知识者尚少,姑待之,何必为一般新医生谋销路也(用某议员语)。学校医之不设,新医生其遂无销路矣,然哉。

谐谈一则

九月某日,美实业团到粤。某会特开欢迎会,张灯结彩,至为热闹。门前有"衣履不洁者不得入"条子一条。一时人头挤拥,劳动家多作门外汉。有闯进者为守门者所制止,几至暴动。钟九下,实业团四十余人至。既入,行相见礼毕,主人请客演说。客总代某,识华文,通粤语,登坛备述来意,并谢今日之盛会。略谓鄙人记忆数年前敝国某大臣来华,适粤中盛唱排斥美货,至有龟抬美人之白帖,真不胜今昔之感。查此事之祸始,实原于禁工问题。鄙人刚才进门时,见会场外有"衣履不洁者不得入"条子。窃思禁工之意亦不外如是。诸衣履不洁者,工党也;守门者,关员也;诸君,一般臣民也;主席,总统也。以贵国同胞衣履不洁,今日之会亦不得与,抑何不平等至此?岂此间亦提起禁工问题耶?设使贵国到美诸人能共守卫生,无妨碍治安之举动,敝国断无不欢迎,何致有虐待之事也。说毕,听者相顾赧然,悔当初错贴此条子。

论徒恃三指按脉不足以知病跋

按徒恃诊脉不足以知病,古人亦有言者。今因篇幅有空隙,特汇录之,以证斯言之不谬。新学不足信,古说宜若可信也。吾深冀笃信诊脉知病者之有所觉悟也。

《素问·征四失论》：诊病不问其始忧患饮食之失节，起居之过度，或伤于毒。不先言此，猝持寸口，何病能中，妄言作名，为粗所穷。此治之四失也。

寇宗奭曰：医人只据脉供药，其可得乎？如此言之，焉能尽其术也。此医家之公患。

王海藏曰：病人拱默，惟令切脉，试其知否。夫热则脉数，寒则脉迟，实则有力，虚则无力，可以脉知也。若得病之由及所伤之物，岂能以脉知乎？故医者不可不问其由，病者不可不说其故。

《诊家正眼》曰：近世医者既自附于知脉，而病家亦欲试其本领，遂绝口不言，惟伸手就诊。而医者遂强为揣摩。若揣摩偶合，则信为神奇，而揣摩不合，则薄为愚昧。噫嘻！此《内经》所谓"妄言作名，为粗所穷"也。如是而欲拯危起殆，何异欲入室而反闭门耶？

《焦氏笔乘》述东坡曰：士大夫多秘所患，以验医能否，使索病于冥漠之中。吾生平求医，必尽告以所患，然后诊之。故虽中医，治吾疾常愈。吾求疾愈而已，岂以困医为事哉！

徐灵胎《诊脉决死生论》曰：病之名有万而脉之象不过数十种。且一病而数十种之脉无不可见。何诊脉而即知其何病？此者推测偶中以此欺人也。

王勋臣曰：诊脉断死生易，知病难。

新发明之麻醉药跋

有全身知觉麻醉剂，或称全身麻醉剂。有局所知觉麻醉剂，或称局所无痛剂。全身麻醉剂者，作用于神经中枢（即大脑），令全身失知觉也,外科的大手术用之。局所无痛剂者,令神经末端知觉麻痹,失其疼痛感觉也,外科的小手术用之。法至良,利至溥也。中国古代亦有之,见《后汉书·华佗传》。

上海检疫之大风潮

日前上海工部局卫生西员,因至嘉兴路哈尔滨路等处调查居民家小孩有未种牛痘者,劝往医院布种。居民群起猜疑,一时聚集数百人。幸西员见机脱身,未受窘辱。密副捕头闻信,立饬探捕到场将众驱散。

又工部局之药水车推至蓬路武昌路转角,忽有流氓多人,捏造谣言,谓车系装送小孩者。一时哄集数百人,将车夫唐阿狗等四人扭住痛殴。唐受伤重,车被击坏。

同时西华得路桥东某里内,因南市工程局派差协捕,前往提人,亦被众人团殴,致伤西探头面。捕房立派通班中西探捕,荷枪到场,拿获九人,解回收押。于是斐伦路滨至汇山捕房一带,各店铺一律罢市。虹口捕房派捕荷枪分头巡逻。至下午半日,人心始渐镇定。皆误认为检疫之故也。

又静安寺捕房西探及华探钟星源,带同原告梁益甫,其戚葛松涛,来至闸北华盛里,拟提拐匿梁媳之车夫阿二。该探等未报警局请派长警协提。一班无知愚民误会检查鼠疫,一时哄动数百人,将西探及梁、葛二人围住蜂殴,伤西探头面等处。该处冈巡飞报黄正巡官立传电话至总局,请派马队、巡逻侦捕队到场弹压。

英美租界居民,携孩乘人力车由英界自酉新桥、郑家木桥、带钩桥各处至法界入城者络绎不绝。更有携带行李乘轮者。事经捕房得悉,向乘车带孩之人询问。或云并无他事。或云英美两界西医查察小孩严厉,暂时避去。捕头即饬包探备细调查,禀覆核夺。

从前吾国业西医者,于治疗以外并无别事,故向未受人攻击,寻常诋毁则有之。近因有法律医学之争辩,而西医始受攻击矣。又因有六月毕业,或并未毕业,或并未习医之王六医师均挂名西医,以致西医之途,其混杂有如昔日之中医,而西医遂亦受其影响。西医之受排击,此亦一原因,然未已也。他日检疫制度颁行,必有毁拆卫生局及殴打医官之怪剧。上海其发端也。攻击云乎哉?一般之医者勉之,必经之阶级也。不有反动力,医学焉得有进步?

中国解剖学史料

自世界医学之输入日见发达,嚣然者以为世界医学之所长特解剖学,于是举吾国昔日之近似解剖者以为争胜之具。不知世界医学岂徒以解剖为能事,解剖特基础医学耳。吾国《内》、《难》、《甲乙》诸经何一非古代解剖学,第数千年来,未闻有能于古籍之外新寻出一物,新发明一功用,而拘守残帙,相与含毫吮笔、向壁构虚而争辩则有之,抑亦大可骇已。他人方日事探险,日辟新岛,而我则日蹙百里,乃夸大其祖若宗开国之雄烈以自慰,抑亦可谓大愚也已。吾今即述其祖若宗开国之雄烈,黄帝子孙,有能来言恢复乎,吾将执大刀劈斧从其后。

《灵枢·经水》:岐伯曰:天之高,地之广,非人力之所度量而至也。若夫八尺之士,皮肉在此,外可度量切循而得之,其死可解剖而视之。其藏之坚脆,府之大小,谷之多少,脉之长短,血之清浊,气之多少,皆有大数。

吾国之有解剖学,当肇基于此。此言天高地广,或非人力所能度量也。若人则八尺之躯耳,皮肉具在,外可度量而死可解剖也。呜呼!古代而不有解剖学,则所谓五脏六腑者,从何处名之哉?

《史记·殷本纪》:纣淫乱不止,微子数谏不听,遂去。比干强谏,纣怒曰:吾闻圣人心有七窍,信诸。遂剖比干观其心。

圣人之心有七窍,是必当时熟语也。圣人亦人耳,乌得与人殊!纣之不信,幸遇圣人,乃得实验。惜乎书阙有间,竟无剖视后之下文,则以记者之记此,非为斯学计,徒欲以彰纣之无道耳。谓纣生解剖人为无道可,谓解剖人为无道不可。

《汉书·王莽传》:翟义党王孙庆捕得,莽使大医尚方与巧屠共刳剥之,量度五脏,以竹筳导其脉,知所终始,云可以治病。

太医,医官也。巧屠,略识解剖术者也。云可以治病者,记者谓莽之意以为此可以治病也。呜呼!孟坚文人耳,乌足知此之可以治病与否?味其言,殆亦欲示莽之残杀,与《史记》之于纣同耳!惜乎莽得志未久,不能于此学有所补益而为吾道光也。

《宾退录》:广西戮欧希范及其党凡二日,解五十有六人。宜州推官灵简皆详视之,为图传世。

欧希范,贼也。比干,圣人也。剖圣人犹可,剖贼则益贼。益贼犹可,令后世群以被人解剖者惟贼,则孰愿牺牲其身以受解剖也?世人以解尸为大不韪,胥于此为厉阶。

《郡斋读书志》:《存真图》一卷,皇朝(谓宋)杨介编。崇宁间刑贼于市,郡守李夷行遣医并画工往,亲决膜摘膏肓,曲折图之,尽得纤悉。较以古书,无少异者,比欧希范五脏图过之远矣。实有益医家也。

据此则欧希范五脏图及杨介《存真图》,晁公武犹及见之。今二图皆不可得见。《存真图》一卷,《四库》且已不著录。吾国人之不重实学,可见一斑。虽然,此二图亦不传耳,幸而得传,其谬误亦与古人等。是何也?则公武明言,欧希范五脏图不及杨氏图,而杨氏图又与古书无少异。既与古书无少异,则亦何贵有新图?特恐杨氏图未必无异于古书,公武文人,亦以古为尚,故漫云尔。

《医旨绪余》:何一阳曰:余先年以医从征,历剖贼腹,考验脏腑。心大长于豕心,而顶平不尖。大小肠与豕无异,惟小肠上多红花纹。膀胱真是脬之室,余皆如《难经》所云。亦无所谓脂膜如手掌大者。

《医旨绪余》引何一阳此言,所以驳《三因方》之以三焦为有形者也。诸家或以三焦为无形,或以为有形。以为有形者曰:宋有举子徐遁者,医疗有精思。曰齐尝大饥,群丐相窝而食。有一人皮肉尽而骨脉全者,视其五脏,见右肾之下,有脂膜如手大者,正与膀胱相对,有二白脉自其中出,夹脊而上贯脑。意此即导引家所谓夹脊双关者,而不悟脂膜如手大之为三焦也。此《三因方》据徐遁之所见,以为三焦也。一。

以为无形者曰:医以灵素为宗,灵素不载。如张仲景、华佗、王叔和、孙思邈皆擅名古今者,未有一言及此。史载秦越人隔垣洞见人脏腑者,假令三焦有形,何不言之?岂陈无择(著《三因方》者)之神知出灵素诸公之上哉?此孙一奎说(即著《医旨绪余》者)。二。

又曰:三焦既有形若是,《铜人图》必图而表之,《华氏内照图》亦必表而出之。三。

戴同父曰：《三因方》之好异也，云三焦有形如脂膜，附于肾夹脊。若果如是，则《内经》、《难经》言之矣。四。

何一阳又曰：世传华佗神目。置人裸形于日中，洞见其脏腑。是以象图，俾后人准之，为论治规范。三国时杀人亦不少，华佗之医不可谓无精思，岂有三焦如是而佗乃不之载哉？凡此皆驳《三因方》之以三焦为有形者也。五。

诸说之是非，在今稍尝从事解剖学者亦知其为群盲辨日也。是者未必是，非者亦未必非。彼善于此，则陈氏（即《三因方》）为胜矣。盖陈氏对于古说敢首倡异议，而诸家则风伏于古人之下，古人不有言，不敢言也。吾因诸说之非今是古，足以为今人戒。而其言又皆关涉于解剖学，故备述之。

至于扁鹊之隔垣洞见人脏腑，元化之裸人于日中而见其脏腑，皆与后世之称得异人传授者类。未必扁鹊、元化无解剖之实验，第不敢以宣于世，则托之神目及非人，亦犹始种痘者之托于神人也。然扁鹊等之果曾实行解剖与否，书记所缺，亦不可诬，故只可谓之神话解剖学，而不可谓之人工解剖学。今日本警律，未得官许解剖死尸者，处三日以上十日以下之拘留，或一元以上一元九毫五仙以下之罚金。医学生恨无此一元二元之罚金耳，苟其有之，则何必遇长桑君，饮上池水哉？

若徐遁之因岁饥而得睹人相食者之残骸，以为实验之用，则与王勋臣之考察丛冢露藏小儿同。曰解则有之，未可以为剖也。是可谓之借观解剖学，而不可谓之正规解剖学。《闻见后录》载无为军医张济善用针，得诀于异人，云能解人而视其经络，则无不精。因岁饥疫人相食，凡视一百七十人，以行针，无不立验。亦与徐遁、王勋臣同，不得谓之正规解剖学，亦借观之解剖学而已。

或曰：王勋臣亦尝亲视凌迟犯人，与前言欧希范五脏图、杨介《存真图》、何一阳亲剖贼腹之属将毋同，彼可谓正规解剖学矣，则何以谓王勋臣为借观解剖学？曰王勋臣所睹之凌迟犯人，特为凌迟已耳，不因王勋臣之观而有所加之意也。勋臣有所不明，不能令凌迟者操刀惟吾意所欲也。则勋臣所得者特馒余耳,故不得为正规解剖学。无怪《医林改错》之错,与古人无异。四十年前应有为《医林改错》改错者,至今日则无谓耳。要之勋臣不可谓非热心解剖学者也,特时局之。

《太平广记·医三》引《广五行记》曰:永徽中有僧病噎,不食数年。临终告其弟子曰:吾气绝后,便可开吾胸喉,视有何物。弟子依言开视,得一物形似鱼而有两头,遍体悉是肉鳞。时夏中蓝熟,寺众于水次作靛,有一僧以少靛滴其中,须臾化水。世传以靛水疗噎疾因此。赤水元珠斥之。然不论其事理之如何,借曰有之,则此等可谓之病理解剖学,而非生理解剖学。

其他扁鹊之割皮解肌,湔浣肠胃,元化之刳破腹背,抽割积聚(皆见本传),与及诸史方术传中医人之能施行手术者,武人传中武人之能受割治者,诸短书小说中所称之西番僧、回回医者,如是等等,世人之好以中国医术比方泰西医术者,类能详引。甚至好援西人中以为泰西诸学尽出于我者,如《格致古微》、《格致精华录》之属,于此等故实,亦类能言之,无烦赘述。然此皆只可谓之手术学,而不得谓之解剖学。他日编手术学史料时另纪之。

编者曰:吾纂吾国解剖学史料已,而叹吾国解剖学之不振,其原因在于历代施行解剖术者之不得其人也。一误于纣,再误于王莽。三误于贼。千年古书,言解剖学者只有此数。其无名之英雄,私行解剖,不及著书,又无学人纪录其事者不论。其散见古籍,为吾舁鄙所未及见者,姑俟他时之续述亦不论。纣,世所称为独夫也,其行事宜不可法于后世。王莽所为原与纣异,其所规划,秦汉不过也。汉人以为贼,后之人从而贼之,竟以人废言哉!悲夫!唐宋以后之解剖人,又皆憋不畏死之草窃也。以为草窃,乃得人人而诛之,致剖之刳之不为过。然则凡天下被解剖者皆贼耶?解剖人者,皆纣、王莽耶?固有《灵枢》《经水》之言在也。岐伯、黄帝非纣、莽,未闻岐伯、黄帝所剖者必罪人。安得将此数千年之舆论一旦改造之。

此为编者数年前旧作,及今观之,舛谬在所不免,容订正之。

粤中医院之始祖

余前年释医院,谓吾国医院之制基于六朝,盛于唐宋,尚矣,粤之有医院,不自六朝始也,盖始于宋宝祐间之寿安院。粤人而言医院所自起,不可不念刘公震孙之遗泽也。李文溪曾为之记,见《文溪集》。今录之,宜亦守旧君子所乐闻欤? 记曰:

天地之大德,生而已。所以无终穷,生意不息而已。凡物囿形其数之自然,惨舒其气之使然。彭殇椿菌,固不容强齐,亦各正性命焉。大君位乎中,妙赞化育,分群有司代天工,要使生意流布,充满覆载间,无一物不得其所。国朝置福田院,恤穷疾,与天地同一好生。常平仓,专使领,为凶荒疾疫设,将以救民病,而或者反以政事病民。今天子轸远方元元,选物望民庸兼者,畀右司刘公仓氏节。公一意推广皇泽,进耆老,諏之曰:赋过重,痡吾民欤? 役不均,瘠吾民欤? 官吏饕,胺吾民欤? 追呼数,恼吾民欤? 豪断椎剥,吾民郁不吐欤? 闻一事系休戚,亟罢行不终日。南人如解沉疴积痼,豁然苏快,无复怨嗟。公犹以为未也。广山宽海钜,岚雾散泄,故无瘴。上饶酞鲜,细人恣属厌亦易疾。鳏寡孤独之穷,川浮陆负之贾,驰书传檄之价,才病于主家旅馆,则谓其累己,迫遣之,往往转徙闾巷。而受病本轻,而不粒不剂,且风且露,困顿必僵。厢遏又视为奇货,重诛求于死所,为邦人害最大。公恻然,仿东坡在杭蓄钱粮作病坊故事,乃相爽垲址于威远门之内,穷堂闼闼,严祷祠香火。干僧其左,医局其右,修廊渠渠,对辟十室,可容十人。男东女西,界限有别。病无依者以告,随得入。诊必工,药必良,食必精。烹煎责两童缁,必恪日欲,闻所苦重轻,课医之效。募夫妇愿俱庸者共凡役。庖斯整,湢斯洁,百尔器用色色具。奄奄无聊赖之人,忽处广厦,适眠餐,所需如意,顿使神醒气伸,居养所移,半药力。已康强,则资之归。脱不可疗,则敛瘗如法。租收之嬴,取之库所。人足以当所出,画为成规,可行之悠久。外峙崇门曰寿安,颜其院,因人情所欲也。扶曳来居无虚日,全活甚众。人病之者既能厝之安,天病之者亦欲拯之生,公之心无愧于两间,无负于吾君矣。夫人为三才之一,仁人心也,与天地心本不二,如果核中有仁,生意在焉。恻隐其端,不特发见于孺子将入井时,虽草木禽兽之微,菱瘁不得安其生,亦安然动念。病柏、病橘、病马、病鸥,杜诗韩笔且不遗,而况于民吾同胞乎!苟其位其力可以利众庶,而呻吟叫呼在吾境若不闻,良心安在哉?公可以为仁人矣。盖元祐相国忠肃公其六世祖也。家学源流,有所自来。公名震孙,字长翁,渤海人。

　　观此文,则当时寿安院之规模不可谓不美备也。曰"穷堂闳闳,修廊渠渠,男东女西,界限有别",则地方之通整可知也。曰"诊必工,药必良,食必精",则医疗之实效可睹也。曰"募夫妇愿俱庸者共凡役,庖斯整,湢斯洁,百尔器用色色具",则看护之得法亦可知也。曰"奄奄无聊赖之人,忽处广厦,适眠餐,所需如意,顿使神醒气伸,居养所移,半于药力",则其无晚近医院建筑之失宜而深有合于他国医院文明之制度又可知也。呜呼!在十三世纪间,吾粤乃有是美备之医院,惜乎后人莫之续也。吾闻元世广州亦有安乐堂。安乐堂者,盖专为广州军上养病治疗之所,不为吾民也,与刘公震孙之寿安院异。迩者粤中医院事业日见发达,仁人君子鉴于外国医院之美备,思欲一改昔时之陋,是亦知所先务也乎!

伍连德像题词

伍君广东新会人，当光绪五年，生于吉隆坡。及长，肄业于新加坡之高等学校，学期试验，屡列优等。至十七岁时，校长以其品学兼优，每年给以学费二百五十磅，送往英国堪伯猎基大学肄业，专习理科及医科。考试亦常列优等，照章得两次官费。一千八百九十九年毕业，得文学士学位。再入伦敦医科大学，试验医学，又得官给学费，并常获金牌等奖赏，为留学彼邦者从来所罕见。一千九百零二年，得文学博士、医学士、理学士学位，由堪伯猎基大学年给一百五十磅，送往德法等国，从事调查医学者三年。及回英后，英人公举为肺病医院院长，著书立说，风行于时，得医学博士学位。一千九百零四年，返新加坡，求医者甚众。嗣由铁宝臣尚书，聘充天津陆军医院医官。去年由外务部派赴哈尔滨办理防疫事宜，已见成效。此次万国鼠疫研究会，经各国医士公意，举充会长。伍君之学术资望，久为世人所推重也。

历史随笔

释　汉

今制，员有满员汉员，缺有满缺汉缺。所谓汉，中国人也。何不谓之中国人而谓之汉人？曰：中国者，统一之称，汉者，有所对待之称。如虏汉，如胡汉《齐书》，如蕃汉《唐书》，如契丹汉人《辽史》，如女真汉人《金史》，如蒙古汉人《元史》之属，皆所谓对待名词也。《辽》、《金》、《元》史之连人并举者，以契、女、蒙之单简不成话，既以丹、真、古联属并举矣，则汉亦不得不连人并举，以配契丹等名也，其实与胡汉、蕃汉等。无胡，无蕃，无契丹蒙古，则称中国人；有胡，有蕃，有契丹蒙古，则称汉人。如是等名，中国不能统一之一大征也。今官书中又有称汉回、汉苗者，亦同此例。其先言汉者，则自我言之，其后言汉者，则自人言之。犹今日人则言日清，中人则言中东也。

中国易姓者屡矣，胡独以汉称中国？曰：在昔与西域交通者汉为盛，故塞外诸国徒闻有汉也。汉，刘氏一家之国号耳，以汉代表中国何自始？曰：于齐梁时乎，后魏时乎？

魏晋之间，史有言汉者，皆刘氏耳。以汉代表中国，变私名为公名，自《宋书·胡氏传论》始，所谓"杨氏兵精地险，境接华汉"者是也。沈约梁人，当时无是称，沈约不能为是语也。证诸《齐书·魏虏传》，"佛狸母是汉人，为木末所杀"，又云蜡日逐除岁，苇索桃梗如汉仪。又云：悉置比官，皆使通虏汉语。《芮芮虏传》亦云：其国相希利垔，通胡汉语。萧子显、沈约皆梁人，同时以汉为中国，则汉之定名，成于齐梁之间，可无疑义。

《梁书·扶桑国传》，称"齐永元元年，有沙门慧深来至荆州，说扶桑在大汉国东二万余里"。姚思廉释之曰：地在中国之东也。《魏书·崔浩传》，称"浩既工书，人多托写《急就章》。从少至老，所书以百数，必称冯代强，以示不犯国讳，其谨也如此"。所谓冯代强者，因《急就章》原文为冯汉强（第二），浩讳言汉强，故易云代强，以魏初国号曰代也。顾宁人言北魏郦道元注《水经》，广汉且改作广魏。夫与魏并争中原者南朝，非刘汉也，乃不讳宋齐梁陈，而竟讳及汉者，北以南为羌为岛夷，不公认其为中国，而只以汉为中国也。此又齐梁间塞外诸国以中国为汉之证。沈约等固非塞外人，而或沿是称者，特徇彼中人语耳。就上所已钩稽诸条外，诸史实自称为中国为华夏者多，未尝皆自称为汉也。

　　《隋书》亦有言汉者，《西突厥传》"启民卑事天子以借汉兵，欲灭可汗耳"。又曰："吐谷浑憾汉，职贡不修，可汗若请诛之，天子必许，汉击其内，可汗攻其外，破之必矣。"凡此所谓汉，皆谓隋也。至于《唐书》，则蕃汉等词，触目皆是，不胜条举，而两书中称汉称唐犹时有出入。如《旧书·高昌传》，汉家兵马如日月，《新书》汉家作唐家，其例也。

　　五代以来，外族继盛，中国委顿不振，《辽》、《金》、《元》三史中，遂无以中国称汉人者。大清统一区宇，远迈前朝，今制虽有汉员、汉缺等名词，而汉之一字，例不得与外国直接交涉，中国之名，亦统辖满汉，不得为汉人所专有。乾隆二十二年，永昌知府某，檄缅甸文，有数应归汉一语，为严旨所申饬曰：对远人称述朝廷，或称天朝，或称中国，乃一定之理。况我国家中外一统，即蛮荒亦无不知大清声教，何忽撰此"归汉"不经之语，妄行宣示，悖诞已极。此又承学之士所宜深知者也。

释　　唐

　　既释汉已，客有造而请者曰：汉之为汉，既闻命矣，今华人之旅海外者自称为唐人，又称中国为唐山，唐亦李氏一家之国号耳，而以代表中国，则又何说也？曰：唐与汉等也。塞外诸国，唯闻有汉，不闻有中国；海外诸国，亦唯闻有唐，不闻有中国也。由干路至中国，称中国为汉，由航路至中国，称中国为唐，此达例也。稽之史，盖始于日本。日本于唐永徽、显庆、长安、开元、天宝、上元、贞元、元和、开成中皆遣使入朝，且派人留学于京师，大市文籍还国，故遂以中国为唐。

《元史·日本传》："至元十九年八月，范文虎发舟师十余万击日本，日本人来战，尽杀蒙古、高丽、汉人，谓新附军为唐人，不杀而奴之。"所谓唐人即中国人也，其汉人云者，则契丹人也。契丹何以称汉人？金时以契丹为汉人，宋人为南人，故有是称也。

《明史·日本传》："万历十四年，秀吉知唐人畏倭如虎，治兵甲，缮舟师，与其下谋，入中国北京者，用朝鲜人为导，入浙闽沿海郡县者，用唐人为导。诸镇怨秀吉暴虐，咸曰：此举非袭大唐，乃袭我耳。各怀异志，由是秀吉不敢亲行。"此皆日本称中国为唐之一证也。

然不独日本，亦似不始于日本。《宋史·天竺传》：开宝八年，有曼殊室利者，随中国僧至，太祖令馆于相国寺。善持律，为都人所倾向，众僧颇嫉之。以其不解唐言，即伪为奏求还本国，许之。诏既下，曼殊室利大惊恨云。则宋初已有以唐代表中国者，虽非出自海外人之口，然使当时海外无是称，中国人不能以自称也。若然，则何不谓为不解宋言，而谓为"不解唐言"也？

《明史·满剌加传》："男女椎髻，身体黝黑，间有白者，唐人种也。"《真腊传》："刑，番人杀唐人罪死，唐人杀番人则罚金。"此则明人对海外自称唐人者也。《真腊传》又云："唐人者，诸番呼华人之称，凡海外诸国尽然。"此则史臣解释唐人二字之所由来者也。

统核上举各条，一出于日本，一出于天竺、满剌加、真腊。夫欧美诸国之至中国，西必经印度、满剌加、真腊，东必经日本；中国人之至欧美诸国亦然。其以中国为唐，皆此等影响所及也。《明史》于川广云贵诸土司传称汉，于外国诸传称唐，而外国中之朝鲜、鞑靼等传则仍称汉，以朝鲜之于中国，仅界一江，仍由干路可至中国之国也。故曰：由干路至中国,称中国为汉,由航路至中国,称中国为唐也。客颔之,复缀其词于编,不敢自信,愿以质诸大雅也。

秋千拉绳之纪念

今学堂中无不有秋千,其游戏法无不有拉绳。拉绳始于唐清明之戏也,秋千始于山戎寒食之戏也。《古今艺术图》云:北方戎狄至寒食为秋千戏以习轻趫。后中国女子学之,乃以彩绳悬木立架,士女坐立,其立推引之,谓之秋千。又云:秋千本山戎之戏,自齐威公北伐山戎,此戏始传中国。夫山戎乌知有寒食?寒食云者,在中国人言之耳。然秋千自是寒食之戏。《天宝遗事》云:天宝宫中,至寒食节竞筑秋千,令官嫔戏笑以为宴乐,帝呼为半仙之戏。都中士民相与仿之。则此戏自唐以来,犹于寒食为之也。至于拉绳,则旧名为拔河。《景龙文馆记》言:清明节,唐中宗命侍臣为拔河之戏。以大麻纽两头系小绳,数人执之,争挽,以力弱者为输。《留青日札》又言:今小儿两头曳索对挽之,强牵弱者而扑,以为胜负,喧笑为乐。即唐清明拔河之戏也。近日本小学校中,此戏尤盛。意者其传自唐人欤?然今欧美各国无不有秋千,则又传自谁国也?盖二者均天然之游戏法,人人能为之,固不必指定为何人所创,更不必指定为何国效法何国。此不过以二戏之见于吾国古籍者均出于清明、寒食之间,有如是之巧云矣。

记王将军墓

岁丁未,余寓公于珠江之南岸。清明休暇,客有约为踏青行者。叩以目的所在,曰去此间六七里有王将军墓。王将军者,有明之遗臣,其事迹略见于《广东通志》,国士也。《通志》言王将军有墓在此间,盍往寻之。余曰诺。与客出门向东南行,入瑶头,经大庙,客且行且为余道王将军事。余蹙然悟曰:王将军者,殆即陈恭尹所赋之《王将军行》其人耶?若然,则田横之徒而陆秀夫之俦也。言间已抵所为南箕村,村外古冢累然,白纸片片,爆声霹雳。余与客窜身其间,不知将军墓之果在此否也。远见一碣,高逾常额。即之,苔藓封殖,陇树丛塞。客摩莎睨之,喜曰:得之矣。读其文曰:"皇明虎贲将军悬伯电辉玉公偕同节元配张氏一品夫人暨十五庶夫人之墓",末署题名曰"粤人公立"。余曰:嘻,奇哉!此等题碣,未之前闻也。询诸土人,曰:此王将军山也。将军为谁?曰:吾第闻人言王将军,不知伊何人斯也。余告之曰:将军者,先民之英杰者也。抑何其冢至于荒榛之极,是亦吾民无历史观念之过也。将军去今不三百年,昔粤人悲痛感激而谋立公之碣者,何今而竟忘之也耶?仁和龚子曰:灭人国者必先灭人之史。其将使人忘其先民之矩矱也。去年重九,余出城之北门,过流花桥南象冈炮台之侧,谒明君臣冢。荒垄数尺,白菜一畦,低徊久之不能去也。今又遇此,诚不负此行矣。然王将军与所谓明君臣者,同为勋劳王事之人,胡明君臣冢尚有识者,而王将军墓乃在此白杨衰草间,竟无人过问也?非客言,余亦几忘之矣。是诚吾民无历史观念之过也。悲夫!黄云浩浩,零露漫漫,其遂使先民赍志以没,含恨九泉,而不表于后世也。既为之夷其榛芜,识其疆域,与客跄踉归,若重有失者。客请为之记,记曰：

将军名兴，番禺人。少为农，短小精悍，智计过人，群呼为绣花针。明亡，遂散家财，收纳亡命以谋恢复，四方归之。初屯花山，追绍武（唐王聿𨮁年号）被杀，乃盘踞文村。文村为肇广交界，与新会、新宁、开平、恩平、阳春、阳江六县毗联，处万山之中，四邻大洋。羊肠小道，一径通人。刺竹坡塘，交相间隔，实吾粤之天险也。将军筑寨其中，奉聿键（福王）之弟朱聿镨为主，仍用永历（永明王由榔）年号，四出煽动。时大清军方勘定琼南，未暇及此一隅也。顺治十三年，粤地既定，七月，平南王（尚可喜）亲率将佐往讨之。查其山川，劳逸互异，乃分厄其运道，作长围困之。相持半载，王遣人招之降，将军拒之。是年冬，岛中粮且尽，将军乃大集岛众，慷慨言曰：吾所以徒步奋起，闯关千里，百折而不辞者，以为海内英豪尽如吾岛，则敌骑无由南下也。今大势至此，可奈何？吾诚无以对先帝于地下。语未毕，岛众尽流涕呜咽而言曰：宁从将军死，不能为降虏生，愿将军无馁。将军曰：吾残民以守，乃无功于国，吾罪大极，不复可活。愿诸君图之。是夜，具衣冠，举家自焚死。聿镨亦服毒而亡。粤人义之，乃共收其余烬，攒葬于三山之阳。呜呼！将军之行，忠臣义士之行也；将军之言，仁人之言也。庚子之役，吾国人相率而竖顺民旗于十一国联军之前者，正将军之所深痛者也。将军以为海内英豪，能尽如吾岛，则将军以己之心理测人之心理，而孰知其凿枘至于如是也？大势既去，万不能以区区一岛岿然独存，则唯有死耳。死不可以强人，则将军之宣谕岛众者，心欲与偕亡而口不敢以明言也。亡国者夥矣，如准噶尔之以不肯以统属于人故（见雍正十一年谕旨）宁尽灭其种而不恤者有几？今将军之自残，仁至义极，当时唯阎典史之守江阴似之。不意中原之大，求一死守社稷者，乃孑孑其难也。呜呼！吾谒将军墓，吾安得不曲踊三百，大书于墓门，以告来者曰：是以匹夫倡义，为国尽瘁，而无炳炳于时者王将军之墓。庶几吾民其生历史之观感也。将军死后，屈翁山曾为之传，余未之见。而陈恭尹之歌，则犹忆之，附录如下：

炎方有义士,姓王名曰兴。十三学杀人,十五手搏狼。三十建义旗,姓名惊一方。天子颁虎符,作镇鼍江阳。翠华日以远,地绝军弥张。百战环冈州,冒死披残疆。海滨富斥卤,重林与连冈。高者掩云日,远者浮苍茫。煮波致财货,铸冶成刀枪。官室何所居,天家侯与王。藁粟何所馈,从驾子与娘。心胆何所赠,海内豪与英。敌兵四面来,来士各逞强。将军跃上马,命客持一觞。独出挥长戈,两目流电光。直取首来捋,生挟归戎行。顾饮所持酒,昔热犹未凉。相持及三月,犷骑皆奔亡。来时三万人,半还仍重伤。奏功自间道,涉瘴徂昆明。黄金三千镒,玉帛各有筐。天驷方驱驰,下臣效刍浆。臣兴昧死上,帝曰卿贤良。赉爵列五等,高兽盘银章。其文曰虎贲,将军荡南荒。敌人闻之懾,虓虎盈千旗。来者左右贤,其君督责之。不得此弹丸,若辈何生为?上天仍助虐,其年兼荐饥。将军察天命,命匠搜良材。斲以为巨棺,彩罻悬葳蕤。约日出合战,敌怯不敢来。坚壁十里外,迤逦兴长围。沟垒内外防,突援无所施。始从戊戌夏,两及中秋期。战士饭草土,抱骨还登陴。所忧负将军,糜烂死犹归。将军曰呜呼,共尽终何裨?我乃报国恩,汝当全宗支。乃命幼子九,先出卑其辞。卜吉结欢会,敌将不致疑。是夜一更终,将军诀所知。夫人翠凤冠,有母头如丝。侍妾十五人,左右皆肩随。肃肃何雍雍,俱集园东陲。上有古梅树,胶结垂高枝。白石为几席,皎月明苍苔。将军命夫人,拜别而慈闱。拜毕与将军,四拜中间居。十五妾罗拜,婗娟无参差。夫人命尊酒,有脯形如圭。酌罢提群妾,先挂临中闱。阿母大惊呼,将军言勿悲。著我锦绣袍,麒麟当心开。戴我七梁冠,簪缨郁崔嵬。玉带与玺书,次第皆抱怀。置勅中堂上,登烛荣且辉。望阙遥谢恩,臣死有赧颜。报君一身少,妻孥同摧残。房中何所有,火药堆如山。将军未即死,先解夫人缳。次及妾十五,列置火药端。出户著朝衣,捧敕仍来还。飞身乃入火,烈焰贯高天。鸡鸣部曲入，白骨空巑岏。举哀建素旒，合敛归巨棺。故人亦流涕，况在同肺肝。卜葬三山阳，隐约题墓门。岁时俎豆陈，宿草来攀援。

按：恭尹为明遗老，故其词多不逊。中更有"来者左右贤"等句，盖以匈奴视国朝。本当削去，然雍正十一年，乾隆四十二年迭降谕旨：本朝人刊写书籍，遇胡虏夷狄等字，每作空白，盖为本朝忌讳，避之以明其敬慎。不知此固背理犯义，不敬之甚。今特存之，以适见其为明人之言，不足责也。

书李袭侯

大清二百六十有四年，合肥李袭侯国杰以汉人籍调广州副都统。既抵任之逾月，复与满族那中堂桐之女了了成婚丁任。都人士以二事为前此汉人所不得也，莫不为袭侯荣。谦益曰：是不足奇。是足奇，则是疑国朝素有满汉分治之心，至今日始有一抉藩篱之举，是乌可？是足奇，则是三百年来列帝所谆谆告诫，以为满汉臣工从无异视者为诳言，为饵汉人之言，是乌可？是足奇，则是以国初有靳于汉人者，为满洲强盛之时，今之予汉人者，有似于金末赐姓，元季参用南人，为维系人心之计，则是大不敬。故曰是不足奇。

天聪之六年，太白不因贝勒岳托之请（原奏先年杀辽东广宁汉人，后复杀永平滦州汉人，纵极力暴白，人亦不信。今天与我以大陵河汉人，臣愚谓若能善抚此众，更暴白前事，以告于众，则人皆信服矣。善养之道如何？凡一品官以诸贝勒女妻之，二品官以国中大臣女妻之。其大臣之女，仍出公帑以给其需。若诸贝勒大臣女有欺陵其夫者，咎在父母，犯即治罪),曾令大陵河汉人,尽移居沈阳,配以国中妇女千口。崇德之二年,太宗又谕亲王、郡王、贝勒,以各处俘获妇女甚多,饬查明各牛录下(牛录即今佐领),无妻室者,一律给以妻室。是国朝未入关以前,满汉之通婚久矣。是不足奇。

然此未著为律令也。顺治五年八月,上谕礼部曰:"方今天下一家,满汉官民,皆朕臣子。欲其各相亲睦,莫若缔结婚姻。自后满汉官民,有欲联姻好者听之。"又谕户部曰:"朕欲满汉官民共相辑睦,令其互结婚姻,前已有旨。嗣后凡满洲官员之女欲与汉人为婚者,先须呈明尔部,查其应具奏者即与具奏。其无职人等之女,听各牛录章京自行遣嫁。至汉官之女欲与满洲为婚者,亦行报部。无职者听其自便。"呜呼,此岂犹待近数年始下满汉通婚之诏耶?此岂犹是天聪、崇德间之未著为律令者耶?是不足奇。

虽然,满汉之通婚,固明明谓欲满汉官民之互相辑睦也,而满女之嫁汉人者绝不概见。其果汉人之外视满人耶,抑满人之卑视汉人耶?抑果满汉权利之不平,有万不得各泯其意见之处,故虽经明诏谓为调和于上,而二族臣工仍不免水火于下耶?抑调和者之不可徒以口舌,而必以实在之权利耶?议者乃谓今李袭侯以汉人补满缺,为满汉权利均平之嚆矢。谦益曰:此又吾人不谭掌故之过也。汉人任满缺,咸丰军兴以后多有之。岂独军兴,雍正中满洲副都御史缺出,宪庙命九卿密保,鄂文端以许希孔上。上曰:彼汉人碍于资格。然其后卒用之也。是乌足奇。

然此犹谓内任然也,请言驻防,请言今李袭侯所任之广州副都统。康熙间广州副都统兼管粤海关事,旗缺也。五十四年乃以汉人总兵官何国云为之,其明年又以碣石镇总兵官陈昂为之,五十九年又以江宁总兵官曹廷鉴为之。曹廷鉴江南民籍,陈昂亦福州民籍,而曹廷鉴且由右翼副都统转左翼副都统焉,以汉人统制满洲,与以汉人统制汉军者又有间。盖是时澳门多盗,洋人因缘为奸,故欲得一熟悉洋务之员以措置关务。无事则循资格,有事则不循资格也。以汉人任广州副都统,李袭侯是第四人矣。是不足奇。

且国朝无异姓封王例也,而国初孔有德、耿仲明、吴三桂辈皆封王,黄芳度亦封忠勇王。王爵位在贝勒上,汉人犹有膺之者,则李袭侯之仅为一驻防梅勒额真也,是乌足奇。

金元官制,偏重国姓,而汉人为宰相者,终金之世尚有一韩企先,终元之世尚有一史天泽、贺惟一,谓为罕见则可,谓为未曾有则不可。是乌足奇。

不独此也,元之时蒙古人且亦有与汉人为婚姻者。《成宗纪》称御史台以行省官久任,与所隶编氓联姻害政,诏互迁之。所谓编氓,汉人之贱者耳,犹得与达鲁花赤(元掌印办事之长官,汉人不得为者)联婚。又《虞集传》称富民伍真父者,资产甲一方,娶诸王女为妻,充本位下郡总管。所谓富民,今之周荣曜等耳,且尚及郡主。呜呼!曾谓李袭侯不逮元之一富民耶!故曰是不足奇。

在昔汉唐有国之年,有所谓降主和亲,有所谓遣子入侍,而金日䃅、安禄山、李国昌之伦,则或为车骑将军,或为诸节度使。汉人之待异族,胥如此矣。是皆不足奇也。故夫吾之不敢为袭侯荣者,非以为不足荣也,不敢诧此为创例,而使人疑前此汉人之不得者,谓国朝政治有所偏倚也,故泛乎其言之。

说　正　朔

谦益曰:余不闻正朔之名词也久矣,唯于书生说经时闻之。书生之言曰:王者受命,必改正朔,易服色,所以新天下之耳目。夫大清之得国,二百余年矣。之民也,含哺而嬉,鼓腹而游,茫然相与游乎大顺已耳,畴敢不奉正朔者。虽朱一贵、林爽文、洪秀全之流,亦尝另立名目以号令海内,然永和、顺天、太平天国之号,吾仅于历史中见之,他未之闻也，何居乎正朔二字。复见于商约大臣吕海寰之折，折曰：学生行文纪年，直书黄帝甲子，袭耶教之名词，置正朔而不顾，应照违制律从严治罪。呜呼！吾不知学生之不奉大清正朔，果有思想与否，抑人云亦云，而不知为违制否。徒曰行文云云，则自与朱一贵、林爽文、洪秀全之实行者异，吾见者夥矣。

二十年前，吾国虚骄之士，怵于耶稣纪年之遍于口岸也，思有以捵之，嚣然曰：岂独耶稣，孔子卒后若干年，史迁列传例也，则大书孔子卒后二千三百八十六年。此一说也。

复有为之词者曰：法其生不法其死，今文家法也。西历以耶稣降生纪年，则中历亦当以孔子降生纪年，则大书曰：孔子生二千四百五十八年。此又一说也。

稍慕《春秋》之学者曰：孔子之道，莫精于《春秋》。西狩获麟，新王受命之符也。尊孔子则当以春秋之元年为元年，则大书春秋二千六百二十九年。此又一说也。

佛氏之徒，亦心然有光大其教之志，曰吾佛氏，是宜以世尊之生为元年，则大书曰佛降生二千四百六十四年。此一说也。

复有为之词者曰：考大法之入中国，始于汉明帝之八年，是大纪念，是宜以纪年，则又大书曰佛入中国一千八百四十三年。此又一说也。凡此皆具宗教思想者也。

二十年前，吾国人知有宗教思想，而无政治思想。自专制、共和诸译名出，袊缨之士，乃遍翻诸吾籍而不可得也，则蘧然曰，周厉王之世，立监谤，杀言者，专制极矣，卒至国民军起，逐厉王于彘，是民权之始。于时召公、周公协商国事，号共和元年，是宜以纪年，盖其迹近，慰情胜无也。况史迁《十二诸侯年表》尝托始于此，则大书曰共和二千七百四十八年。此一说也。而以舜受终于文祖之年为元年者亦有之。此皆心醉乎共和，以为比诸言宗教者为国民思想之进步也。

恶知乎七八年间乃有所谓民族魂者之大怪物出，而全国风气为之一变，则大言曰：我帝轩辕之裔也，以甲子纪年，自我祖始，是宜以纪年，则大书曰黄帝纪元四千三百九十八年，此一说也。呜呼！吕海寰之折,折此矣。莘莘学子,一何慓悍若是。

然犹有慓悍者,余不敢言。曰纪年所以便记事也,诚如黄帝,则与西历对纪时,将瞀眩而不可辨,故必有一单简之标识而后可以常用而无所窒。直截之至,莫若以亡国之年为元年,庶几足以震撼国民之脑乎,则大书曰亡国二百六十四年,此又一说也。噫!是盖以大清得国之年为汉人亡国之年,故有此非常异义可怪之论。又有以为第二次亡国若干年者,则以宋之亡为汉人第一次亡国,明之亡为第二次亡国也。是皆不可以出诸口者也。

于是有务为持平之言者曰:以黄帝纪年,诚紊乱不便,以亡国纪年,则亡国以前之事何由纪。曰亡国前若干年耶,则其瞀眩而不可辨也尤甚。吾国之有纪元,自汉武始也,汉武之先,徒书元年二年已耳,至汉武建元元年始有年号。诸蕃之称我以汉者,以汉也。胡以汉?以汉武也。汉武之强,为吾国历史上第一,不言纪元言民族则已,言,必当以汉武。不独此,汉武建元之于耶稣,其前适一百四十年,盖耶稣生于汉平帝元始元年也,则大书曰建元二千零四十七年。此一说也。

抑又有为后劲之说者曰:不以汉武纪年则已,不以汉武之适前于耶稣百四十年之故而纪年则已。以,则当以汉武天汉元年为元年。汉武在位五十四年,改元者十一,建元、元光、元朔、元狩、元鼎、元封、太初、天汉、太始、征和、后元也,而建元、元光、元朔诸号,皆元狩以后所追改。天汉元年辛巳,去耶稣元年适前一百年,故宜以天汉纪年,则诚可与西历对纪而无瞀眩不可辨之弊。此又一说也。凡此,皆持民族之说者也。

统观右此之纪年者不一端,有对于宗教的,有对于政体的,有对于民族的。持论不同,而不奉大清正朔则同。当孔子纪元时,本无不奉正朔之意也,迂腐焉耳矣。其后此诸说,则诚不可问。而吕海寰之请禁者,仅黄帝一节,吕海寰其深许外此诸节耶,抑所见者仅黄帝一节耶?学部议覆之折,则混言行文纪年不奉正朔之昧授时之义,以为视王章若弁髦,纪纲具在,不能稍事姑容云。则凡某某几年云云者,皆在不赦之条也。原奏昨已咨行到粤,吾不知诸未来之主人翁,呒笔含毫时,犹敢大书特书之否也乎!

国朝首请泯除满汉畛域者仁和杭堇甫先生

乾隆八年二月上谕一道:昨因考选御史,试以时务策。杭世骏策称,意见不可先设,畛域不可太分,满洲才贤虽多,较之汉人,仅什之三四,天下巡抚,尚满汉参半,总督则汉人无一焉,何内满而外汉也等语。国家选举人才,量能器使,满汉远迩,皆朕臣工,联为一体,朕从无歧视。若如杭世骏之论,必分别满洲汉人,是乃设意见畛域之甚者,何所见之悖谬至此。督抚之中,有时满多于汉,有时汉又多于满,惟其才不惟其地,亦因其地复量其才,此中裁成进退,权衡皆出自朕心,即左右大臣,亦不得参预,况微末无知之小臣乎!且国家教养百年,满洲人才辈出,何事不及汉人?杭世骏独非本朝臣子乎,而怀挟私心,敢于轻视若此,若稍知忠爱之义者,必不肯出此也。杭世骏著交部严察议奏。

谨按先生原疏留禁中,当日不发钞,(龚定盦《杭大宗逸事状》)先生亦自削稿,并不示人,(李既汸鹤征后录)故世无见者。先生《墓志铭》云:(应澧撰)先生虽一时得罪,然数十年,天下督抚,汉人参半,不专用满人,于四条中已行其一。惜所陈天下藩库,宜有余款存留,以备不虞,不可悉解内部,因上盛怒,阅不终卷,故未邀采纳云。则先生当日所陈者,实有四事,泯除满汉畛域者其一,不可尽提藩库余款者其二,其他二条,不可得闻矣。近日臣工中,亦有以为满汉畛域之见,成于刚毅、铁良南下之时,虽不尽然,然与先生当时情事,何其相类也。先生既罢归,乃自号秦亭老民,日与里中耆旧及方外之侣,结南屏诗社,以吟咏著述为娱。(《国史本传》)乙酉岁,纯皇帝南巡,先生迎驾于湖上,上顾问曰:汝性情改过么?先生对曰:臣老矣,不能改也。上曰:何以老而不死？对曰：臣尚要歌咏太平。（汪涤原《湛兰书屋杂记》）问：汝何以为活？对曰：臣开旧货摊。上曰：何谓旧货？对曰：买破铜烂铁陈于地卖之。上大笑，手书"买卖破铜烂铁"六字赐之。庚子岁纯皇帝六举南巡，先生亦迎驾，名上，上顾左右曰：杭世骏尚未死么？先生返舍，是夕卒。（龚定盦《杭大宗逸事状》）先生虽罢斥，朝廷固甚留意先生言论举动也。而先生伉爽不羁，现于辞色，后果有御史祝德麟，疑先生不得意，或存诽讪，讦奏之。上以先生所著，尚无违碍，置之。（许周生《杭太史别传》）先生熟于当代掌故，罢归后，不读邸钞。里居二十年，同岁生或积官至大学士、尚书、总督，先生不知也。岁戊子，刘文定纶以吏部尚书协办大学士内召，过扬州，访先生。先生见其冠服，诧曰：汝今何官？曰：不敢欺，参预阁务者已数年矣。先生曰：汝吴下少年耳，亦入阁办事耶？（洪稚存《书杭检讨遗事》）其玩世不恭如此。尝游粤，主讲粤之粤秀，集中《岭南集》，即其客粤时所刻也。先生又善画，集中有《题自画山水花卉册子》。龚定盦尝得其墨画十余叶，极其萧条粗辣云。

记者曰：世之知先生者，以为一考据家耳，否则以为文苑传中一人耳，乌知先生有如是之历史？意者先生之立朝也暂，而伏处也久，其大名遂为考据词章所掩也乎？今睹先生遗像，头如僧也，颔下髯如戟，衣古装也，而衿有结，若有意，若无意，唯先生自知。

袁宏道李温陵传识语

李温陵于明世，目为非圣无法，致欲诛其人，火其书，故所著如《焚书》、《藏书》、《说书》、《观音问》等，士夫家多密为收藏，不传于世。入国朝乾隆间修《四库书》，复隶此诸书于禁书之列，而传者遂绝少。近上海《国粹学报》，始搜得明本《焚书》，刊诸《国粹丛编》中。《焚书》者，《李温陵集》之一至十三卷诸答书杂述也。（原书二十卷，十四至十七为《藏书》，十八至十九为《说书》，二十为诗词）

书既至粤，大受社会欢迎。然诸读《焚书》者，多欲知温陵事迹，而附于《明史·耿定向传》之寥寥数行，又不足以尽温陵之实。惟《袁中郎集》有《李温陵传》，于温陵出处始末，言之颇详，特录诸报端以介绍于世。

说满汉之界

（前缺）至于汉官之有满员为之属吏者，则又不胜其受侮矣。乾隆廿四年谕曰："八旗人员，补用外任者本少，因外任上官既众，习套更烦，是以旗员多不愿外擢。"廿五年又谕曰："满洲风俗向来纯朴，补放营员往往有耻于跪拜上司，不愿前往者。"此满洲风气根乎夙习者也。廿八年因直督方观承疏导滨水迟玩一案，除将方观承交部议处外，上谕："天津道那亲阿、霸昌道额尔登布、天津府额尔登额，俱专驻该处之方面大员。一切及早疏泄事宜，理应据实禀请督臣筹办。如言之不听，不但可以直揭部科，即用折据实密奏，朕必深为奖予。那亲阿等以满洲世仆，在部院中尚能晓事，是以擢用外任。乃沾染外吏恶习，一味仰承风旨，于地方重务，视同膜外。那亲阿、额尔登布、额尔登额俱著革职。"四十七年因甘肃捏灾冒赈一案，大小官员通同一气，上谕："以此内如善达承志，身系满洲，用为州县，尤当洁己奉公。遇有上司抑勒婪索等事，即应直揭部科，或告病回旗。乃竟憨不畏法，随同侵帑殃民。似此亦得幸邀宽免，旗员更何所儆惧？善达承志著交刑部入于朝审办理。"此则满人之轻视汉上司官，由皇上有以养成之者也。有此二因,而凡为满员上司者,遂时受其轻蔑。故顺治八年敕各省督抚将所属有司严行分别参奏,阅四五月而未有遵旨实行者也。是何以故?皇上盖烛之矣,曰:"此等瞻徇延挨,或八旗旧人,在任咆哮要挟,督抚畏忌,不敢弹劾乎?"此可见汉人为满员上司者之受侮不少矣!

然外官中更有受京旗勒索者,则莫甚于顺治十五年直隶总督张元锡被麻勒吉呵辱自刎一案。国史馆于《张元锡列传》谓张元锡任直隶总督时,学士麻勒吉因公至顺德府,元锡出迎。麻勒吉责其失仪,加以呵辱,元锡归,引刀自刺。以家人救,未绝。经巡抚董天机奏闻,命学士折库纳往究,并令赴京质对。元锡具陈麻勒吉苛索凌辱情状,下九卿科道议,将麻勒吉革职,旋经降级留任。数月后元锡复自缢身死。乾隆五十六年上乃为之翻案曰:"朕阅此情节,当时开国之初,满汉臣工不无意存歧视。此案自系袒护满洲,故于麻勒吉议从末减。试思张元锡接见麻勒吉时,若非任意需索,肆行呵斥,种种受侮难堪,何至以总督大员,遽尔轻生自刎。迨赴京对鞫,复未将伊抑屈之处为之伸理,致张元锡含冤莫雪,仍复白缢。麻勒吉妄作威福,设在此时,朕必当置之重典。"此京旗勒索外官之大概也。他如康熙七年上谕:"近闻在京诸臣,违法遣人往各省官员处借名问候,多索财物,甚为民害。"十九年又谕:"各旗差遣家人,或往外省索债,或令随官赴任,或以情面干求外官者甚多。借端营私,小民最为苦累。"廿三年又谕:"部院衙门差遣笔帖式等,或有不肖之人,要挟地方官。以请安为名,恣其需索。外吏疲于供应,致累小民,奚以堪此。"此可见外吏受京旗勒索之不堪也。

至于汉官之办理旗民交涉事件者,其棘手与办理今之所谓交涉案等。此等故事,更仆难终。康熙元年上谕:"有直隶地方词讼案内干连之庄头,地方官调取,抗不赴审。即使到案,亦抗不遵行。以致案内干连之人,每多苦累。"是以廿五年直隶巡抚于成龙之陛辞也,谕曰:"直隶旗下各庄人户,不守法度,有司明知,不敢深究。尔须执法严治,不得瞻徇顾忌。"雍正之元年,直隶巡抚李维钧之陛辞也,上亦谕曰:"畿甸之内,旗民杂处。向日所在旗人暴横,小民受累。地方官虽知之,莫敢谁何。尔当奋勉整饬,不必避忌旗汉冰炭之形迹,不可畏惧王公勋戚之评论。即皇庄内有扰害地方者，皆密奏以闻。"此可见办理旗民交涉事件者之难也。至雍正六年，天津乃有满洲兵丁合伙往同知衙门吵闹，而披甲巴宁阿又拿小刀将营田知县戳伤，上谕曰："巴宁阿乃当兵之人，胆敢将官员无故戳伤，甚属可恶。若不加以重罪，何以儆戒将来？著议政王大臣会同三法司究拟具奏。"呜呼！此办理旗民交涉事件者之警钟也乎？

若满汉兵丁之不睦，则又有统兵大员致之者，有兵丁自致之者。康熙十九年上谕："各路统领绿旗将帅不恤军士，令为满洲大兵盖房秣马。又私行役使，恣意虐害。"乾隆卅四年上谕："前此领兵大臣，惟知体恤满洲，而于奔走服役，专派绿营，岂一视同仁之道？"呜呼！绿营焉得而心服也。然此犹谓出于领兵大臣之为，而非满兵之为之也。若乾隆九年德州满汉兵丁互吵一案，谕曰："国家设立驻防满兵，原是弹压地方之意。必与绿营兵丁和辑相安，始为有益。若满兵轻视绿旗，恃强凌弱，而绿旗兵丁又借受满兵欺凌，动辄聚众喧闹，此风断不可长。"观此则又满兵之为而非领兵大臣之为也。满汉兵丁既如是其凿枘，是以咸、同间用兵时受其影响。同治十一年因京口一城未复，上谕："魁玉虽系专辖旗营，而与冯子材所带绿营官兵，实系患难与共。必得相联臂指，方能所向有功。著魁玉、冯子材嗣后军务紧要，务须遇事和衷，会商办理，使旗、绿两营，仍联一体。不得彼此心存畛域，致误事机。"此满洲兵丁平日欺侮绿营兵丁之效果，怨愤乌得而平也？

悲哉！统观上方所云，皆满人之蹂躏我汉人者也。政界者，我汉人之秀出，其受蹂躏然也，则斯民尚有完肤哉！幸斯民之得见满人者寡也，使吾民而日有满洲人之交接，则中国殆不得一日宁。是故满汉不相见则已，见则愤懑之念生，不交接则已，交接则纷争之端起。其与满人交接愈多者，则其积怨也亦愈深。二百年来，殆如一日。满汉臣工固未尝有一和衷共事时也。故事具在，可得而言。右方所云，又非言夫王师入关时与汉人结怨之端，而皆康、乾盛时之事也。满人之排汉若此，则汉人之不得不排满者势也。是故昔日汉官之排满，与今日革命党之排满同。其所以异者，则革命党之排满，排满而并欲推倒政府；汉官之排满，排满而仍爱戴皇上耳。苟非有此爱戴皇上一特异之点，则政界中尽革命党也。危乎险哉！其总因均生于满汉之一念也。抑有奇者，汉官不独爱戴皇上而已，并有视皇上如汉晋唐宋之君，不以为满人，而以为与汉人有特切关系焉。此又于昔日臣工之有要求皇上抑满重汉者得之也。顺治十一年，少詹事李呈祥之条议也，曰：部院衙门应裁去满官，专任汉人。疏既上矣，上顾谓大学士洪承畴等曰："李呈祥此奏大不合理。夙昔满臣赞理庶政，并有畋猎行阵之劳，是用得邀天眷，大业克成，彼时可曾咨尔汉臣而为之乎？朕不分满汉，一体眷遇，尔汉官奈何反生异意？若以理言，首崇满洲，固所宜也。想尔等多系明季之臣，故有此妄言耳。"至是副都御史宜巴汉等遂劾李呈祥讥满臣为无用，欲行弃置，称汉官为有用，欲加专任，阴行排挤，请旨革呈祥职，下刑部议弃市。夫李呈祥以皇上为亲汉人者也，其受咎宜。然雍正间犹有似此者。雍正七年，因秋审将李大成等改为缓决一案。先是，蒋洞曾说"恐怕站不住"，高成龄说"我们是汉人，可以担得住"等语。上闻，谕曰："凡拟审各案，本人有一定之罪，国家有一定之法，如何有担得住不担得住之分。即论担当，亦应是满洲。至于汉人，有何功劳出乎满洲之上？而高成龄以为满洲不能担者，汉人能担，此语甚不可解。"呜呼！此亦汉人爱戴皇上之过，以为皇上果重汉人而轻满人也。（嘉庆十九年，鲍桂星果有是语，为严旨申饬）

　　然皇上果重汉人而轻满人乎？夫以五百万众全体之所排挤者，而仅得皇上一人为之调停保护，抑亦危矣。虽然，诚如张伯行、张元锡等案，非皇上之右汉而抑满，则汉人又何以立足也。不独此，雍正六年，宗室满珠锡礼条奏："京营参将以下，千总以上等员，亦应参用满洲，不宜专用汉人。"上以为满洲人数本少，只将中外紧要之缺补用已足办理，若参将以下之员弁悉将满洲补用，则人数不敷，势必有员缺而无补授之人，乃谕曰："朕屡谕在廷诸臣，当一心一德，勿各存私见而分彼此。在满洲当礼重汉人，何得有意相远？"此一事。乾隆元年，漕运总督顾琮奏请各关税务仍选旗员委任监督，上谕之曰："汝亦为此等识见乎？我朝自入中国以来，从未歧视满汉也。近日颇有条陈当厚待满洲者。夫另有所厚待满洲,则是疏斥汉人也。汉人闻之,岂不寒心?试想天下之大,满洲多乎?汉人多乎?是则厚待满洲,驯致其道,适所以薄待满洲也。"又一事。三十年,吏部以满汉司员同属在部办事,欲令其一体升转,以示铨法之平。请各部满郎中与汉郎中一体铨选知府。上饬之曰:"所奏甚属非是。殊不思八旗人数与各省汉人孰多孰少?顾于铨擢一途,强为衡量,如是而谓之平允,有是理乎?且满洲汉人,同为国家臣仆。朕用人行政,一秉大公,从不肯稍存歧视。"又一事。是诚无惑乎昔日臣工以皇上为无歧视汉人之心,虽深恨满人,而仍爱戴皇上也。然今之革命党则以为此等政策非真有爱于汉人,不过势有所穷,姑借此以为笼络汉人之计。此则今日革命党与昔日臣工识见之殊也。然今革命党中则竟有出自政界、军界者,诚有如袁督示谕所云:"自古革命,皆草泽亡命,未有身列衣冠,乐为乱贼如今之所谓排满革命党者。"又诚如端督与鄂督书所云:"前十年防康梁,后十年防学生,今则防属员者,之与昔日时势相悬绝也。"嗟夫!吾不知革命党投身入政界乎?抑政界被风潮之激刺,而一变其爱戴皇上之方针为掊击政府之方针乎?

　　如是而不能不用消融满汉之术也。政界人数在全国人数中为少,而其势力则足以号召全国而有余。是岂犹夫力耕以奉上,椎鲁无能为者,之虽欲怨叛而莫为之先也耶。则今之汲汲于调和之者,诚有以也。虽然,消融满汉不自今日始。国初曾以此策士矣。顺治三年,殿试制策有曰:"欲定天下之大业,必一天下之人心。今如何为政而后能使满汉官民同心合志欤?"一也。六年殿试制策又有曰:"从古帝王,以天下为一家。朕自入中原以来,满汉曾无异视,而远迩百姓犹未同风,岂满人尚质,汉人尚文,习俗或不同欤?音语未通,意见偶殊,畛域或未化欤?今欲联满汉为一体,使之同心合力,欢然无间,何道而可?"二也。睹此制策,与今消融满汉之谕一也。然则消融满汉之政见,已早行诸入关之初,胡为而今尚未消融也?焉知今之所谓消融者,后之视今,不如今之视昔也耶?乾隆八年考选御史,杭世骏策中有"意见不可先设,畛域不可太分,满员才贤虽多,较之汉人仅什之三四。天下巡抚尚满汉参半,总督则汉人无一焉。何内满而外汉也?"严旨申饬之曰:"国家选举人才,量能器使。满汉远迩,皆朕臣工。朕为一体,从无歧视。若如杭世骏之论,必分别满洲、汉人,是乃设意见畛域之甚者,何所见之悖谬至此。且国家教养百年,满洲人才辈出,何事不及汉人。杭世骏独非本朝臣子乎,而怀挟私心,敢于轻视若此。杭世骏著交部严察议奏。"噫!开国以来,朝旨日日言满汉从无歧视,而当时竟有以为满汉畛域太分者何也?是凤昔所谓消融者之无效也。乃咸丰四年,李载熙条陈时事,亦有"一满汉以示大公"一条,为严旨所申饬,曰:"满汉臣工,朕从未尝稍存歧视。该编修之奏,何由而出此?"此二百年来,在皇上一方面,则以为满汉之久已消融,在臣下一方面,则以为满汉之久存畛域也。意前此所谓消融者,言论上事,而非制度上果有消融之实事乎?然则今日之明诏与顺治间之制策,其政见将毋同?顺治间之政见,以定人心也,今日之政见,亦以定人心也。是则同也。

虽然,顺治间贡士之试策吾不得而见,而今日臣工之条陈,则已发见于报纸者。如张之洞、梁鼎芬、端方、松寿、陈夔龙、郑沅诸议,其持论大抵相同。其最切实可行者,则莫若满汉通婚,满汉官缺互补二条。前此已有行之者,东三省旗民私相聘娶已非一日。而当时旗长申报"并无嫁娶民人子女",按月一次,仍循旧例。若驻防各省,其私相婚娶者尤多也。军兴以后,称为破格用人,故满汉缺之互补亦所时有。以满汉人数相比较,满一汉一已占优胜,而况无限制乎?此无损于满洲者,诚可为也。而撤各省驻防一议,亦大可行。是何也?曰八旗生齿日繁,名粮有限。旗人生计久已研究于乾隆盛时矣。而以限于定例故,不得在外营业置产,其困苦比汉军为甚。盖汉军可以出旗改归民籍,而满洲无是也。今幸有此消融满汉之机会,则乘势撤防,更易名目,宜可为也。而满洲全国皆兵之祖制与今欧美同。八旗虽废,满洲人仍可尽占兵籍也。此亦废之有利无害者也。总之,消融之法,必于满洲之权利无损,祖制无碍,国势无屈者,然后可以见诸实事。吾见汉人条议中,竟有请废去满姓改从汉姓者,如是则何贵有满洲,何贵有此二百年之经营也!驱满洲尽为汉人,是谓之混同种族,不得谓之消融畛域也。而或者以为婚既可通,则种族自可以混,是大不然。满洲之与蒙古通婚将三百年矣,几见满蒙种族之混同耶?况可以实行满汉通婚者,之仅在京朝达官与驻防之满人已也。

乾隆间曾屡降谕旨,诏满洲人等,不许照依汉人取名,亦不许数代俱用一字起头矣。嘉、道间旗人命名,若用汉字,仅准用二字,不准连用三字之例,犹再三训饬。是岂独恐沾染汉习而已乎,盖深恐泯没满洲旧姓也。今之条陈者,何不达掌故乃尔。

曩者北魏之入中国,亦尝改国姓,变官制,易服色,禁旧言,一从中国之俗。其所规划,今之条陈者无以出其范围也。然国朝鉴于北魏、辽、金、元之失,久已垂为厉禁,著之金滕。故乾隆三十一年上谕有"改易衣冠,变更旧俗,所关于国运人心,良非浅鲜。迩来披阅《通鉴辑览》,于北魏、金、元诸朝,凡政事之守旧可法,变更宜戒者,无不谆切辨论,以资考证"。三十七年又谕:"北魏始有易服之说,至辽、金、元诸君浮慕好名,一再世辄改衣冠,尽失其纯朴之风。传之未久,国势浸弱,浡及沦胥,覆辙具在,可为殷鉴。"六十年举行归政大典,谕嗣皇帝亦有"前代北魏、辽、金、元,初亦循乎国俗,后因惑于浮议,改汉衣冠,再传而失国祚。是以祖宗垂训,无得改汉人服色。若后世无识之徒,复有怂恿改服制者,即可执此谕以破其迷。我世世子孙其钦承无忽"。所以然者,杜满俗之同化于汉人也,而况乎改易国姓也?

是则今日之所谓消融满汉畛域者,虚语耳,必不可为也。可为则是非消融畛域,而混同种族也。混同种族之说一出,满人必有哗然思动者。纵政府肯为之乎,而满洲全体必不愿也。此则满汉之界终不可平也。不可平而姑改易一二以示其平,则上适足以挑拨政界之人心,而下适足以启发齐民之新识,甚非所宜也。盖非有此次明诏之下,东南各报之传,彼齐民之知有满汉者乌有今日如是之众也。

释 奴 才

消融满汉之说出，于是有请满汉臣工一律称臣，不称奴才者。奴才二字何自出？陶宗仪《辍耕录》以为始于郭令公"子仪诸子皆奴才"一语，非也。骂人奴才盖北俗，中原无是语也，有之，自晋始。晋世五胡入中国，胡言遂载以俱来。《刘渊载记》(《晋书》于五胡及诸割据者别为载记附于卷末。刘渊、刘曜，皆匈奴也，不得以汉姓而误焉汉人)，成都王既败，元海曰："颖不用五言，遂自崩溃，真奴才也。"一。《刘曜载记》，田崧骂杨难敌曰："若贼氏奴才，安敢希觊非分。"二。王猛曰："慕容评真奴才，虽亿兆之众不足畏，况数十万乎。"三。《水经注》，李特至剑阁，叹曰："刘氏有此地而面缚于人，岂不奴才也。"四。《魏书》，尔朱荣谓元天穆曰："葛荣之徒，本是奴才，乘时作乱。"五。凡此诸语，皆出自晋末六朝之间，在郭令公之前。令公之为是语，盖亦久居塞外，习于胡言，犹今之操西语骂人者耳。陶宗仪以为此语始自令公，未之考也。后于令公而为是语，则《五代史》，董璋反，以书诱姚洪。洪不听，城陷，璋责之，洪曰："汝奴才，固无耻，吾义士肯随汝所为乎？"姚洪仕后唐，沙陀族也，是亦习于北俗。晋以前无是也。奴亦作弩，《颜氏家训》(颜，北齐人)谓贵游子弟，当离乱之后，朝市迁革，失皮而露质。当此之时，诚弩才也。一。《五代史》，朱守殷少事唐庄宗(李存勖)为奴，后为都虞候，使守德胜。王彦章攻之，守殷无备，南城遂破。庄宗骂曰："弩才果误予事。"二。此亦出于北俗，译语之有出入者也。而魏铨《稗勺》(人、书名)则曰："明代宦官，对上称奴侪，今人讹侪为才云。"是不读书之甚者。虽然，昔称奴才，以骂人耳，未有以自称者，更未有以称诸大廷者。犹古之有臣妾其名，(《易》、《书》皆有之)亦以称宦官宫妾耳，未有以统称臣下也。自司马相如、蔡邕、刘琨、韩愈诸文人,始以臣妾二字入章奏,然亦只务为谀词,未尝以书衔焉。至国朝,满洲大臣奏事,率称奴才,始以奴才书衔,为一朝之典制。汉大臣且不得与,盖亦循乎北俗也。然国朝于奴才之称,亦屡经磨勘。乾隆二十三年谕曰:"满洲大臣奏事,称臣称奴才,字样不一,著嗣后颁行公事折奏称臣,请安谢恩寻常折奏称奴才,以存满洲旧体。"据此,则只分公私,不分文武也。然乾隆三十八年,凉州镇总兵乔照,于奏谢折内称臣,为严旨申饬。曰:"武员即官至提督,亦称奴才,此乃向来定例,乔照岂容不知?虽臣、仆本属一体,称谓原无重轻,但乔照甫加总兵,即如此妄行无忌,足见其器小易盈。著传旨严行申饬。"此则不知乔照于奏谢折内称臣为违例乎,抑武员称臣为违例乎?由前之谕,则乔照于奏谢折内称臣为违例,由后之谕,则以武员称臣,似亦违例。道光六年,穆兰岱因陈奏青海蒙古事宜,折内称臣,亦为严旨申饬。曰:"道光五年,曾经降旨,督抚藩臬之内,如系旗员,于请安谢恩折,著缮写奴才字样。凡遇一切公事奏折,著写臣字。此特专指文职而言,并未指武职如此。原降谕旨,甚属明晰,穆兰岱前此会同陕甘总督奏事一折,自应缮写臣字。今伊自行陈奏青海蒙古事件,亦写臣字,竟染汉人习气,殊属不合。况此际各省将军都统等奏折,并无一缮写臣字者。穆兰岱身任副都统,兼西宁办事大臣,而仿效文职,殊属非是。穆兰岱著传旨申饬。"此则武员称臣,果属违例矣。由前之谕,则请安谢恩折奏称奴才,公事折奏称臣。由后之谕,则武员公事折奏亦称奴才。

夫既分公事私事,又分文员武员者,何哉?非分公私,非分文武也,分满汉也。内而部院,外而督抚,文职也,而满汉员缺各半,奏事会衔者多,故分公私,公即会衔,私即请安谢恩折之单衔者也。若将军都统诸武职,有满缺,无汉缺,虽公事奏折,亦多不必与汉大臣会奏,故不分公私而分文武。一言释之曰,满洲大臣有与汉大臣会衔入奏者称臣,其单衔入奏者称奴才。不必分公私分文武,分满汉焉已矣。与汉大臣会衔,何必不称奴才乎?不与(与,许也)汉人之为奴才也。汉人求为奴才且不可得乎?乾隆三十八年,御史天保、马人龙奏监考教习查出代倩情弊一折，折内书衔，因天保在前，遂概称奴才。上谕之曰："向来奏折满洲率称奴才，汉臣率称臣。此不过相沿旧例，且亦惟请安谢恩及陈奏己事则然。若因公奏事，则满汉俱应称臣。盖奴才即仆，仆即臣，本属一体，朕从不稍存歧视，初非称奴才即为亲近而尽敬，称臣即为自疏而失礼也。今天保、马人龙之折如此，朕所不取。若不即为指示，恐此后转相效尤，而无知之徒，或因为献媚，不可不防其渐。嗣后凡内外满汉诸臣会奏公事，均著一体称臣，以昭画一。"如是，是皇上不欲汉人之称奴才，而以满人迁就汉人也。故满人称奴才，有时可以称臣，汉人称臣，无时可以称奴才。

然亦有不尽然者，要在皇上之意何如耳。乾隆三十五年，周元理会同西宁（人名）等奏到搜捕蝗孽一折。折内列名处，西宁、达翎阿称奴才，周元理则称臣。上谕之曰："臣仆本属一体，均系奉上之称。字义虽殊，其理则一。满汉臣工自称固有不同，然遇部院章奏，虽满洲大员，亦一例称臣。而满洲督抚奏地方公事亦然。并非以奴才之称为卑而近，称臣为尊而远也。即如满洲大学士在朕前亦自称奴才，而汉人虽丞簿末秩引见亦皆称臣，岂丞簿汉员，因此遂得谓尊于满大学士乎！朕抚御臣民，并无歧视，而朝廷体统，本自尊严。又岂因臣下之称奴才而尊崇有加，称臣而体制有减乎？朕于此等事从不计较，即汉人中间有于召对时称奴才者，亦并无嘉赏之意，而折奏列衔，则不宜参错。止当论首衔何人，或满或汉，皆可以一称贯之。（马人龙折即依此旨）此次三人会奏之折，西宁名列在前，既称奴才，则达翎阿、周元理自当连名直写，又何事妄生区别于其间耶？若谓周元理不屑随西宁同称，有意立异，是视周元理身分太高，谅彼亦不敢萌此念。但此等节目，必拘泥若此，又何其不达事理耶？可笑之至。将此传谕周元理知之。"夫马人龙之随天保称奴才也，即依此旨办理也。上既以周元理为可笑，又以马人龙为不合，则臣下果何措何从也？且乾隆二十三年，既谕令满洲大臣于公事折奏称臣矣，而西宁于奏报捕蝗事宜，仍称奴才，是违制者西宁。乃皇上不责西宁，而反笑周元理者又何也？盖皇上知汉人中有以奴才二字为自昔北俗骂人之词，而不甘为满洲奴才也，故借周元理以警惕之。在马人龙则恐其冒认奴才焉，在周元理则恐其不服为奴才焉，操纵臣下之术亦神哉！

说 纸 鹞

八九月间，粤中儿童多为放鹞之戏，学生亦有效之者，不得谓为无益之戏也。如飞船，如轻气球，何莫非此等游戏之为之加善者也。飞船、轻气球有用于军事界者，而吾国纸鹞乃不脱为儿童玩戏之具，未有施之实用者焉，更未有加之以学理为之改良更制者焉，可惜已。纸鹞在昔日亦尝用之于军事界，在他人或不知，在学生不可不知也。纸鹞何自始？或以为始于韩信。韩信围项王于垓下，乃剪纸为鹞，藏以竹弓，于晚间纵之。秋高风紧，其声胡胡焉，降降焉。项王在军中，但闻空中飞鸣曰"辅汉，辅汉"也。于时楚军大惊，遂以亡楚。是说也，传诸故老，书缺有间，不可得而征也。《事物纪原》则以为韩信为陈豨造，以量未央宫之远近者，亦无可考。《七修类稿》则以为五代汉隐帝与李业所造，本宫中之戏。事见《李业》条。俗名鹞子，以鹞飞不高而翅挺直也。《七修》是说较为有据。然纸鹞不起于五代，六朝时已有之。《南史·侯景传》：侯景围逼京城，中外断绝。有羊车儿献计（《纪原》作羊侃令小儿）制纸鹞，系长绳，藏敕于中。简文出太极殿前，因西北风起放之，冀得达城外援军。群贼惊骇，谓是厌胜之术，乃射下之。此纸鹞之始见于史传者也。《唐书·忠义传》：张伾守临洺，为田悦等所攻。马燧等救兵未至，伾以纸鸢告急。过悦营，悦射之不及，乃落燧营。言三日不救，洺人且为悦食。燧等遂进解围。此亦纸鹞之见诸史传者也。凡此皆在李业之前，而《七修》以为始于李业，谬也。且凡此皆以用于军事，而李业所造乃仅用于宫中，其无意识与今儿童等，又不足论也。

《续通鉴》亦言:元速不台攻汴,金人日为纸鸢,置文书其上。至北营则断之以诱被俘者。为速不台所觉,哂曰:"金人欲以纸鸢却敌,难矣!"此则北人亦能以纸鹞用于军事。虽有济或不济,然不得遂谓纸鹞无一毫之价值也。夫纸鹞在今日诚不见其何用,然在弓矢刀矛之世,彼纸鹞不尤为轻趫利捷也哉,乌得以后世之眼光绳昔人之制作也?要在乎戏之者,加之以学理,改良而更制之,以施诸实用焉耳。

满洲嫁娶仪

日报载两宫于日前召见军机后,面谕内阁大臣谓:满汉通婚,现已决计实行。惟是礼节不同,宜先订定。著即片行礼部礼学馆,一俟议定,便当具奏,以便颁行各省云。满汉氏族既异,礼俗自殊。如祭天,如跳神,如拜礼,如食肉,以及冠服言语各各不同。虽今日满人之能为汉语者多,而汉人妇女之效旗装者亦众,然满自满,汉自汉,礼俗未尝画一也。今之所议,其舍满而从汉耶?抑强汉以从满耶?抑折中于二者之间,制为不满不汉之新礼耶?夫满洲嫁娶仪之见诸载籍者不概见,而吾人所能见者,乃仅在已译出汉文之书,其言不能无假借也。然可借此以睹满人婚礼之大略焉。《啸亭杂录》云:满洲氏族,皆年及冠笄始相聘问。男家主妇至女家问名,相女年貌。意既洽,赠如意或钗钏等物以为定礼,名曰小定。择吉日,男家聚宗族亲友同新婿往女家问名,女家亦聚宗族等迎之庭中。位左右设,男家人趋右位,有年长者致词曰:某家男某虽不肖,今已及冠,应聘妇为继续计。闻尊室女贤淑,著令名,愿聘主中馈,以光敝族。(所谓词有假借者此)女家致谦词以谢。若是者再,始订婚。令新婿入拜神位前,及外舅父母如仪。既进茶,女家趋右位,男家据宾席。或设酒宴以贺,改月择吉。男家下聘,有酒筵、衣服、绸缎、羊鹅诸物,名曰过礼。(亦假借词)女家款待如仪。男家赠银于女家,令其跳神以志喜。既定婚期。前一日,女家赠妆奁嫁资视家之贫富。婿乘骑往谢。五鼓鼓乐,娶妇至男家。竟夜笙歌不绝,谓之响房。新妇既至,新婿用弓矢对舆射之。新妇怀抱宝瓶,入座向吉方。及吉时,宗老吉服至祭庭中,奠羊酒诸物,以刀割肉,致吉词。礼毕,新婿新妇登床行合卺礼。次早五鼓兴,始拜天地、神像、宗祠,翁姑坐而受礼。宗族尊长卑幼,以次拜谒。三日或五日,妇归省父母,婿随至女家,宴享如仪。满月期妇复归,数日始返。然后婚礼毕焉。又《大金国志》云:金人旧俗,多指腹为婚姻。既长,虽贵贱殊隔亦不可渝。婿纳币皆先期拜门,戚属偕行,以酒馔往。少者十余车,多者至十倍。饮客,佳酒则以金银瓶贮,其次以瓦甋,列于前以百数,宾退则分饷焉。先以乌金银杯酌饮,贫者以木酒三行,进大软脂、小软脂如寒具。次进蜜糕,人各一盘,曰茶食。宴罢富者瀹建茗留客啜之。妇家无大小,坐于炕上,婿党罗拜其下,谓之男下女。(所谓假借词)礼毕,牵马百匹,小者十匹,陈于前。妇翁选子姓之别马者视之,好则留,不好则退。留者不过什二三。女家亦视其数而厚薄之,一马则报衣一袭。婿皆亲迎,既成婚,留于妇家三年,然后以妇归。妇氏以奴婢数十户,牛马数十群,每群九牝一牡以资遣之。金与满洲本同一国,乾隆间钦定《满洲源流》考多采诸《金史》,故金之婚仪可作满洲婚仪观也。

郭亮哭李固

梁冀既露固尸于四衢,令有敢临者加其罪。固弟子汝南郭亮,年始成童,游学洛阳,乃左提章钺,右秉铁锧,诣阙上书,乞收固尸。不许,因往临哭,陈辞于前,遂守丧不去。夏门亭长呵之曰:"李、杜二公为大臣,不能安上纳忠,而兴造无端,卿曹何等腐生,公犯诏书,干试有司乎?"亮曰:"亮含阴阳以生,戴乾履坤,义之所动,岂知性命,何为以死相惧?"亭长叹曰:"居非命之世,天高不敢不蹐,地厚不敢不蹐,耳目适宜视听,口不可以妄言也。"太后闻而不诛。南阳人董班,亦往哭固,而徇尸不肯去,太后怜之,乃听得襚敛归葬,二人由此显名。郭亮不过十五龄之学生耳,而认定公义,笃于师谊若此,安得不令人崇服。吾读之,吾三读之,吾毛为之竖,而泪满乎眶也。今少年有似此者乎?唯史坚如。史坚如之赴马头也,穿机白长衣,二人舁之,市上妇人见者,曰:"好青靓好白净嘅嘞,咁后生犯乜野事呢!"呜呼!所谓青靓白净后生,与郭亮相去几何?然史坚如之志,乃欲炸抚台德寿,则排满革命党也,与郭亮殊。其有读此不知原委者,则告之曰:梁冀,大花面也,李固、郭亮,一武生、一小生也。

杨匡守杜乔

杜乔与李固,俱暴尸于城北,家属故人,莫敢视者。乔故掾陈留杨匡闻之号泣,星夜行到洛阳,乃著故赤帻,托为夏门亭吏,守卫尸丧,驱护蝇虫。积十二日,都官从事执之以闻,太后义而不罪。匡于是带铁锧诣阙上书,并乞李、杜二公骸骨,太后许之,成礼殡殓,送乔丧还家,葬送行服,隐匿不仕。以上二事,俱见《后汉书》。

杜乔与李固,即范滂母所谓"得与李杜齐名,死亦何恨"之李杜也。杨匡,即呵郭亮之夏门亭长也。夏门亭长,伪也。杨匡之为,深沉忍耐,又与郭亮之光明磊落,同归而殊途,抑何斯人嗜义之笃也。迩者徐锡麟之杀,弃尸于城北者十余日,鸟喙蝇迹,肝肠寸断,而莫之敢临也,古今人其遂相速乎?夫杜乔仅得罪于大臣,而徐锡麟则直与朝家作对,其无敢为杨匪,宜也。然守徐锡麟者罪当死,守杜乔者罪亦当死,杨匪不死者幸也。彼明知犯诏书,干有司,而毅然为之,初亦志乎死也!均之死,则何谕杜乔之与徐锡麟,夫如是而杨匪过人者远矣!

孔子诞感言

八月廿七孔子诞,三年前无人措意者。自吾人鉴于某月某日耶稣教徒祝耶稣诞之盛,始祝孔子诞,固不若二月十九、五月十三,观音、关帝诞之普及也,更不若六月十三、七月十三,鲁班、罗祖诞之全行停工者之闹热也。(罗祖,业剃头者祀之)考孔子诞辰之祀,不始于今日。乾隆三十三年戴第元曾奏请增至圣诞辰祭祀,马上谕所斥曰:"诞辰之说,出于二氏,经传不载。且昔人于孔子生日,辩论纷如,尤难臆定。戴第元乃欲于彝典之外,轻增一祀,土不通经,所宜摈斥"云。大孔子生日诚不可据,今曰八月廿七者,仅据通行日历耳。孔广牧为《先圣生卒年月日考》二卷,汇诸传说至累万言,则八月廿七其果孔子诞辰否也。然且莘莘学子公而认之耳。呜呼!呼我为马,应之为马,呼我为牛,应之为牛,孔子之为世傀儡也久矣,况区区一生卒年月哉!自汉高祖十二年始以太牢祠孔子,自是而后,封君封公,封王封侯,马氏《通考》之所记,(《学校考》祠祭褒赠先圣先师条)《阙里文献通考》之所述,称名百出,眩惑耳目,曰历代尊崇先圣也。呜呼!专制君主既利用孔子以钳制吾民,而外族之入主中国者,又利用孔子以行其霸术,如是而孔子身无完肤矣。汇历代封号于孔子庙前,不几如阎罗王殿之契男契女条子乎!抑此中尤有可恫者,今人之尊孔子,防外教之侵入也,否则恐孔子之道之灭绝也。夫中国不多亡一次则已,多亡一次,则孔子之封号必益尊,崇奉者必益笃。亡于专制君主者无论矣,亡于异族,如元魏、如辽、如金、如元之数朝者,固大尊孔子,且有为今日人之所纪念,习而忽之者。魏孝文之临阙里也,诏兖州为孔子起园栽柏,修饰坟垄,更建碑铭。是修孔林者,自后魏孝文始也。金泰和五年,谕有司进士名有犯孔子讳者避之,著为令。是避孔子讳者,金章宗始也。今学僮有入塾十年,只知孔子姓孔名某,而不知孔子姓孔名丘者,比比然也,而不知自金人始也。元大德十一年,诏加封至圣文宣王为大成至圣文宣王,是称大成者,自元成宗始也。往日学塾无不奉大成至圣,而孔子庙且称大成殿焉,乌知自元人始也。凡此皆大纪念,后魏、辽、金,本非宗教之国,犹可言也。而元,固明明一喇嘛大国也,而亦尊孔子如是,是中国多亡一次,孔子之封号必益尊也。今之祝孔子诞者,其亦欲孔子多为傀儡一次否乎?盖唯孔子为中国人所笃信,而后人得而傀儡之也。

记九皇会

俗以九月初一至初九日为九皇诞。问拜何神?曰九皇。问九皇何神?曰不知。问何以又名拜斗?或曰九月九日为斗姥诞,故曰拜斗。是说也不可解。《道经》云:九月一日南斗降。意所谓拜斗者此耶?(拜斗与礼斗异)曰九月,曰九日,曰九皇,曰斗姥,曰南斗,其音近,其是一是二耶?偶然唤作木居士,便有无穷求福人。不问何神,不问神何人,此乃所谓迷信也。九皇诞以三元宫为盛。三元宫者,唐悟圣寺故址,顺治十二年平南王建为道院者也。《续南海百咏》云:都门正月十九,群游西顶白云观,以谒长春真人邱处机,名曰燕九。自元迄今,习俗相沿。两藩将卒皆北产,亦于是日共登三元宫以当燕九,香车宝马,络绎如云。撤藩后此风稍息。康熙四十三年,提督金宏镇复修葺三元宫，且置观产以赡羽流，遂以九月朔建九皇会，凡九昼夜，亦沿为风俗。是以正月十九，燕九，而讹为九月九，九皇也。究其实，礼长春真人耳。长春真人号长春，字通密，名处机，邱姓，登州栖霞人。生金熙宗皇统八年正月十九日，师重阳祖师，得道于燕都白云观，事见《宛署记》。记又云：北京阜成门外白云观金道人于正月十九飞升，士女于是日拜礼其像。天下伎巧毕集，走马射箭，名曰耍燕邱。邱，真人姓也。九，真人所生所卒也。燕九，燕邱，声相近也。真人既以九日生，九日卒，所谓重九也。真人又师重阳祖师，故以正月十九者沿为九月九也。是何足记，记北俗也，记今人习于北俗而不知，则其相与忘之久也。《宛署记》言耍燕邱，天下伎巧毕集，走马射箭，何其壮也。今人拜斗，粉白黛绿，胡跪膜拜，何其纤而弱也。岂金戈铁马之俗，不可以南耶！

放胸的说帖

今试执途人而问之曰：鞋之逼趾也苦乎？则必曰苦。又试执学生而问之曰：操衣之箍身者舒服否乎？则必曰不舒服。夫逼鞋窄衫，尚以为辛苦而不舒服，则前日之缠足，与夫西妇之扎腰，其为辛苦不舒服何如也？今西妇之扎腰，彼中人士已深斥其非，而上流妇女，亦渐革其俗。若吾中国缠足之俗，则自士夫提倡放足后，今亦已战胜矣。余孽未清，不久亦将降服也。然中国尚有一弊俗，与扎腰缠足等，而未经士夫为之提倡而革除之者，则瞒胸是也。瞒胸作俑于谁，姑俟考据家言之。扎腰伤腹部，缠足伤足部，而瞒胸则伤胸部。伤腹部于消化难，伤足部于走动难，伤胸部则于呼吸有碍。妇女之多哮喘者，肺脑筋之被激也；妇女之多内伤者，肺病之遗传也。致肺之病不一端，而瞒胸其一也。寻常妇女之多心痛，非心痛也，胃痛也。寻常妇女之面口多黄熟，非赋体独弱也,空气不足,而血欠养也。凡此皆瞒胸之为之也。不独此,彼初生婴儿之妇女多生乳疮者,皆平日之瞒胸之有以窒塞其乳腺也。习体操者,操肌肉骨骼外,且有操肺者,故有量肺之器焉。量肺之大小,能容空气若干。将以肺量之盈缩,验体操之成效也。昔者学校之台椅,不合于儿童之高度,致有俯首鞠躬者,今人知其足以害肺也,亦急为之改良。其所以重肺如是者,以人之所赖以生者血,而血赖以净者肺也。近日东西洋肺病之书,且日出世,其学亦日发明,而吾中国前此之学人,既已养成曲背弯腰之习,妇女又以习俗故,瞒其胸而小之,即不瞒胸,亦驼其背以就之,以是为莫大耻辱焉,左矣。日日言养成伟大国民,而先于国民之母弱之如是,是乌足以养成伟大国民也。幸而胸中有骿骨十余排,以为肺之城郭耳,使胸而无是骿骨,则瞒胸也,不几如西妇之腰之扎之使小也耶?亦幸而此为气管为食道也,使此而非气管,非食道,则虽有肋骨,中国人不几如缠足之由长而短,由大而小,由平直而拳曲臃肿,虽折骨腐肉而亦为之乎?夫如是,则有以中国人早婚为能少救其弊者。以为早婚则产子早,有子可以无顾胼也。不知早婚之害,更甚于瞒胸。今且勿论,姑问彼已嫁十年而不产子者,则将长此瞒胸否也?即不尔,而瞒胸之年,乃体育最发达之年,于最发达之年而摧败之,其害何如也。况乎有子可以无顾者,无子独不可以无顾也耶?同是一胼,有子与无子何异,不过有子之胼,掩之无可掩耳。夫西妇方以隆然高耸为美观,而中国乃偏以为丑,何中西人情相去之远也。西人好细腰,中人虽未必扎腰,而未尝不爱腰之小;中人好细足,西妇虽不至缠足,而未尝不爱足之小,观于西装女鞋可知也。独至于胸,而适成反比例,何也?东邻日本,近所谓文明国也,其妇女且有袒胸露乳者焉。中东密迩于邻,何习尚不同若是?以是为不雅观耶?夫雅观与不雅观,时尚耳。谚曰:时兴眼轨转。曩者妇女之衣袖宽大也,袖阔有至二尺者,其探囊且在袖口也,今则沪装窄袖矣。十年前余在京师与人言放足,士夫方掩耳而走,否亦以为琐屑,学士不当与闻焉。胡不及十年,而绢遮革履者乃接踵于十八甫双门底之间也。有所谓二寸金莲,的的而过市者乎?虽衣服都丽,人必嗤然笑之,是何昔以为神圣不可侵犯之美人，今而睥睨之至是也。是故近日士夫之相语，有及家中妇女犹未放足者，均相引以为耻，又何待贱民之议出，而始贵大足也。今妇女之瞒胸者，又以胸大为贱格耳。彼河上妇女，胸诚大矣，然彼于体育何如也？夫昔何尝不以大足为下流，为贱格，不转瞬而以为上流，为贵格矣。此等见识，全属于言论上，而非由夫实事上果有见乎谁贵谁贱也。苟有士夫提而倡之，强聒不舍，则不难将亿万人之眼力而转移之。放足其已事矣，然今日提倡开胸，有难于提倡放足者，又何也？彼妇女之缠足，有男子在前，虽不敢公然对之包裹，然缠足二字，可说诸口也。故母之与女缠足也，可以正论出之，其使之放之也，亦可以正论为之。即男子之稍开通者，亦可于家庭广众中，为之演说放足焉。若夫瞒胸，则大抵姊妹中为之，父母且不得而干预，而况乎男子。故使之放之也亦难。且夫女学萌蘖，女子之曾入学校者，殆无不知缠足之害，而放足之有益于人身也。而瞒胸则不特教科书中无言之，即女师之口授，亦未尝及之。故女子不入学校则已，入学校则益求乎贵重，而胸之瞒也亦愈甚。不开通则已，开通则出入必多，而胸之瞒也亦愈甚。是不得不借乎士夫之力以提倡也。而或以为放胸者亦当如放足之设会，是不必也。放足之有会，婚姻问题耳，彼放胸固无碍于婚姻也，则更何乐不为。

报父仇（一）

苏不韦，父谦，与魏郡李暠有隙。暠为司隶校尉（后汉法官），以事收谦，掠死狱中，复刑其尸。时不韦年十八，仰天叹曰：伍子胥独何人也！乃藏母于武都山中，变姓名，尽以家财募剑客，要暠于诸陵间，不克。会暠迁大司农，时右校刍廥在寺北垣下。不韦潜入廥中，夜则凿池,昼则逃伏。如此经月,达暠之寝室,出其床下。值暠在厕,因杀其妻,并及小儿,留书而去。暠大惊惧,乃布棘于室,以板藉地,一夕九徙。每出,辄剑戟随身,壮士自卫。不韦知暠有备,遂日夜飞驰,径到魏郡,掘暠父冢,取其头,标之于市曰:李君迁(暠字)父头。暠匿不敢言,乃告病归乡里,私掩冢椁。捕求不韦,历岁不能得,愤恚感伤死。

郭林宗谕之曰:子胥虽云逃命,而见用强吴。凭阖庐之威,因轻悍之众,雪怨旧郢,曾不终朝,而但鞭墓戮尸,以舒其愤,竟无手刃后主之报。岂如苏子卓特子立,靡因靡资。强仇豪族,位据九卿,城阙天阻,宫府幽绝,埃尘所不能过,雾露所不能沾。不韦毁身憔虑,出于百死,冒触严禁,陷族祸门。虽不获逞,为报已深。况复分骸断首,以毒生者,使暠怀忿结,不得其命。力唯匹夫,功隆千乘,比之于员,不亦优乎!

报父仇(二)

酒泉庞淯母者,赵氏女也,字娥。父为同县人所杀,而娥兄弟三人,时俱物故。仇乃喜而自贺,以为莫己报也。娥阴怀感愤,乃潜备刀兵,常帷车以候仇家,十余年不能得。后遇于都亭,刺杀之,因诣狱自首曰:父仇已报,请就刑戮。福禄长尹嘉义之,解印绶欲与俱亡。娥不肯去,曰怨塞身死,吾之明分;结罪理狱,君之常理。何敢苟生以枉公法?旋遇赦得免,太常张奂以束帛礼之。

傅玄咏之曰:庞氏有烈妇,义声驰雍凉。父母家有重怨,仇人暴且强。虽有男兄弟,志弱不能当。烈女念此痛,丹心为寸伤。外若无意者,内潜思无方。白日入都市,怨家如平常。匿剑藏白刃,一奋寻身僵。身首为之异处,伏尸列肆旁。肉与土合成泥,洒血溅飞梁。猛气上干云霓,仇党失守为披攘。一市称烈义,观者收泪并慨忼。百男何当益,不如一女良。烈女直造县门云:父不幸遭祸殃,今仇身已分裂,虽死情益扬。杀人当伏法,义不苟活隳旧章。县令解印绶,令我伤心不忍听。刑部垂头塞耳,令我吏举不能成。烈著希代之绩,义立无穷之名。夫家同受其祚,子子孙孙咸享其荣。今我弦歌吟咏高风激扬壮发悲且清。

谦案:郭茂倩《乐府诗集》卷六十一,题此为"秦女休行",盖误,当作《庞烈妇行》。

识粤东驻防地界图

图自大北门至归德门止,直街以西,概为旗界。又自九眼井街至长泰里以东,复自长泰里以南,则属民居。旗界旧分八段,乾隆丙子,满汉合驻,遂分为十六段。图中黑线,即满洲汉军分界线也。粤人之视旗界,有如租界,故游者甚少。汉军街则犹有行者,满洲街则竟有居省会数十年,而未尝一行者矣。何也?不敢也。不敢何也?无益也。以故满洲街之内容知者绝少。今奉明谕,化除满汉,行满洲街者当不至如前之有所畏忌乎?特刊斯图,以介绍之。此外尚有群房一百四十余号,在大北门外双井街、西门外十二甫、桃源里、宜民市、兴隆社等处。又有菜地十余幅,在大北门外、西门外,及大石街、小北门外火药局前等处。又有鱼塘七八口,亦在大石街及火药局前。又有蕹菜濠口,在西门外,及大北门外。又有燕塘炮营界外余地一顷六十余亩,大东门外蟠桃岭茔地八十余亩,均旗地出租于民人者。八月二十日上谕所谓原有庄田马厂,即此类也。谦识。

论安插内地驻防

徒曰驻防,有在东三省者,有在外蒙古、喀尔喀、科布多、新疆者,有在直隶之承德府、张家口,山西之绥远城,甘肃之宁夏、西宁者。凡此皆以镇压内外蒙古,及防御朝鲜、俄罗斯者也。此论之范围,仅就驻防汉人地方之西安、江宁、荆州、成都、杭州、福州、广州、青州等处而言,以此举谓为消融满汉也。

八月二十日之谕一下,各报所言,有谓旗人异常惊慌,有谓旗人全家痛哭,有谓旗人彷徨无措,奔走骇汗,联名禀请代奏,以冀收回成命。不知旗人中果有此情形否乎?抑旗人中果有不达时务之徒,以德旗人之举,为祸旗人乎?抑旗人中有明知此举有益于旗人,而故为是惊恐,以掩汉人耳目,而明此本非旗人所愿乎?抑旗人明知此举有益于旗人,而故为是惊恐,以留特别要求地步,而为得陇望蜀之计乎?抑报纸之故为是影响之言,以耸动观听乎?数者必居一于此矣。以吾粤论,谓旗人果欢迎此举,则李袭侯有特电至京,言驻防兵丁,骤闻停粮,易致惊惶等语。(见上海《神州报》)谓旗人果反对此举,则旗人又有请将省河新筑堤岸,拨作旗人生计之议。(见本省《羊城报》)夫将来之事,未可逆料,而八月二十之谕,既以颁行,则此事必有一定之结果,其无收回成命之理,可断然也。今欲以一言正告政府曰:此议为消融满汉起见也,此所谓裁撤驻防也,其慎毋使天下之人,谓此举为非消融满汉,非裁撤驻防,不过为旗人宽筹生计而已。则庶几得此举之善果。

夫此举之发起者谁乎?则端方、松寿等也。其议之数月迄未举行,至八月二十而忽下此谕,主之者又谁乎?说者谓取决于张之洞入京以后,则主之者张之洞也。张之洞之毅然为此,其果先有成见,抑能逆定他日之能否办到，抑以此取悦于旗人乎？夫所谓裁撤口粮者，未事也，计口授地者，必行之事也。各省之办法，吾不得而知。而据现在粤防之请拨堤岸，则未知伤粤人感情否也？夫诚无伤粤人之感情，岂不大善。然堤岸乃粤人共知为大利之所在之地，一旦以官力取之，其恶感将何如？夫今日之为此者，以消融满汉耳。旗人而果据有堤岸，则粤人亦将目之曰此旗界也，不可入，入之无益，如是则是增一旗界，满汉之见，必从此而愈深。是故今日之计口授地云者，当与汉人地亩犬牙相错，不得另处一隅也。不得已而计及堤岸，亦当有一定之限制，十家或二十家内，只许有旗户若干，以是为率，然后旗汉可不分而彼此可以相安于无事。

虽然，此亦惟汉军为然耳。若满洲兵丁，散处民间，其龃龉必有更甚者。以满人平日之傲然自大，卑视一切，时时挟一战胜汉族之余焰也，又乌得以洽于吾民哉。是欲消融之而益使之冰炭也，地方官将不胜其多事矣。虽曰词讼概为地方官管理乎，然以满人不惯受汉官管束故，又孰敢撄其锋也。故今日安插内地驻防，当分满洲、汉军办理，汉军可以安插省城附近，满洲则当尽撤回京，另行安插也。

夫汉军者，汉人耳。不独国朝有之，元世亦有之。不独元世有之，若辽若金皆有之。乾隆七年，曾遣令汉军出旗矣，上谕有曰："朕思汉军起初本系汉人，有从龙入关者，有定鼎后投城入旗者，亦有缘罪入旗，舆夫三藩户下归入者，内务府王公包衣拨出者，以及招募之炮手，过继之异姓，并随母（谓母为满人所房者）因亲等类，先后归旗，情节不一。其中惟从龙人员子孙，皆系旧有功勋，历世既久，毋庸另议更张。其余各项人等，或有庐墓产业在本籍，或有族党姻属在他省。朕意欲稍为变通，以广其谋生之路。如有愿改为原籍者，准其与该处民人一例编入保甲。有不愿改入原籍，而外省可以居住者，不拘道里远近，准其前往入籍居住。其有原籍并无倚赖，外省亦难寄居，不愿出旗，仍旧当差者，听之。"是名则令汉军出旗也，其实欲裁撤汉军久矣！

然此只论京旗，未尝办及驻防也。至乾隆十九年，复降谕旨，令各省驻防汉军，亦照此办理。著总督喀尔吉善，会同福州将军新柱，将该处汉军人等，照京城汉军之例，各听其散处经营。所出之缺，即将京城满洲兵派往顶补。以为如是，则京城满洲，得以稍为疏通云。是故粤省之有驻防，自康熙二十年始。其初奉派来粤之三千名，皆汉军也。至乾隆七年，有准令京城汉军出旗之例出，又至十九年，而有准令各省驻防汉军一体出旗之例出。至乾隆二十一年，遂竟裁汰汉军之半，另派京旗满洲兵一千五百名挈眷来粤，顶补汉军缺额焉。斯时为广州将军者李侍尧，其办理之棘手，今汉军中犹存一大纪念也。是裁汰汉军，不自今日始也。由乾隆十九年之事，则仅准令汉军出旗，由二十一年之事，则直勒令汉军出旗。昔所以有"飞鸟尽，良弓藏，走兽尽，猎狗烹"之谚也。夫汉军既处此必有裁汰之一日，及今为之，犹机会之美者。

夫汉军之出旗而入粤籍，犹粤人之寄籍别省者耳，不足奇也。四川全省，经明季之乱，民族存者无几，今四川之民，何莫非各省之寄籍者？广州自昔为瑶黎之地，今广州之人，亦皆中原旧族也，商于粤宦于粤而家于粤者夥矣。而况今日之计口授地者，有官为之经理也。从前汉军之以出旗而致富者又夥矣，区区满洲兵所馋余之鸡肋，又乌足惜也？汉军而果散处于省城乎，汉人与汉人居，其感情当加厚也。此汉军可以安插于省城附近之说也。（下缺）

圣裔不鬻道

孔僖字仲和，鲁国鲁人也。汉章帝元和二年春，东巡狩，还过鲁，幸阙里，以太牢祠孔子及七十二弟子。作六代之乐，大会孔氏男子二十以上者六十三人。命儒者讲论，僖因自陈谢。帝曰："今日之会，宁于卿宗有光荣乎？"对曰："臣闻明王圣主，莫不尊师贵道。今陛下亲屈万乘，辱临敝里，此乃崇礼先师，增辉圣德。至于光荣，非所敢承。"帝大笑曰:"非圣者子孙,焉有斯言乎?"遂拜僖郎中,赐褒成侯。

　　帝主之尊孔,帝王之术也。秦皇以焚书坑儒,招天下之谤。汉高之溺儒冠,比秦皇加厉也,而一得天下,即以太牢祠孔子,此狙公之智也。狙公养狙,将限狙之食。恐众狙之不驯于己也,乃先诳之曰:"与若芋(若你,芋薯也)朝三而暮四。"众狙皆怒。狙公曰:"然则朝四而暮三。"众狙皆喜。夫名实未亏,而狙之喜怒顿易者,狙易欺也。帝王既有取天下之术,其智曾不及狙公也? 自汉以来,此等政策,已陈皮矣,而狙喜如故,甚矣狙之驯也。孔僖乃道破之,曰"明王圣主,莫不尊师贵道",个个然也。"今陛下亲屈万乘,辱临敝里,此乃崇礼先师,增辉圣德",(圣指章帝)撑你面也。"至于尊荣,非所敢承",勿拘也。孔僖能御侮矣。庄子言,田成子杀齐君,盗齐国,并与其圣智之法而盗之。岂独田成子哉!

老父识民权

　　汉阴老父者,不知何许人也。汉桓帝延熹中,幸竟陵,过云梦,临沔水,百姓莫不观者,有老父独耕不辍。尚书郎南阳张温异之,使问曰:"人皆来观,老父独不辍,何耶?"老父笑而不对。温下道百步,自与言。老父曰:"我野人耳,不达斯语。请问天下乱而立天子耶,理而立天子耶? 立天子以父天下耶,役天下以奉天子耶? 昔圣王宰世,茅茨采橼,而万人以宁。今子之君,劳人自纵,逸游无忌,吾为子羞之,子何忍欲人观之乎?"温大惭,问其姓名,不告而去。

　　我亦野人耳,未尝见天子。幼时闻诸儿童言,曰皇帝系人皇,天子系金口,吾已疑之矣。曰武状元要同皇帝倒尿壶,吾益疑之。疑天子果有如是之尊荣,而奴畜天下也。及长,读西方《民约书》,始知伯理玺天德乃国民之公仆,系以天下役天子,不以天子役天下也。始信诸儿童言之谬。因忆吾中国书如范蔚宗之能排贵势,重人权,其言或有可观也。其《逸民传》果有汉阴老父其人焉。以兹伟论,求之今日,盖无人不能道,求之汉以后,犹空谷足音也。岂世人之醉饱于专制乎哉,毋亦作史者之过也欤?

原　顶

帽之有顶,非古也,胡俗耳。今人称帽曰一顶,称做官者曰戴顶,皆非古。帽之有顶,自元人始,辽时亦有之,中国无是也。中国古官秩,无有几品顶戴者,盖今制也。夫编发垂辫,人多知为今制,而顶子则忽诸,何也?《辍耕录》云:大德间元成宗年号。有回回巨商,卖红剌石一块于官,重一两三钱,直中统钞十四万锭,用嵌帽顶上。累朝皇帝正旦及天寿节大朝贺则服用之。此帽顶之仅见于书传者也。又言河南王卜怜吉歹尝郊行,天暖欲易凉帽,左右捧笠侍,风吹堕石上,跌碎御赐玉顶,王不嗔责。所谓玉顶,犹今之晶顶、白石顶耳。凡此皆元人始有帽顶之据也。《元史》又言仁宗为皇太子时,淮东宣慰使撒都(蒙古人名)。献七宝帽顶,却之。是帽顶者,元人之所重也。此次毕部奏定学生冠服程式,其讲堂服节(操场服节同)。有有顶草帽,未知其制度若何。然云帽上安顶,以别于外国装饰,兼以异于工匠、水手、杂役云,则不知中国帽制本无帽顶也。其礼服节亦云,有顶戴者,大帽用其应带之顶,无顶戴者准带顶座。夫无顶戴者,直不需戴顶可也,何贵乎顶座?是可见帽顶者,亦国朝之所重,与元世同也。元之前有以顶数称帽者乎?厥惟辽。《辽史·重元传》,典宗赐重元四顶帽二色袍,则辽时之帽亦已有顶。然不论其为元为辽,总非中国之旧制,可断然也。

是一纪念,不可以不记。

说铜壶滴漏

中国人最富于爱国心者也。唯其富于爱国心,故凡物之出自中国,虽极拙钝,必极口称诩,以为外国莫及焉。推是心,固宁戴秦政、杨广以为君,而不愿威廉、华盛顿之操吾政柄也。可敬哉中国人之爱国心也。独惜中国人徒有爱国之心,而无历史之观念。唯无历史之观念,故虽德之威廉、美之华盛顿,入中国既久,中国人必圣帝而明王之矣。广州拱北楼之铜壶滴漏,其一也。

钟表之轻便,夫人而知其胜于铜壶滴漏也。而粤人以铜壶滴漏为中国之物,钟表则来自外洋也,犹恒自称诩,以为钟表不及铜壶滴漏焉。或有激之者曰:裤头而佩铜壶滴漏,必以窝泽缆为裤带而后可也。粤人犹将貌然应之曰:然。呜呼!中国人其真爱国哉,其所以重铜壶滴漏者,以为是孔明之遗制也。中国无制造家,二千年来,有一孔明。《三国演义》曾表彰其木牛流马,故中国人奉之如神明。有以外国技巧告之者,则必稽孔明以为抵制之具。此犹野人言氏族,而远引古先哲以为光宠也。子贡曰:"纣之不善,不如是之甚。君子恶居下流,天下之恶皆归焉。"吾亦曰:孔明之善,不如是之甚。君子幸居上流,天下之善皆归焉。

夫今拱北楼之铜壶滴漏,果孔明所制乎,抑外国之物乎?粤人当尝考究之也。壶漏为中国所素有,周官已有挈壶氏焉,其制古矣。然拱北楼之壶漏,乃蒙古人所制,非孔明之物,亦非中国之物也。漏有四壶,其第一壶,四周皆有款识,字体虽糊模,细认之犹知为当时官斯土者之衔名,而都元帅马速忽等所捐办于元延祐三年者也。至是而粤人索然矣,至是而粤人果圣帝明王于威廉、华盛顿矣。故曰中国人徒有爱国之心,而无历史之观念也。

《元史·顺帝纪》(卷四十三末)言帝自制宫漏,高六七尺,广半之,造木马匮,藏壶其中,运水上下,匮腰立玉女,捧时刻筹,时至辄浮水而上,左右列二金甲神,一悬钟,一悬钲,夜则神人自能按更而击,无分毫差。当钟钲之鸣,狮凤在侧者皆翔舞,匮之东西,有飞仙六人,遇子午时,自能耦进度仙桥,已而复退立如前云。(所谓玉女金甲神飞仙者,皆史臣就汉文译之,彼蒙古人未必如中云云也)是蒙古人之善制宫漏,不独拱北楼一具也。曰神人自能按更而击,曰击时狮凤皆翔舞,曰飞仙自能耦进度仙桥,其灵动机巧,与今之钟表相去几何,不过有大小之异耳。粤人好言老番笨,吾谓唯其笨,所以能据中国而有之也。爱国者尚祈于历史加之意哉!

论利导国民

以五百万之民族,驭四万万之民族,以三省之国土,统十八省之国土,历二百余年,而不至有颠覆之患者,虽其所驭之众之愚之易于压服乎,其殆深知国民之向背而善引导之也。是故国人穷于贼,则为之讨而远之;国人忠于君,则为之礼而葬之;国人笃于故国而不肯降我也,则开国史馆以招徕之;国人炫于学而以自高也,则开鸿博之科以罗之;国人有勇武而无以自安也,则立勇健军以绥之。其揣摩之也熟,其侦探之也确,其垂饵也甘,其开之途也广。如此则天下恶得而不我从,然后因时为宜,或十年而一变,或百年而一变,国祚遂长保于久安。

自革命之说,蔓延海内,而学生商人之受其鼓吹,崇其言议者,皆有仇视政府之心,一倡百和,举国如狂,于是有轰炸大臣、刺杀巡抚之事。风潮不可压,则避之;避之不可,则转移之、利用之,而联合满汉以排外之说出矣。以为明之亡,亡于不知排外,而只知排内,今日时势正同也。则移排满者以排外。外人知其然也,故有"支那人排满之感情,与排外之感情,大有分别,其政府必尽力导排满之感情,变为排外之感情,此最宜防者"之论。夫明之只知排内而不知排外,其政见诚愚,而今日时势,与昔日时势固殊;昔所谓外者仅一国,今所谓外者不独一国,昔所谓内者李自成,今所谓内者满洲也。彼革命党则以满洲为外,东京满洲留学生组织之《大同报》则以满洲为内。故此排外不排满问题,学者所当研究也。此其一。

传曰:善则归君,过则归己。言忠爱者所当尔也。君主有无上之尊荣,神圣不可侵犯,宜有人受其责任也。受之任者何?官也。市人曰:一日都系官唔好,专欺骗大皇帝。斯言也,吾熟闻之,不独于市人闻之,于报纸亦习闻之。曰中国官场腐败也,中国官场腐败也,骂之嘲之,以为得意。夫中国官场之腐败,谁致之,谁使之?日日谓做官者铲地皮,铲地皮者岂官也欤哉,摊派赔款如是其累累也,解京饷项如是其琐琐也。斧头打钉钉打铁,有为之钉,必有为之斧者也。乃至上至谕旨,下至俚语,无不责成于无权无勇之官,官亦人哉,乌得负此重任也。官不能负此重任,则人将归罪于政府。归罪政府,则革命之说,愈得而伸。故今日之官,宁受国人之重谤,而不敢稍卸其罪于政府,如是则政府安。此怨官不怨政府问题,学者又当研究者也。此其二。

有不罪官场而罪政府者矣。其罪政府者,不独汉人,即满人之留学外国,近主张所谓调和满汉者,亦口口归罪政府,言当改此君主专制政体为君主立宪政体也。满人不独主张立宪,且主张革命。有政治的革命,有种族的革命,所主张者种族的革命乎?政治的革命焉矣。以为今日中国政治之恶劣,由于沿前明之旧,非国朝有创之也。斯诚然,斯非前明然,秦汉以来皆然。中国人不欲享人生之幸福则已,欲享人生之幸福,则中国之政治,不可不革命。既为政治的革命,则种族的革命,可以消减于无有,而政府亦安。乃有持政府万无可改革政治之理,所谓立宪者伪而已。吾无以知其然,则此政治革命与种族革命之问题,学者又当研究也。此其三。

外人之诮我中国也,曰中国人性如散沙,无团聚力。日人之诮中国者,亦曰支那人好动而无团体,始虽要结同盟,终必散涣。此可谓洞中我国人之隐情矣。以是原因,故人得以离间我、侮弄我。又兼以各省方言不一,一省有一省之语言,一府有一府之语言,一邑一堡亦各有一邑一堡之语言。即以吾粤论,有广府人焉,有下府人焉。广府中又有所谓南三人,东莞人、新宁人焉。推其所以各立名目,如是其异视者,皆此不齐一语言阶之厉也。语言既殊,感情自薄。故省界一事,足以亡国而有余。吾读雍正七年十月上谕,有江浙人议山陕为粗鲁,山陕人亦诮江浙为懦弱等语,吾毛为之悚,而汗为之下也。以为此伤我江浙山陕人之感情实甚也。是故某部用一粤人,而粤东会馆之谣起,某部用一某人,而某某饭碗之谣亦起。有如蟋蟀,一引草而扑鲧不已也,所以倾轧之者易易也。然不如是则不利于政府。此各省自相排击问题,又学者所当研究者也。此其四。

呜呼,一国之大,兆民之众,苟非具大魄力,大经济,又乌得将此万里山河,玩诸掌上乎?夫固必有所挟持者矣,彼徒曰政府愚耳,政府愚耳,是乌知政府者。

十月十日之纪念

十月十日为今皇太后万寿日。诸生有问历史中十月十日之纪念者,适得二事,可观感焉。一为唐文宗庆成节,一为宋徽宗天宁节,盖二宗均以十月十日生,而臣下即以此为佳节也。

一、庆成节

《实录》:唐文宗以十月十日生长庆宫。太和七年,中书门下奏云:陛下驭三统之元,膺千年之运,当诞圣之日,为河清之祥。夫四时成岁,百谷成实,必在首冬,用成神化,请以十月十日为庆成节。是日于宫中奉迎太皇太后与昆弟诸王,盛陈宴乐,群臣诣延英门奉觞上千岁万寿,州府置宴一日云。此庆成节之所由来也。文宗于唐为中主,今历史中有所谓牛李党者,即文宗朝之故事也。文宗时蕃将悉怛谋以维州来降,李德裕遣兵据其城,牛僧孺谓御戎以信,宜还其城,于是两人遂互相构怨。文宗尝叹曰:"去河北贼易,去朝中党难。"谓此也。时不独朝中有党,彼宦官之横肆亦甚,今历史中有仇士良其人者,即文宗时最有势力之宦者也。李训、郑注等谋诛宦者,会称左金吾厅后石榴夜有甘露,文宗命诸宦官往视,训、注等因伏兵纵击,谋泄,反被杀千六百余人,诸部官吏舒元舆等,坐斩者千余人。文宗乃语周墀曰:"昔周赧、汉献受制强臣,朕受制家奴。方之赧、献,殆不如也。"语间,为之泣下。其后文宗疾甚,仇士良等果废太子而立文宗之弟,是为唐武宗。夫牛僧孺所谓御戎以信者,与今勒借路款之所谓外交尤当以信者,相去几何?

二、天宁节

《异闻录》:宋徽宗十月十日生,宰臣章惇等表曰:"《诗》纪生民,《易》称出震,时惟阳月,瑞集枢星。肇开震夙之祥,永御光华之旦。离明继照,敷同四海之欢;天德出宁,以祝万年之寿。请以十月十日为天宁节。"此天宁节之所由来也。徽宗即历史中所谓道君皇帝者也。历史中有元祐党人碑,即徽宗朝所立者也。徽宗初年,向太后摄政,已诏复元祐(哲宗年号)所贬官秩,章惇等悉罢。及向太后崩,蔡京等用事,乃复贬司马光等秩,籍其党百二十人,立奸党碑于端礼门。石工有名安民者,曰:"民愚不知立碑之意。司马相公,海内称其正直,今谓之奸邪,民不忍刻也。乞免镌安民二字于石末。"即此事也。施耐庵为《水浒传》,叙宋江等百有八人,横行天下。所谓百有八人,不知果尽有其人否。然史称宋江等三十六人寇东京,朝廷莫之能制,亦徽宗时事也。今历史上有大标识,曰合金攻辽者,亦徽宗时事。金既灭辽,金主约以燕蓟六州与宋,宋许金岁币百万,生民不堪,而徽宗父子不久又被虏矣,事别有《徽钦陷虏记》详之。吾人读此等历史,其感情将何如?或谓道君皇帝之号,与老佛爷者同,则谬也。

案:《癸辛杂识》云:徽宗本五月五日生,以俗忌故,改作十月十日云。谦附识。

说　　剧

近串剧本,稍参以时事者,无不夺目。若戒烟新剧,则士夫方亲身登场,为之演习。吾知此舞台不久为这班人扫却也。演戏扮近事,昔亦有之。王阮亭《香祖笔记》言严东楼优人金凤,于严氏败后,即傅粉涂墨,扮东楼出,今《鸣凤记传奇》是也。夫金凤扮东楼于严氏败后,犹以为莫奈之何。余澹心《板桥杂志》云:马湘兰负盛名,与王伯谷为文字饮。郑应尼落第来游,湘颇不礼,应尼乃作《白练裙》杂剧,极其嘲谑,召湘兰观之。则并演其人,而即使其人观之,较文士之以文字攻讦人者,其刻酷更甚。《明史》又言魏忠贤党石三畏赴戚畹宴,既醉,误令优人演《刘瑾酗酒》一剧,忠贤闻之大怒,遂削籍归云。此则谚所谓"崩口人忌崩口碗"者,然亦可见当时演戏之多扮近事也。抑有可笑者,赵瓯《北檐曝杂记》云:蒋心余编修为余言:李太虚者,南昌人,吴梅村座师,崇祯时为列卿,国变不死。国朝定鼎后,乃脱归。有举人徐巨源者,其年家子,尝非笑之。一日,视太虚疾,太虚自言病将不起。巨源曰：公寿正长，必不死。诘之，则曰甲申、乙酉不死，则更无死期，以是知公之寿未艾也。太虚怒甚，然无如何。巨源又撰一剧，演太虚及龚芝麓，闻满洲兵入，急逃而南。至杭州，为追兵所蹑，匿于岳坟铁铸秦桧夫人胯下。值夫人方月事，追兵过而出，两人头皆血污。此剧已演于民间，稍稍闻于太虚。适芝麓以上苑监谪官广东，过南昌，亦闻此事，乃与太虚密召优人，夜半演而观之。至两人出胯下时，血淋漓满头，不觉相顾大哭，谓名节扫地至此，夫复何言。然为孺子辱至此，必杀以泄愤。乃使人要巨源于逆旅刺杀之云。此则可令天下之至无耻者睹之亦耻也，恨不令洪承畴辈遍观之。而烟人之于烟戏将何如？夫文字也，演说也，尚可以移易风俗，而况于剧？愿诸演新剧之君子勉之。盖剧之与著论者、演说者，其效果将不啻如孖龄艇之与轮舟也。

徐闳中女

徐氏，和州人，闳中女也。适同郡张弼。建炎三年，金人犯维扬，官军望风奔溃，多肆掳掠。执徐，欲犯之。徐瞋目大骂曰："朝廷蓄汝辈以备缓急，今敌犯行在，既不能赴难，又乘时为盗，我恨一女子，不能引剑断汝头，以快众愤。肯为汝辱以苟活耶，第速杀我。"贼惭恚，以刃刺杀之，投江中而去。（《宋史》卷四百六十《列女传》）

吾闻之：中国之兵，排外则不足，而自戕其民则有余。痛哉斯言！徐氏，女子耳，犹知此义。迩者防城之乱，民畏兵不畏匪。谓匪义耶，则政府胡为剿之，谓匪不义，则民又胡以畏兵不畏匪。意者匪之举动有以胜于兵耶，民将欢迎之矣。抑专制国之兵，其结果必至于是耶？是兵之不义，即兵之义也。吾无以谓之。

刘同子妻

刘同子妻林氏,福州福清人,其父公遇,知名士。宋既灭,同子为福建招抚使,起义兵,事见《林同传》。(案:当作《林空斋传》,在《宋史·忠义传》中)同子亡命自经死,有司执其妻,具反状。林叱曰:"林刘二族,世为宋臣,欲以忠义报国。事不成,天也,何为反乎?汝知去岁有以血书壁而死者乎,是吾兄也(即空斋)。吾与兄忠义之心则一也,死且求治汝于地下,可生为汝等凌辱耶!"遂遇害。(同前)

世俗谓实行革命者为作反。所谓反,与《论语》公山弗扰以费畔,佛肸以中牟畔,之畔同。与《孟子》燕人畔之畔亦同。吾独怪革命果为叛逆,何孔子系《易》,乃称汤武为顺也。如孔子言,既谓之逆,则不得谓之革命;既谓之革命,则不得谓之逆。奈何今日又有革命逆匪其名也?林氏之辨忠义,韪矣。盖宋人之叛元,谓之复可,谓之反乌可?

党　　党

史弼为平原相时,诏书下举钩党。郡国所奏,相连及者多至数百,唯弼独无所上。诏书前后切责州郡,髡笞掾史,从事坐传责曰:"诏书疾恶党人。旨意恳恻。青州六郡,其五有党。近国甘陵,亦考南北部。平原何理而得独无?"弼曰:"先王疆理天下,画界分境,水土异齐,风俗不同。他郡自有，平原自无，胡可相比。若承望诏书，诬陷良善，淫刑滥罚，以逞非理，则平原之人，户可为党。相有死而已，所不能也。"从事大怒，即收郡僚职送狱，遂举奏弼。会党禁中解，弼乃得免，济活者千余人。(《后汉书》卷九十四)

　　承望诏书，诬陷良善，执政者之常情也。诏书既疾恶党人，切责州郡矣；青州五郡，近国甘陵亦相率兴大狱矣；平原何独不仰承诏书，捕逮一二以塞责也？史弼可谓不近人情哉！观其言，平原未必无党也。有党而史弼党之也。乃卒以党党故而身入狱，史弼可谓愚矣。果愚乎哉？今京外大僚自奉九月十三日诏后，有不保则咎在蔽贤，保非其人，则咎在滥保之说。竟有某尚书谓现在人才不能不于留学界中物色，而留学生久居外国，难保无革命排满之说，灌注脑中。倘一旦发觉，则举者之身家性命且不能保，言念及此，不如不举。然诏中又有至少须保一人等语，则此一人煞费踌躇云。是则不可谓愚哉，其与史弼党党事抑何相反也。语之曰：性命耳，身家耳。古之达者，而今安在？不过荒垄中一髑髅耳。

入　　狱

　　弼为政，特挫抑强豪，其小民有罪，多所容贷。迁河东太守，被一切诏书，当举孝廉。弼知多权贵请托，乃豫敕断绝书属。中常侍侯览果遣诸生赍书请之，积日不得通。生乃说以他事谒弼，而因达览书。弼乃大怒曰："太守忝荷重任，当选士报国。尔何人，而伪诈无状。"命左右引出，楚捶数百。府丞掾史十余人皆谏于廷，弼不对，即日考杀之。侯览大怒，遂诈作飞章下司隶，诬弼诽谤。槛车征吏，人莫敢近者。唯前孝廉裴瑜，送到崤渑之间，大言于道旁曰："明府摧折虐臣，选德报国,如其获罪,足以垂名竹帛,愿不忧不惧。"弼曰:"谁谓荼苦,其甘如荠。昔人刎颈,九死不恨。"及下廷尉诏狱,平原吏人奔走诣阙讼之。又前孝廉魏劭毁变形服,诈为家僮,瞻护于弼。弼遂受诬,论输左校。(同前)

有一大保案出,则必有一番大钻营,亦常事也。史弼独持正不阿,诚不近人情哉,其受诬宜矣。裴孝廉何亦党党若是,遂使千载下言性善者,得以后汉风俗为借口也。吾最无良者,闻裴史言,亦不能无所动。呜呼!谁谓荼苦,其甘如荠,昔人刎颈,九死不恨。如其获罪,足以无愧,愿不忧不惧。伟哉!余虽无良,闻斯言不能不有所动也。杭辛斋今又以拒款入狱矣。史之入狱为第二次,杭之入狱亦第二次。年来国人之以国事入狱者屡起,革命者无论,如拒约,如拒款,近且相继入狱。吾国不亡哉!往车虽折,来轸方遒,愿不忧不惧。

读金正希先生集

"作死金声",亦吾国人普通社会所尝闻之语耶。金声何人?八比巨子也,明末八比巨子也。人第知金声能作八比,故八比时代有"作死金声"之谚。吾亦习闻斯言,故亦以无所谓之八比先生视金声。夫金声果醉生梦死于八比者哉?金声不幸能作八比,故人称金声之八比;金声又幸而能作八比,故人得以八比识金声。不然,以吾国人之薄于历史观念,又乌知有金声其人哉!金声盖明季忠义之士,而宏达君子也。岂犹沟犹瞽儒之猥琐龌龊,而偭然无耻者哉!先生死事,散见于诸家记载。(如魏叔子,汪纯翁,邵子湘、储同人诸家)今不具述,述其起义时复周奠□书有云:"不孝弟自去岁已不复欲生,不谓时事又至今日。高皇帝养士三百年,不获食一士之报。而南浙尤肇基之地,岂真望风瓦解乎？今不孝且力疾强起，与郡县守土及阖郡绅衿人民，悬高皇帝画像，申明大义，共以死守，无不感奋。所望台台同志，明告贵乡诸当事及士大夫，念国恩之深厚，存大义于天壤，不至沦陷一天下尽为□□，使人类尚得传种。此亦诸君子千万劫一时也。"悲夫！一何言之沉痛若此。固知非猥琐龌龊，儃然无耻者之所能托也。盖先生湛于佛，于死生末节，淡然无动，故能有为。尝与长兄书云："我家为王事勤劳，死者死得其所，即流离散亡，亦流离散亡得其所。弟日内静观之，殊无大凄惨。"(《史外》六《居士传》五十二先生传中，皆备引此语，而《明史》本传无之)是可见先生平日学道之得力处也。近海内言种族者，亦提倡佛学，以为优胜劣败之见，既深中于人心，非不顾利害，蹈死如饴者，必不能以奋起。就起，亦不能持久。故治气定心之术，当素养也。先生可谓真能排除生死，独行自在者矣。吾于他书见先生所为断五欲说，(一色，二食，三睡，四财，五名)其末云："五欲既净，皎如明月，唯生死关，最难开破。要之死生，亦系妄见。能彻自心，净前五欲，死生关头，亦当一例。是故智者直养此心一切不受身分遮障。现今生时，因缘会合，虚妄名生，我心无生，缘起非有。异日死时，因缘别离，虚妄名死，我心无死，缘灭非无。故智者无生可贪，无死可怖。此心光明，总不颠错。可生则生，可死则死。缘尽强留，作意自尽，皆属妄见，非真如法"云。观此，则先生之勇猛无畏，不自就义时始矣。抑先生不独湛于佛，其于他宗教，亦未尝有所忤。明季天主教之入中国，徐光启辈虽甚服膺其说，而士夫之以为异端左道，嚣然排击之者，不少绝也。先生深有信乎其说之与吾中土大道不相背谬，故于《城南叶氏四续谱序》中曾一发之，曰："作谱之意，诸家言之尽矣。而余适与泰西宿儒论学，颇相感触其言。万物最初一大父母，今四海之内，皆为兄弟。回念而爱其大父母，遂相推心以及此兄弟而相爱焉，则何为戛戛于一姓之家谱是珍乎。"是先生开风气于三百年前，使昔日士夫尽如先生，乌有闹教之事乎哉？及今一孔之儒，犹有争慕虚名，以异端相非毁，而不自知其国之不国者，以视先生之伟识何如也。先生岂真八比徒哉，先生之恶八比实甚。尝曰："人之生有能文不能文。能不能，亦各若其天也。使之或喜或怒，或狂或痴，奔命方命，得利得害，以醉梦于帖括中，而身无宁岁，岁无虚日，谁实作之祟耶。悲夫！才人不作，乱何至此。"（见集中《房书序》）此先生以当日能作八比者之自命为才人而深鄙之也。吾不知彼猥琐龌龊偭然无耻者之何以自托于先生以张其军也。

案：先生集，《四库》不著录。近人李宗煝始重刻之，题为"金忠节公集"，不合。先生于明谥文毅，当从明谥，题为《金文毅公集》。并志。

蒙古女节（一）

也先忽都，蒙古钦察氏，大宁路达鲁花赤铁木儿不花之妻。以夫恩封云中郡君。夫坐事免官，居大宁。至正十八年，红巾贼至，也先忽都走尼寺中，为贼所得。令与众妇缝衣，拒不肯为。贼吓以刃，也先忽都骂曰："我达鲁花赤妻也，汝曹贼也，我不能为针工以从贼。"贼怒，杀之。（《元史》卷二百一）

达鲁花赤者，元世掌印官，皆蒙古人为之，汉人不得与者也。红巾贼者，元世革命党徐寿辉也。令与众妇缝衣者，令与诸兵士之妇缝衣也。徐寿辉，汉人也，为宋复仇，故待蒙古氏以此。乌知汉既亡于蒙古，蒙古人之视汉人，奴耳。奴反主，故也先忽都以为贼，义不受家奴辱也。也先忽都不愧一蒙古大国民哉！尚之信之通吴三桂也，既赐死于府学名宦祠，上谕曰："尚之信虽经犯法，其妻子不可受卑贱小人凌辱，可著人护送来京。"所谓卑贱小人，藩下军士也。藩下军士皆汉军，而之信之妻，满女也。是则乌可受汉人凌辱哉？其意与蒙古女之不受汉人凌辱同，故并及之。

蒙古女节（二）

观音奴妻卜颜的斤，蒙古氏。宗王黑闻之女。大都被兵，卜颜的斤谓其夫曰："我乃国族，且年少，必不容于人，岂惜一死以辱家国乎！"遂自缢而死。（同前）

所谓国族，蒙古氏也。不容于人，不容于汉人也。卜颜的斤不过一女子耳，而知所谓辱及家国，抑何元世教育之普及耶！《扬州十日记》言："北兵至，尽虏诸妇女。有一中年制衣妇，本府人，浓抹丽妆，鲜衣华饰，指挥言笑，欣然有得色。每遇好物，即向卒乞取，曲尽媚态。卒尝谓人曰：我辈征高丽，掳妇女数万人，无一失节者。何堂堂中国，无耻至此。"呜呼！以视卜颜的斤，相去远哉！近者杭州驻防有满洲惠兴女士，慨种族之危亡，思创办八旗女学，曰："他们且赶办女学，咱们未之闻焉，可耻也。"后卒以志不成而死，满人义之，为之开追悼会。噫！是亦女子之知有家国者哉，可以风已。

书水浒传

《水浒传》，元世之革命党杂志也。士君子当国家大势既去，一人不能有所建白，则望诸多人，一时不能有所奋发，则俟诸异日，务求有达目的之一日焉耳，不必身亲为之，身亲见之也。施耐庵，宋季遗老也。痛故国之飘零，悲腥膻之逼人，揭竿起乎，则书生也。即非书生，而举国梦梦，一人奋起，无有为之后先奔走，疏附御侮焉，无济也。则必先有以醒斯民之酣梦，作斯民之模范，使一国之人，皆有是心有是人，而后可。是舍著书末由。然著书非易事也，过于急激，动辄得咎，徒生阻力，无补前途，一、全书告蒇，始出问世，日暮途远，无人能读，二、深文奥义，人多不解。三、凭空构造，人多不信，四、耐庵乃与同志十六人，(见本书叙)日以编辑《水浒传》为事。托于疏狂，则不虞得咎；浅文道俗，则无人不解；根据正史，则易于取信。(水浒事见《宋史·徽宗纪》、《侯蒙传》、《张叔夜传》，并散见于《挥麈后录》、《宣和遗事》、《癸辛杂识》诸书。陆次云《湖壖杂记》云：六和塔下，旧有鲁智深像。又江浒人掘地得石碣，题曰"武松之墓"云)创体章回，则每卷一出，人辄得观。(章回体实创于《水浒》，其办法盖如今旬报，故每卷末有且听下回分解等语)于是大江南北，上之士夫缙绅，下之贩夫走卒，无不各手一编，津津乐道。犹恐有并不识字之人，则又有秘密党人，江湖游士，随地演讲，如世尊说法，经师说经焉。(今海幢寺城隍庙之讲古者，其流风也)遂至普中国无不知有梁山泊也。愚者则以为讲古已，其根性稍敏者，则知所有事也。如是，则十人中得一二人焉，足以提携上舞台而有余也。全书既成，而张士诚、韩林儿、徐寿辉、陈友谅、陈理、明玉珍、明太祖诸英豪共起而掊击胡元矣。所谓文字收功日，全球革命潮者，非耶！明太祖诸人皆《水浒传》所制造来者也。伟哉施耐庵，其东方之德谟那欤？(法兰西人之鼓吹革命新闻记者)说者谓日本覆幕之举，姚江之学与有力，《水浒》亦与有力。西乡隆盛之徒，即武松、鲁智深第二也。是未必然，然日本人固甚崇拜《水浒传》。(曲亭马琴、高井兰山、和田笃太郎、野村银次郎，皆有编本)所以大清入关以后，即有禁《水浒》之条也。(乾隆十八年七月谕)呜呼！今人读《水浒》者，徒以《水浒》作等闲小说观耳，乌知作者有如是之苦心也耶？

后世能读《水浒》者，莫若金圣叹。而金圣叹之批评，亦不易读。盖其属词命意，有大相反者，不可于字句求也。圣叹谓施耐庵之作《水浒》，不同于史迁，史迁有感愤，而耐庵无感愤。此圣叹之反言也。圣叹言此，所以使水浒不招当世之忌，而读者得以《史记》衡《水浒》也。圣叹言童子十岁，即当与以《水浒》。奇哉斯言！盖圣叹为明遗老，其境遇与耐庵同；其欲使中国无一人不受《水浒》教育，亦与耐庵同。今读《水浒》一遍，而尚武之气，慷怆之概，尚悠然生也。独惜《水浒》多中州方言，与吾粤不甚吻合，而今传本，又无句豆，故粤人读《三国演义》者多，而读《水浒传》者少。其实《三国》不及《水浒》远甚，不过《三国》皆文言，而有句豆耳。《水浒》虽用方言，苟有句豆，则闽粤人不难读也。

抑有一事足为《水浒》病。全书七十回，其《王婆说风情》一回，比他回卷帙厚至一半。令少年子弟，见之心荡。斯何以故？则有妄人从他书增入故。盖某某既割取《水浒传》潘金莲一节以演《金瓶梅》，其有所加增润色，势也。而妄人即以《金瓶梅》所割取《水浒》者，还割取《金瓶梅》，以增益《水浒》。取原书一按，其增入痕尚略可辨识也。

抑又有一事亦国人所当知者。《水浒》既大有造于宋人光复之事，而明季阉党，即以《水浒》罗织清流。今所传《东林点将录》者，乃王绍徽、韩敬等所造。以《水浒》一百八人混号，加诸东林诸贤之上，谓东林党欲实行革命以倾覆国家也。其例有天魁星及时雨大学士叶向高，天罡星玉麒麟吏部尚书赵南星等词。光怪陆离，小人之害君子，何所不至。而东林诸贤，遂受祸殆遍矣。噫！

识东西得胜庙白云庵

东西得胜庙、白云庵，亡粤之一大纪念也。粤人，而忘两王入克而粤乎？忘之久矣。东西得胜庙者，两王入粤时前锋挐卡处也。白云庵者，两王入粤时前锋瞭望处也。两王既克粤，乃于此两处各建庵庙焉。庵庙皆有丰碑，高可一丈，阔逾三尺。攻粤诸将，自总兵许尔显、班志富、徐成功、连得成以下胥二百有二人，咸列名于碑之阴。其《白云庵碑》略云：顺治七年二月六日，王师抵五羊城下，余营于白云之东，靖藩营于白云之西，与敌相拒，凡九阅月。迨复月之二日，乃克此城。壬辰春，既于旧营之巅各建武庙，又于山之阴更建白云庵以祀大士云。所谓余者，平南王尚可喜自谓也。靖藩者靖南王耿继茂也。两王皆汉人，而明之世族。既佐大清以平定中原，而其子又叛大清以图光复，史所称逆藩者此也。粤人游白云者夥矣，于此等故事能言其大略欤？不能则询之父老，都不能则征诸金石。庵庙之壁既有碑文，而庵复有一大钟，为通判周宪章所制。周亦汉人也。钟有铭，其铭亦足资考证也。奈游白云庵者，熟视而无睹何！

种族之界说

中国学说，素严种族之辨。春秋以后，宋世尤盛。自外族迭主中国，而种族之辨遂为君臣之义所消灭。以为君臣之位一定，则无论是何种族，戴之则为顺，逆之则为叛也。雍正间刊《大义觉迷录》颁行天下，亦主张是说，故有谓明太祖为元之叛民者焉。二百年来，释然相忘久矣。迩者风潮澎湃，不知由何处吹入民族主义一名词来，而学者又多一番议论。此议论分二派：甲、有所谓排汉排满者。乙、有所谓调和满汉者。二说不同，而同为研究种族问题者也。自有此问题，而又生一种特别议论。此议论亦分二派：甲、因研究此问题，而于已结合之种族，亦欲析而别之。乙、因研究此问题，而于未结合之种族，亦欲混而同之。二说不同，而皆于实事上大相背谬，今为疏别如下：

为甲之说者曰：某某本匈奴之后，某某为契丹之裔，某某出于瑶苗，某某出于回纥，非汉族也，冒汉姓耳。呜呼！日日争国权，争领土，而乃日日割地焉,则惑也。夫言论必对于实事进行而无碍,然后可以墨守。若据单文只义,谓客家之非汉族,据《史》、《汉》旧文,谓金氏之非汉姓,(金日䃅本匈奴,赐姓金)则中国民族之似此者多矣,乌从而一一辨之耶?就能辨之,又将何如,徒伤国人之感情耳!吾恐为此言者,亦未识其果否出自汉族也。是亦可以已也。此之谓于已结合之种族而欲析而别之者也。

为乙之说者曰:《史记》称匈奴之先曰淳维,盖夏后氏之苗裔,以殷时北迁,逐水草,随畜移徙,故中国谓之匈奴。然则西北诸夷,皆吾同种也。是说也,务为谀词,谓他人父,而不知人并未尝认其为子也。是益不可以已也。此而言同种,则众生均同此大父母,四百万亿阿僧只世界六趣四生,(卵生、胎生、湿生、化生)无足、二足、四足、多足,如是等凡在众生数者,何莫非同种也?又何论于黄、白、黑、棕之俨然人类者乎?更何论蒙、回、卫、藏之同在一洲者乎?此之谓于未结合之种族而欲混而同之者也。

今欲辨种族之为已结合与未,则有四例:一语言文字,二姓氏,三国土,四所享之政治。此四者研究近日东方种族之要例也。(若血统、宗教、风俗、生活,亦昔日言种族者必稽之公例,然于今日东方种族之现象不合。盖东方社会未大进化,因土地辽远,交通不便故,遂有完全同一种族而风俗生活各不伴者。至于血统,则复杂而难据。宗教,则信仰者自由,皆不足以为定例)

是故语言文字姓氏国土与所享之政治同者,虽非汉族亦汉族;语言文字姓氏国土与所享之政治不同者,虽汉族亦非汉族。

五胡北魏辽金元诸族之久居中国也,习汉俗,从汉姓,一切既无异于汉人矣,则刘渊、石勒、苻姚、慕容氏之子孙,后魏孝文所改一百十九大姓之子孙,(《魏书·官氏志》)女真猛安谋克之子孙,蒙古色目人之子孙,皆汉人矣。《元和姓氏纂》虽有汉姓虏姓之别,《通志·氏族略》虽有代北复姓、关西复姓、诸方复姓之别,然自洪武、永乐以后,诸种人之去其复姓而改为一字姓者殆遍,(《日知录》二十三)又乌从而别其为虏为汉也耶!而况通婚之既久,其种族之结合已固者耶!姓氏既同,国土又同，语言间有不同，皆声音之讹，而非特别一种称谓也，则语言文字同，其对于今日政府，既同谓之汉人也，则所享之政治同。于此而欲妄加分别，非愚则诬也。抑有可笑者，今中原氏族，有以异姓为嗣者乎？有一代以异姓为嗣者，有不只一代以异姓为嗣者，其子若孙苟知某祖某宗为异姓入继者也，则将普告全族，自某代以下，均复其本姓乎？且将普告姻戚，凡有娶其某代以下之女者，当复其本姓乎？抑安之乎？此亦颇有滋味之疑问也，此非汉族亦汉族之说也。

若夫李陵之于匈奴，徐勣之于吐蕃，（《旧唐书·吐蕃传》：贞元十七年，吐蕃寇盐州，大掠居民，皆马革梏手，毛绳缧颈。有一吐蕃，年少，赤髭大目，称徐舍人，命僧延素等至前，乃解缚坐帐中，谓曰：师勿惧，余本汉人司空英国公五代孙也。属武后斲丧王室，高祖建义中泯，子孙流播绝域，今三代矣。虽代居职位，世掌兵要，思本之心无涯，顾血族无由自拔耳。所谓英国公，徐勣也）箕子之于朝鲜，徐福之于日本，黎阮之于安南，合尊之于蒙古，（袁忠彻《纪瀛国公事实》云：宋幼主北迁，元降封为瀛国公，乞从释号合尊太师，娶罕禄鲁氏，生妥欢帖睦耳。见《明文衡》。所以罗伦为《大忠祠碑记》，有合尊之子，辛嗣大统，阴易元祚，世主沙漠之语，谓此也）其为汉人移住异域，至可根据。至今或数千年，数百年，其子孙何啻千亿，然不得谓为汉人也者，则亦以彼之祖宗虽汉人，而其语言文字姓氏国土及所享之政治，已与汉人异者久也。于此而认为汉人，人将唾而骂之，以为大不敬。此虽汉人不得为汉人之说也。

至于满汉相处数百年，而仍为未结合之种族者，则以国朝于语言、文字、姓氏数者，既不欲同化于汉人，而亦不欲汉人之同化于满洲故也。

天聪八年四月谕曰：朕闻国家承天创业，各有制度，不相沿袭。未有弃其国语，反袭他国之语者。弃国语而效他国，其国未有长久者也。今我国官名，俱因汉文，从其旧号，朕虽未成大业，（时未入关，故有是语）亦岂可改我国之制，而听命他国。嗣后我国官名及城邑名，俱当译以满语，毋得仍袭汉语旧名。此国朝之祖训，深恐语言文字之同化于我者也。乾隆二十年谕曰：向来满洲名氏，惟取清话之与汉字对音者书写，不得依附汉姓，故意牵混。从前屡次晓谕，乃今日兵部进呈本内，有喀尔吉善提调都司之何督一员，朕初意其为汉人。及阅该员履历，则系镶黄旗满洲人。伊既系满洲出身，或和或赫，何字不可书写，乃必牵混汉姓，此种陋习，断不可长。著再通行晓谕，嗣后倘有仍前混写者，必当重惩其罪。此亦国朝之祖训，深恐姓氏之同化于我者也。乾隆四十二年六月谕曰：东三省为满洲根本地方，诸宜恪守满洲纯朴旧俗，并力挽渐染汉人习气。近见吉林风气，亦似盛京，日趋于下，而流民日见加增，致失满洲旧俗。此皆该将军等平日不善于整顿之故。若不亟为整顿，则黑龙江亦必渐染汉人习气，所关甚巨。二十九年十一月谕曰：《一统志》自纂修竣事以来，其中记载体例，诸多未协。其尤甚者，顺天人物一门内，竟将国朝诸王载入，于事理更属纰缪。诸王事迹，自载《八旗通志》，原不得与隶籍京坼者同日而道。况八旗大臣等，功纪太常者，则应见昭忠、贤良诸祠。其在直省宣猷著绩者，又有各省名宦可入。今乃授亲藩以淆地籍，实为拟于不伦，义甚无谓。此则国朝祖训之明示龙兴之地，不同于汉人地籍者也。至于政治，则满汉之不同者尤多。国之大政，莫若选举刑罚，而满汉之制不同也。乾隆九年八月谕曰：满洲原有进身之路，弓马技艺，何者不可见长，何必勉强文场，以思侥幸于万一。二十五年十月又谕曰：武科一项，不过旧制相沿，因仍不废。若论我国家用兵，自开创以来，暨近日平准夷，荡回部，皆我满洲及索伦勇将健卒，绿营兵尚无所用，更何尝恃武科出身之人耶？此选举之不同者也。雍正四年十月谕曰：满洲营生之道，与汉人迥异。其满洲有犯军流罪者，可暂停议遣，仍旧照例枷责究诘。倘仍罔知感化，即与汉军汉人一例充发。五年九月又谕曰：八旗一应获罪人犯，俱送刑部监禁。监内人多，气味秽恶，一感时气，多成灾病。旗人与民人不同。民人犯法完结之日，即回原籍，无所用处，若旗人罪案完结之后，仍供各项差役，并非弃置不用之人也。著八旗各于该处将入官房屋修筑高墙，分别监禁，既可减灾病，亦无扰乱等事。此刑罚之不同者也。其他体制，满汉歧异者，尚更仆难终。是故政府同也，而所享之政治不平焉。彼为混合之言者，则曰满人何尝不能汉语？夫满人之能汉语,亦犹吾国人之久居外国者,操外国语也。不得以吾国人之经商于美者为美人,留学于英者为英人也。此不欲同化于汉人之说也。

而或者以为满人不欲同化于汉,将以汉人同化于满也。是又不然。国朝祖制,并不欲汉人同化于满俗也。夫称臣称奴才,细事耳,而乾隆三十八年,因御史天保、马人龙折内书衔,天保在前,概称奴才,上亦谕之曰:向来奏折,满洲率称奴才,汉官率称臣,不过相沿旧例。初非称奴才即为亲近而尽敬,称臣即为自疏而失礼也。今天保、马人龙之折如此,朕所不取。若不即为指斥,恐此后转相效尤,而无知之徒,或因为献媚,不可不防其渐。此区区一奴才,不与汉人之从满俗者也。乾隆十三年,因皇后大事,直省大吏有奏请来京叩皇后梓宫者,上又谕之曰:此不过随众陈请,并非出于中心之诚,实可不必。外省大臣中,如驻防之将军、都统等,与督抚本不相同。即均一督抚,而旗员之与汉员,亦不相同。盖旗员地分亲近,自属情理之当然,若汉大臣则视此有间,原可不必奏请。此则国家大制,亦未尝责汉人以效满人者也。乾隆十三年,因陕西供应大兵车马不力,上谕曰:陕抚陈宏谋,原系汉人,于经理此等事件,本非所优。又曰:陈宏谋虽有过,但系汉人,本不必责以急公。此则国家大计,亦未尝以责满人者责汉人也。其他一代典制,亦多袭前明之旧,而未尝以满洲制度,强汉人以必从。彼谓薙发易服为满人强汉人同化之证者,谬也。夫薙发易服,形式耳,所以令汉人必从者,示服从之意云尔。礼,奴婢有为家主服者,不能以其同此孝服,遂谓为主人之子若弟也。奴婢之为家主服,亦示服从之意云尔。令汉人薙发,与此何异?而遂谓国朝欲令汉人同化乎!此不欲汉人同化于满俗之说也。

夫国朝不欲汉人同化于满洲者如此,其不欲满洲同化于汉人者又如彼,此所以相处数百年而迄未成一结合之种族也。夫满洲之所以为满洲者,以能保守其种族主义耳。若如调和者言,则必废满语而用汉语,废满姓而用汉姓,散满人于中原,统则例于画一,而后可。然国朝肯弃满洲旧习而改从我们汉人欤?!天柱可折,地维可裂,满洲旧俗断不能如汉制也。祖训所昭垂不断,非后世子孙敢有所更易也。

宏光宫女（一）

宏光宫娥叶子眉,广陵人。南都之陷,为兵掠去。道经淇水,夜宿宜沟,乃题诗于壁。自叙云:"妾祖籍广陵,从事宫中曾不二载,俄遭大变。剪却霓裳,弓袖革靴,抱琵琶北。道灵壁,睹虞姬石碣,感且愧,书此以志。促装心乱,语不成章。时乙酉七夕也。"诗云:"剪却霓裳别样妆,青骢有分断河梁。文章漫说夸机女,羞见虞姬舞袖长。风送尘飞到鬓边,伤心从此别江天。劝君莫问宫中事,杨柳回头起暮烟。"(《甲申小纪》。亦见《妇人集》,小异)

宏光者何？福王年号也。福王何人？崇祯之兄也。崇祯既以十七年三月十九缢死,福王即以五月十五即位于南京。其明年,大清豫王南下,赵之龙、钱谦益等率众迎降,拘宏光于江宁,与太后一妃同处。九月北去。叶之被掠,即此时欤？观其词,盖所谓亡国之音也。彼虞姬何独非亡国,然不过一姓之兴亡耳！此岂独一姓之兴亡已乎！果属一姓之兴亡,胡至羞见虞姬之舞袖长乎！盖不独亡国也矣！余哀之,故存之。

宏光宫女（二）

宋蕙湘亦宏光宫女。年方妙舞,家本秦淮。留都既摧,同为游骑所房。三秋氄幕,月葬花魂,千里鸣笳,风雕玉骨。其过卫州旅舍亦有诗云:"风动空江羯鼓催,降旗飘飐凤城开。将军战死君王系,薄命红颜马上来。广陌黄尘暗鬓鸦,北风吹面落铅华。可怜夜月箜篌引,几度关山作暮笳。春花如醉绮如烟,良夜知心画阁眠。今日相思浑似梦,算来可恨是苍天。盈盈十五破瓜初,已作明妃别故庐。谁散千金同孟德,镶黄旗下赎文姝。"末云:"被难而来,野店露宿。即欲效新嘉故事,稍留翰迹以告君子,不可得也。偶居邸舍,辄题四章,以期万一之遇。命薄如此,恐亦无望矣"。(同上,亦见《明季南略》)

　　诗所谓文姝者,蔡文姬也。蔡文姬吾国人无不识,盖蔡邕之女,为胡骑所获而曹孟德赎之回者也。夫孟德之所以能赎文姬者,以文姬之陷虏,因中国丧乱,流落异邦耳,非所谓国亡被掠也。不然,孟德虽与蔡邕善,又乌有势力赎之耶?宋蕙湘之世与文姬大殊,而乃希冀如文姬之归汉,抑亦难矣。然当时如宋蕙湘者,岂少人哉!蕙湘以诗传耳。一般女士,其亦知亡国之恨也乎?

秦桧害岳飞辨

　　秦桧害死岳飞三父子,斯言也,吾夙闻之矣。吾闻之,吾疑之,以为秦桧虽奸,何至不爱其国,而害死彼关系种族存亡之人也。且秦桧之当国未久,而高宗又甚专制,又乌有势力以害死岳飞也。稍长读龚定庵《京师乐籍说》,而信帝王有阴鸷之术,读韩非、老子书,而知帝王阴鸷之术所自出;读勾践、汉高待功臣历史,而叹帝王阴鸷之术无所不至。呜呼!汉高、明太之戮功臣,人皆知之,己亦未尝讳之,固不失为任直之人哉!宋高宗之戮岳飞,乃直假手于秦桧也,毋亦曰尔们臣子害臣子耳,朕未尝手刃之也。呜呼,宋高宗诚中国罪人哉。父母宗族,均为金人所虏辱,而犹妒功忌能如此,妒功忌能之不已,而尽委其罪于他人。险哉高宗,彼秦桧乃为之傀儡,愚矣。后人信之,益愚矣。在南宋诸儒,奉高宗为天子,其不敢直斥高宗之害岳飞,势也;后之人乃不问是非,不问本末,不错综稽核当时之事实,猥和之曰秦桧害死岳飞三父子,愚矣。后之人亦知高宗不害韩世忠、刘光世、杨存中诸将,而独害岳飞之旨乎?韩世忠、刘光世、杨存中,将耳,岳飞,国士也!何谓国士,以一身系种族之存亡,知有国不知有家也。"匈奴未灭,何以家为",非岳飞口头禅乎!此所谓国士也。此其所以取忌于高宗也。高宗宁赠其国与父母之仇,而决不使家奴得之也。岳飞有不臣之心乎?岳飞有爱国保种之心,而无不臣之心。其不臣之心,高宗虑之。高宗胡以虑之?高宗有鉴乎宋太祖之得国而虑之。夫秦汉以来,天下久以此国为天子一家之物矣。以此国为天子一家之物,则得失,天子家事也。食其禄者尽其力,尽其力非为一国,为天子一家耳,为己一人之功名富贵耳。是非无良也,盖明哲保身之道当如是也。故功成,则醇酒妇人可矣;否,则为五湖之游、赤松之侣,可矣!否,则戮矣!稍阅《三国演义》者,亦知刘备闻雷失箸之前,锄草灌园,为故示曹操以无大志之意,则知岳飞之所以杀矣。夫宋高宗残败之余生耳,而当时诸将,有韩家军、岳家军、张家军之号,已不能无忌;又况张俊、杨存中等,皆治第临安,贪财殖产,而韩世忠亦家于杭,多营田宅,岳飞独持"匈奴未灭,何以家为"之义,不治生产,不为子孙长久之计,高宗之愈忌之,宜也。是故韩世忠之欲营新淦田也,高宗即专敕以赐之,刘光世之请以淮东私田易淮西田也,高宗即明诏以许之。未知高宗以此结诸将之心乎,抑诸将以此保其身乎?后之人乃以飞之死之罪归罪于秦桧,夫高宗不有意,秦桧乌得而害之。以耳为目,毋亦中帝者之计也欤!

更论宋高宗忌岳飞之原因

余为秦桧害岳飞辨,正其罪于高宗,非为秦桧讼冤也。秦桧甘为高宗傀儡,必有所利而为之。利其利而任其咎,当也,夫何容为秦桧惜。然不正高宗之罪,则无以表示专制君主之宁贡其国于父母之仇而不任国人窥伺之志,(高宗之父徽宗、兄钦宗,皆为金人所虏,其母韦妃,且为金灵州同知盖天大王所妻)并无以见天下是非之不足据有如此也。而或以为是文士翻新之论,则非所敢知矣!

夫专制君主,未有欲官之不爱钱者也。官之爱钱,则恶名在官耳,于朝家无与也,而况又有籍没(即抄家)之一法,固乐得而假手之也耶!是故宋人野史言,绍兴中有以功臣财产为言者,高宗曰:"南渡之初,州县皆盗贼所据,命将征讨,但期克服地土,而贼之子女玉帛,惟诸将所欲为也。"然则爱钱者,高宗所深许也。岳飞破贼最多,而爱钱最少,当籍没时,仅锁铠兜鍪、铜弩镞刀、弓箭鞍辔等物,及金玉带数条,布绢三千匹,粟麦五千余斛,钱十余万,书数千卷耳。孝宗时追复官爵,令给还原资,主者具当时没入之数,亦不过九千缗耳。不爱钱,不惜死,诚岳飞之所能实行者矣,然此固大违高宗之旨也,是取忌之道也。

阅者亦知高宗时诸将之富豪乎!富豪何自来,自爱钱来也。赵瓯北尝引宋人《玉照新志》、《夷坚志》、《驾幸张府纪略》诸书。言张俊岁收租六十万斛,偶游后圃,见一老兵昼卧,询知其能贸易,即以百万付之,其人果往海外,大获而归。高宗尝驾幸其第,俊所进服玩珠玉锦绣,皆值巨万,自宰相以下,俱有赠遗。延及其孙镃,园池声伎甲天下,每宴,十妓为一队,队各异其衣服,凡十易始罢。客去时,姬侍百余人送客,烛花香雾,如游仙窟。此张俊之富豪也。杨和王建第洪福桥,欲以西湖水环其居，奏于上，上令密速为之，恐外廷有言者，遂督濠兵连夕浚成。有故人自北来投者，杨遣人押就常州本府庄内，支一百贯与之，密遣人偕往代郡，为之置田千亩，谓之曰，当今兵革不用，无可立功名，和王遣来代办生事耳。其女适向子丰于湖州，以妾所生子秘为己子，报王，王即拨昆山良田千亩，为粥米资。偶闲居郊行，遇相字者，杨以挂杖于地上一画，令相之。相者曰，土上一画，王也。杨喜，即判五百万，令诣司帑取钱。司帑靳之，谓杨曰，王已开王社，何用复相，恐滋物议。杨益喜，即以五百万与司帑者。此杨存中之富豪也。韩忠武偶游湖上，遇李晦叔改秩来京，而失举牒，坐冷泉亭叹息，王询之，具以告（世忠薪王）王乃问其姓名阶位，明日使吏填一举牒送之，仍助钱三百千。至王之子孙，迁于苏者，买沧浪亭价百万，其他可知。此韩世忠之富豪也。夫张俊、杨存中不论，韩世忠，世所谓贤者也，而亦富豪若是，使不爱钱，乌得有是？是故秦桧尝讽言官诬劾韩世忠矣，帝格其议不下也，（见韩本传）此爱钱之效也。

而岳飞一则曰不爱钱，再则曰何以家为，其能免乎。所以万俟卨治岳飞狱，有谓飞自言己与太祖皆三十岁建节，为有不臣之心也，而高宗之必死岳飞决矣。小说家犹谓岁暮狱未成，桧因其妻缚虎纵虎之语，以片纸付狱吏，即毙岳飞于狱，一似高宗之不知也者，罔哉！谚曰："蛇无头不行"，秦桧蛇耳，高宗乃头也。乌有一专制大君主大枭雄而任奸臣之擅作威福乎？然则秦桧者高宗之忠臣也，执笔者乃大书特书曰，桧下岳飞于狱，桧杀故少保岳飞，是乌得为知言也哉！是故当时之诣事桧者，不少人也，如王次翁、勾龙如渊辈，皆以高宗不喜故，而特斥退之，桧不能违也。（俱见本传）谁谓桧有势力哉？桧之势力，皆高宗之势力也。高宗不欲，桧何由动也。专制国之历史似此者多矣，岂独此事乎哉！特以此事为吾国人所共悉，故不惮数言之。

闻大成

闻大成,字子上,湖广罗田人,以事走湖南。湖南陷,大成于鄮县山中招义旅将起,□兵至,被执,与李兴玮同系衡州狱。大成因狱卒沽酒与兴玮饮,醉则悲歌慷慨相唱和。无纸,皆裂襟裳巾袜布书之。多佚不传,唯题狱壁一首,好事者为诵传之云:"读书怀古道,服官素所期。论文惭太傅,无剑学要离。忠孝千古事,死生旦夕之。不共戴天日,从容就义时。"亢志不剃发,与兴玮同日遇害。临刑,从容引颈就刃,见者皆为垂涕。大成顾挥手谢曰:"无劳诸君以泪送我。诸君悲我死,抑知我之悲诸君生乎?"(《永历实录》)

国亡以一死塞责,未为尽乃公事也。是故有被掳者,有未尝被掳者。被掳不能死,诚无事可办矣。未尝被掳,则当为之事尚多也。今送大成者,其已被掳者乎,抑国人之茧茧者乎?诚被掳而不死,非人矣。不死而又不能有所为,则涕泣亦无当矣。虽然,以吾国昔日教育之未尝普及,而求全国人皆知死,皆知所有事,难矣。使吾国人昔日皆知所有事,则何至有今日耶?使吾国人皆知死,则又乌能有今日耶?四百兆之子孙,皆当时闻大成之所悲为不能死者之子孙也。得其知涕泣,已足嘉矣。他日杨柳堤边,渔矶石上,能口述国亡时事者,非此也耶?

吴　学

吴学，湖广湘乡人，以材勇雄于闾里。将军何腾蛟开府长沙，使学招募千余人为亲军，守湘阴，转战平江、袁宁间，擢副总兵。永历元年，长沙陷，学收部卒屯湘邵间，反攻湘乡。格斗四五月，兵败被执，械至武昌，系狱。令剃发，不听。□总督罗绣锦会文武吏群鞫之。学至庭，植立呼曰："大明驱□□，爱养天下，垂三百年，尔等皆中土人，骨血从谁豢养，父母埋谁土宇？乃改头换面，踞坐堂上，而械忠义士于阶下耶？天地能容尔身，必不能容尔子孙。岂不闻洪武初，尽谪□□官吏妻女□□□乎？"因大叫呼天，目眦尽裂，引颈触柱，血流被面，遂驱赴黄鹄矶遇害。武昌居民，罢市往观。皆呜咽流涕，禁之不能止。（《永历实录》）

是编也胡多空格耶？其著书人所为乎，抑刻书人所为乎？著书者王夫之，刻书者曾国藩。王夫之于国亡时带发匿迹于湘西之石船山，不知所卒也。彼能笔之，未必空之。其刻书人所为乎？然亦乌知其谁实为之。即今所空者，亦孰能定其所空者何词也？前辈谓学者须读无字书，此殆无字书之类也耶！抑吾闻之，明人曾以元世田、刘、张三姓功臣之裔为娼也。吴学所言，未必指此。

对于二十、二十一两日谕旨之舆论

自苏浙拒款事起,而粤中争捕权一事继之。集议者数十处,电争者数十起。内而各省,外而侨商,云合响应,无不以政府为诘问之目的物。是岂国民之放弃其责任而倚赖政府乎?以为此事由政府肇之,当由政府任之,庶政既未公诸舆论,则有事不得不问政府也。政府虽不能负国人之责任,又不肯以此责任分任诸国民也,又以为国民无当此责任之程度也,则有事问政府宜。政府又欲行所欲行,不予国民闻之也。岂惟不予国民闻之,且并有所谓不可告人之隐也。是故有责成苏浙代表曲体朝廷苦心之语。夫政府所行之事,无关于国民也可;所行之事而于国民有切肤之痛,则国民而木石也可;国民而稍有知识,身受痛苦,不能无所呼号,势也。是以今日所电争者,所集议者,皆国民身受痛苦,不能无所呼号者也。今日之电争,之集议,非干预政权也。正其平日之不干预政权,而尽授其权于政府,故政府有此举动也。然政府乌能受此诘问耶?乌能受此平日绝不干预政权,并夙所视为绝无知识之国民之诘问耶?吾知政府之初接一电也,必以为怪事,互相传观。继接一电,则不怪矣。复接多电,则且愤且骂,并不展阅矣。接电不已,国中嚣然,其欲以兵力压之之心,诚不能免矣。兵力不可施,则唯有责成该省督抚也。如是则有二十、二十一日之谕旨。国民之对此谕旨,其谓之何?

于是有以从前预备立宪之谕以衡此谕者,以为此旨与前旨相矛盾也。夫政府做事,何计其矛盾。即有矛盾,又岂国民之所得言乎?夫立宪与不立宪,权操诸政府也。无论无所谓立宪,即立宪矣,又将何如?岂此便可任意要求耶?岂立宪即立宪耶?有人曰:非立宪不足以维系人心，则姑以立宪应之矣。立宪者，名词耳。名变而实存，虽百立宪何害。尔国民既欢迎之，则即以国民所欢迎者与国民。大人者，言不必信，行不必果，唯义所在也。是乌足以预备立宪之谕难此旨也。

于是又有以各国宪法衡此旨者，曰各国无此宪法也。夫各国自各国，焉能举此以相难。即所云采取各国宪法者，亦采取其合于吾国之用者用之，不能尽效法他国也。夫我国数百年相传之良法美意，足以治其民而有余，何待取诸各国者。尔国民曰取之，则亦姑取之。不取则已，取则治民之术必有进。大地之大，何法蔑有，不得诸此，将得诸彼，固可以明示国民曰：此条出于某国，此条出于某国也。如是则法律家又将援口舌以争乎？一二明达者口舌不可争，而亿万愚蒙者可一手掩也。此长治久安之策也。然则以各国宪法相衡者，罔也。

于是乃有以此谕旨为一二人所私拟者，曰此谕某某拟稿进呈者也。呼，谕旨何一非拟自臣下者？一国之大事，岂一二臣下所能操者耶？然则何者为拟旨，何者非拟旨也耶？即果为某某所拟者矣，而既出自特旨，又谁敢不遵也耶？又谁敢以为此乃一二人之私意，而藐抗之耶？敢藐抗之，则是此旨失信用也，是此旨无效果也，政府又何必多此一具文也。夫政府者，与国民对待之名词也。以此少数人之政府，对待此多数人之国民，其团体如何固结，宗旨如何吻合，可想也。其有不合，皆有所为也。夫果不合，则投袂去矣。其不去者，必宗旨同者也。则此谕旨非一二人所专擅，可断然也。

有不为上此之论者，其对于此旨，则亦必诧为长篇大论非常有之谕，是又不足奇也。夫禁民人集会，及不准学生干预政权之政策，早已行之数百年，何待今日发明之也。盖亦本前篇之意以立言，而丁宁反覆之耳。卧碑第七条曰：军民一切利病，不许生员上书陈言。如有一言建白，以违制论，黜革治罪。其末条（即第八条）曰：生员不许纠党多人，立盟结社，把持官府，武断乡曲。所作文字，不许妄行刊刻，违者听提调官治罪。即此卧碑两条，已足括尽今日谕旨之大意也，而谓为新定之律可乎？夫卧碑者，大清既平定中原，开科取士，以顺治九年颁行于直省儒学明伦堂者也。他人不之见，曾入明伦堂者无不见也。然今日之谕旨，不谓学生不守卧碑，而谓学生不遵奏定学章者。（学务纲要，原有不准学生妄干国政一条云：孔子曰：不在其位，不谋其政。又曰：君子思不出其位。位者，本分之谓也。恪守学规，专精学业，此学生之本分也。近来士习浮嚣，或腾为谬说，妄行干预国政云云）以人情好新，不欲以卧碑之旧文绳之也。其实此旨皆以卧碑为纲领，而演绎之者也。则孰是可诧之事耶？舆论可以释然矣！

论今年学务之进步

谈者相聚而言，鲜不曰今年学务冷落也。应之曰：非是，学务之冷落者其形式，其实际固不独不退化，且日见其进步也。夫所谓学务冷落者，亦以铜鼓喇叭之视昔年为冷落耶，抑以学堂学生之人数，视昔年为少耶？夫铜鼓喇叭之冷落，非学务之冷落也；学堂学生人数之少，非读书者人数之少也。区区铜鼓喇叭，不得便以为学务；区区一学堂，亦不得遂以为学务也。亦视其所以为学者之知识何如耳。吾见近日学生皆无往者叫嚣之习之甚，以是觇学生知识之进步，而教者之得法也。

甲、学生之对于家庭：吾国昔日之教育未尝普及也，故国人不尽读书。即读书矣，亦不求深造。父母之资格如是矣，是故子弟之入学堂者，则嚣然傲慢其父母，甚至有倡家庭革命之议，一若身为学生，则不知其几开通也。是故有破神权而辱及家人所崇奉之所谓菩萨者，亦有鄙缠足而日强聒家人之放足者。夫神权缠足，孰不知其无用，而以家人平日所崇拜，积习者千年，家中老辈，尚有不能开通之者，而况于其所轻视之童子，一入学堂三数日，而可使之服从也耶？其凿枘必矣。故学生对于此等旧俗，实力思所以导之之术可矣，断非嚣然谬然所能有济也。日人秋山四郎所著《修身范本》，其《对家》一节有云：人子在童幼时,无论何事,务当巽顺于亲母。或拂逆,或违弃亲命,放纵任意,虽有百善,亦谓不顺之子。况亲之阅历既久,经验必多,不问有无学识,要其练断老成,断非少年可及。故父母之言是从,非但子职当然,抑有裨于其身者多矣云。此诚今日学生所视为处家庭莫妙法门也。孔子曰:信而后谏,未信则以为谤己。言之善者如此,况少年所为,有不尽见信于其亲者乎?而近日学生亦有渐知此道者,此学务之进步一也。

乙、学生之对于社会:社会,统名耳,其间种种色色人无不有,凡学生日日所接触者皆是也。社会之于学生,为如何之批评,亦学生所知者也。且社会之于我为何人乎?非所称为四万万之同胞乎?既曰同胞,则其贤者固当尊而亲之,其所不贤而下贱者,亦吾同胞之羞也。吾当如何矜怜之,而忍鄙而贱之乎?吾闻学生滑语,动曰下流社会。夫下流社会胡自来,则未知吾之祖若父为下流为上流,又未知吾之子若孙为上流为下流也。尤有谬者,则辄曰学界学界,旁若无人焉。呜呼!社会者,今与吾同处舞台,他日与我同致力中原者也。鄙之贱之,至于如是,则他日与谁人致力中原也耶?是故一二年间学生之气焰,直有"走马踏杀人,街吏不敢诘"之概,可畏也已。此学生为将来主人翁一语误之,学生为最尊贵之人格一语又误之。根器薄弱,不足以栽培也。夫学生者,未成器之名词耳,人人可为,亦人人必经之途,而不可以终老者也。学生为主人,未必尽社会为奴隶。学生至尊贵,未必尽社会是卑贱。其不可以学生二字傲人也,明矣。而况此衣食父兄之衣食,而不知稼穑艰难之少年乎?其不能不受社会之诟病,宜也。而今年学生此等气象少杀,是未始非教育家之力也。此学务之进步者二也。

丙、学生之对于塾师:塾师,吾国五年前全国人才所由之陶镕者也。其人数之在社会,似为小部分,而其势力,乃足以操纵全国之人才,与今学堂无少异。今人所以敢侮辱塾师者,以八比为世所诟病,而昔日之塾师,尽八比先生耳。然亦知昔之时,八比既为全国代议士之所自出,吾国人既无力以排去之,而又不从事于此,则吾汉人尚有些须之政权耶?其能稍分满人政治上之势力,恃八比一途耳。使并此而无之，则何异黑人之于白种也。是故痛恨八比之累人可，痛恨由八比出身之人，乌可？假今不废八比，则莘莘学子，其孰不埋首于此也耶？此不足为昔日之塾师病，亦不足为昔日之塾师讳。而学生一入学堂，习闻一二丑诋八比之言，遂以昔日塾师为莫大之顽固物而鄙夷之。此塾师者又老于当世之途，托于圣人之道，普通社会之信仰此人者尚众也。故乡中毁学之风潮，大半实此类塾师主之。学堂而有无父无君之谣，亦大抵此类塾师造之。关于生计问题，则学堂既尽夺昔日塾师之食，而学生之傲然自大，又复伤昔日塾师之感情，其与学堂不两立，情也。又况塾师之所以为八比者，非其聪明学力有不逮今之人也，特以出世早数十年耳。则吾人正当厚自殷幸，而深怜塾师出世之先，乌得而侮辱之也。而今年学生于此等知识，亦略为发达，其见昔日塾师也，亦循循执弟子礼焉。此学务之进步者三也。

于此而犹谓学务之不进步，非吾所敢知也。吾愿吾国学生对于此数者加之意焉，不徒率意孤行，以为莫予毒也，则庶几矣。彼铜鼓喇叭之闹热，盖浅焉者矣。

撮录元史刑法志

满汉刑法之不平，稍读律令者能言之。抑知元世蒙汉刑律之不平，固亦若是。是不足奇也，亡国者胥如是矣。今将《元史·刑法志》撮录如下。

卫禁：诸汉人南人投充宿卫士，总宿卫官辄收纳之，并坐罪。

宿卫士，禁兵也。非我族类，其心必异，故元人防之也。

职制：诸蒙古人居官犯法，论罪既定，必择蒙古官断之，行杖亦如之。诸四怯薛，及诸王驸马，蒙古色目之人，犯奸盗诈伪，从大宗正府治之。诸有司事关蒙古军者，与管军官约会问。诸管军官、奥鲁官，及盐运司、打捕鹰坊军匠，各投下管诸色人等，但犯强窃盗贼，伪造宝钞，略卖人口，发冢放火犯奸，及诸死罪，并从有司归问。其斗讼婚田良贱钱债财产，宗从继绝，及科差不公，自相告言者，从本管理问。若事关民户者，从有司约会归问，并从有司追逮。三约不至者，有司就便归断。诸审囚官强愎自用，辄将蒙古人刺字者，杖七十七，除名，将已刺字去之。诸流速囚徒，惟女直、高丽二族流湖广，余并流奴儿干及取海青之地。

征服的民族，不能受被征服的民族之节制，情也。是故今外人之居留中国者，犯罪则归其国之领事官理之。旗人犯罪，亦有旗官理之。有交涉案则会审之。

户婚：诸汉人南人，父没，子收其庶母，兄没，弟收其嫂者，禁之。

然则蒙古人不禁也。是可见当时汉人亦有染蒙古俗者。《列女传》云：脱脱尼，雍吉剌氏，有色。年二十六，夫哈剌不花卒。前妻有二子，皆壮无妇，欲以本族制收继之。脱脱尼以死自誓，二子复百计求遂。脱脱尼恚且骂曰："汝禽兽行，欲妻母耶？若死，何面目见汝父地下。"二子惭惧，乃析业而居。观此，则当时蒙古人亦有染汉俗者。

食货：诸蒙古汉军辄酝造私酒醋曲者，依常法。

然则不依常法者多也。此独依常法者，新定之制也。

奸非：诸蛮夷官擅以籍没妇人为妻者，杖八十七，罢职记过，妇人笞四十七。

然则诸蒙古官为此者不禁也。独不知该籍没妇人既被奸污矣，而犹笞四十七，何也？

盗贼：诸盗贼初犯刺左臂，再犯刺右臂，三犯刺项。其蒙古人有犯，及妇人犯者，不在刺字例。诸女直人为盗，刺断同汉人。诸色目人犯盗，免刺科断，发本管官司设法拘检。限内改过者，除其籍。无本管官司发付者，从有司收充景迹人。（景迹人者，犹今作线人也）

蒙古人何以免刺，女真人何以同于汉人，皆亡国者所当研究也。

斗殴：诸蒙古人与汉人争，殴汉人，汉人勿还报，许诉于有司。诸蒙古人斫伤他人奴，知罪愿休和者听。禁汉人聚众与蒙古人斗殴。（此条从《世祖纪》补入）

奇哉！有此等律条。彼谓蒙古人之据中国，犹酆沛濠泗人之主中国也。则未知汉、明之世，有特异之条以待酆沛濠泗子弟否耶？

杀伤：诸蒙古人因争及乘醉殴死汉人者，断罚出征，并全征烧埋银。

所谓烧埋银者，犹今止泪银也。全征之数五十两，见《世祖纪》。汉人之命，贱至如此。崇祯谓长公主曰："若何为生我家？"然则又何怪今洋人之蹂躏我也。

禁令：诸汉人持兵器者禁之。诸色目僧尼女冠辄入民家强行抄化者,禁之。

　　元世汉人持兵器之禁,于本纪中凡十余见,亦一代绝大之禁令也。盖当时光复军屡起,不得不以此为首务也。

　　杂犯：诸无赖军人辄受财殴人,因夺取钱物者,杖八十七。红泥粉壁,识过其门,免徒。

　　是可见当时汉人之多有借蒙古人以残同种者也。吾独奇其犯者,乃如今日黉门也。

　　此其大略耳。其散见于纪传及他书者,犹不胜条举,当有专书详之。迩闻法部某司员,有重刊《元典章》之议。是书久佚,《四库》仅存其目,某司员从日本肆中得之。此议若成,则治掌故者又多一资料也。

扬州节妇

　　扬州既陷,一部将掠张氏至金陵,以珠玉锦绣罗饰于前。张氏弗顾,悲泣不已。既而部将随豫王北上,张氏从之。出观音门,将渡江,密以白绫二方,可二尺许,楷书绝命词五首于上。乘隙投江,尸浮于高子港,为守汛者所获,其诗跋云:"广陵张氏题。有黄金二两,作葬身之费。"遍体索之,无有也。已而于鞋内得之,盖密缝于中者。众以此金易银葬焉。(康熙四年乙巳六月七日,余编此书者计六奇自谓也,下同)在六合,得阅其书,并其事如此。其诗曰:深闺日日绣鸾凰,忽被干戈出画堂,弱质难禁罹虎口,只余魂梦绕家乡。绣鞋脱却换鞿靴,女扮男装实可嗟,跨上玉鞍愁不稳,泪痕多似马蹄沙。江山更局听苍天,粉黛无辜实可怜,薄命红颜千载恨,一身何惜误芳年。翠翘惊跌久尘埋,车骑辚辚野垈来。离却故乡身死后,花枝移向对园栽。吩咐河神仔细收,碎环祝发付东流,已将薄命拼流水,身伴豺狼不自由。(《明季南略》)

元人为《宋史·列女传》,能述汉人妇女抗元之事。明人为《元史·列女传》,亦能述蒙古妇女抗明之事。(略见前报)而《明史·列女传》,自谓所著录者视前史殆倍,而一百二十八人中,竟无一人死节于大清者,亦可异也。当时史臣,尤讥前史多取患难颠沛、杀身殉节之事,忽庸行而尚奇激云。

其殆有所受之也欤,益可异矣。犹忆幼时入塾,师示以《明史》曰:"《明史》体裁甚佳,事亦最近,当先读之。"余不尔也。余读野史,所得多矣,求诸《明史》,皆不可得,以是知《明史》之不足信也。嗟乎!皮之不存,毛将安附?余又何难焉。

湖南贞女

女郎不知何氏,大约湖南闺秀也。顺治十一年甲午秋,兵旋被掳。女郎抗志不辱,行至鹦鹉洲,伺间投江死。浮尸于黄鹤渚,有司怜而瘗之,乃于衣裾间得《绝命诗》云:征帆已说过双姑,眼泪声声泣夜乌,葬入江湖波底没,不留青冢在单于。厌听行间带笑歌,几回肠断已无多,青鸾有意随王母,空费人间设网罗。遮身只是旧罗衣,梦到湘江恐未归,冥冥风涛又谁伴,声声遥祝两灵妃。少小伶仃画阁时,诗书曾拜母兄师,涛声夜夜催何急,犹记挑灯读楚辞。影照江干不暇悲,永辞鸾镜敛双眉,朱门曾识谐秦晋,死后相逢总未知。生来弱质未簪笄,身没狂澜叹不齐,河伯有灵怜薄命,东流直绕洞庭西。当时闺阁惜如金,何事牵裾逐水滨,寄语双亲休眷恋,入江犹是女儿身。国史当年强记亲,杀身自古以成仁,簪缨虽愧奇男子,犹胜王朝共事臣。顺治辛丑仲秋十日,余始得此,惜乎失其氏里。(《明季南略》)

余见绝命词多矣,然都是男儿的,女儿的不概见也。是诗又比前篇为胜矣!抑又有奇者,近日诗文词,男儿的多拔剑狂歌等字,女儿的多薄命红颜等字,学生的多二十世纪、波兰犹太、竞争剧烈等字。某君谓此类名词,其消场与石笔石盘几相埒,可铸就活字发售云。此亦谓无真感慨者耳,苟出于挚情,用亦何害?况迩者东洋剑遍市,恶在其非真拔剑也耶?至于薄命红颜,则又不能自立者之真实话耳。彼簪缨奇男子又何如?

元世广东乱民志

乱民何足志?鉴于时事而志也。胡独志乎蒙元?蒙元以外族入主中国,与国朝同也。外族之入主中国者不独元矣,若后魏、若辽、若金,皆不及广东,惟元与国朝能及广东。元之世,广东人受崖门之影响,乱民独多。国朝得国二百六十年,其间揭竿起事者,亦以洪秀全为独烈,洪固广东人也。近所称为革命党首领,悬金购募达二十万者,曰孙文,孙亦广东人也。年来粤省乱事未尝稍息,虽屡起屡蹶,无足措意乎?然最近之布告,则又谓有大帮革命党人入京,广东人复占多数也。吁!广东其乱民薮哉。事有类于蒙元,故志元世广东乱民。

所谓乱民,自元人言之也。帝昺未亡以前,中原豪杰之抵抗蒙元者,史既称之为忠臣义士矣。兹编断自帝昺既亡以后,凡粤人称兵之见于《元史》纪传及广东志乘者,悉录之。

至元十六年二月,宋帝昺死于崖门。

五月潭州行省上言：琼州宣慰马旺已招降海外四州。寻有土寇黄威远等四人为乱，今已擒获。诏置之极刑。《世祖纪》

十七年正月，广西廉州海贼霍公明、郑仲龙等伏诛。（同前）

（按：廉州今隶广东省。）

十八年，南海民李梓兵起，称宋年号。遣万户王守信佩虎符戍广州，自南安发兵取葛岸洞崖石砦，歼李梓。《黄志》

德庆州泷水瑶作乱。《黄志》

二十年三月，广州新会县林桂芳、赵良钤等聚众，伪号罗平国，称延康年号。官军擒之，伏诛，余党悉平。《世祖纪》

九月，广东盗起，遣兵万人讨之。（同前）

《张玉传》云：广东盗起，遏绝占城粮运。二十一年，张玉率兵讨平之。

《元文类》云：南海民欧南喜自称宋将军，与新会民黎德聚众十万，杀居民，陷城邑。增城县蔡大老、钟大老、唐大老皆应之，据平康下里东团村等处，改元，各称王，署置丞相、招讨等官，岭海骚动。诏遣张玉率兵万人会江西行省讨之。官军与战，屡为所败。

《合剌普华传》云：欧南喜僭王号，伪署丞相招讨，众号十万，合剌普华图上其山川形势，及攻取之策三十余条。遂与都元帅课儿伯海牙、宣慰都元帅白佐、万户王守信等分兵擣之。未几，右丞索多征占城、交趾，属合剌普华护饷道，比至东莞、博罗二界中，遇剌贼区钟等横绝石湾，其锋锐甚。普华身先士卒，且战且行，矢竭马创，徒步斗杀数十人，以众寡不敌，为所执，遂遇害。

《旧志》：南喜自王于清远，遣其将马帅、陆帅、徐相袭广州。王守信出兵击三人，斩之，馘其军千人，平十数壁。南喜乃走如新会，合黎德。

又云：时蔡大老等据平康下里东团村等处，江西行省兵击破之。梁起莘附于王守信,遁归冯村,众愤甚。于是黎德集船七千艘,众号二十万。其将吴林以八百艘围冯村。先是,守信抽工于军,伐材于山,造战舰三百五十,以乌船五十载之。比与林战,出所载船直冲之。林众大溃,沉海死。

二十一年十一月,江西行省参知政事云丹密实擒获海盗黎德,及招降余党百三十三人,即其地诛黎德以徇。以德弟浩及伪招讨吴兴等槛送京师。(《世祖纪》)

《旧志》云:南喜走蓝濮营,官军追烧之。或诱至一男子曰:此欧王也。并所署都督丞相马铃辖二十四人即其地磔之。然南喜实逾岭,久之乃死。

(按:《阮志》,黎德本新会人。《元史》以为江西盗者,因当时广、惠、韶、潮、南雄、德庆、肇庆诸路皆隶江西行省也。)

二十二年二月,广东宣慰使云丹密实讨惠、潮二州盗郭逢贵等,四十五寨皆平,降民万余户,军三千六百一十人。(《世祖纪》)

七月,广东宣慰使云丹密实入觐,以所降渠率郭逢贵等至京师,言山寨降者百五十余所。帝问:"战而降耶?招之即降耶?"对曰:"其首拒敌者,臣已磔之矣,是皆招降者也。"(同前)

东莞民张疆聚众二万余,以复宋为名。王守信还自京师,出奇兵击败其三千余人,首功三百。归所掠人畜甚众。(《旧志》)

二十四年十一月,以江西行省平章忽都帖木儿督捕广东等处盗贼。(《世祖纪》)

《刘国杰传》云:广东盗起,寇肇庆。其魁邓大獠居前寨,刘大獠居后寨,相依以为固。刘国杰趋捣后寨,破之,遂拔前寨,擒斩二人。捕民结盗者,皆杖杀之。

学术小品

罪言序

宗教上所谓罪,异乎法律上所谓罪也。宗教上所谓罪,自觉而已,人不觉也;神知而已,人不知也。罪而至于为人所知觉,则国家刑罚得制裁之,否则,社会清议亦得制裁之,毋庸宗教家之喋喋为也。十诫有曰:毋杀人,毋奸淫,毋贪人所有,岂以事实论,以行为论哉,亦问其心之有无此动念耳!今人抚心自问,辄曰吾生平未尝为恶,此真不自觉之甚者也!以孔子之圣,曰"假我数年,五十以学易,可以无大过",岂真谦词云耳哉?过之有无,惟孔子自知之耳!若必以人所知者方为恶,则何需乎慎独?何贵乎能见其过而内自讼?然则天下之抚心自问,以为吾生平未尝有大过者,妄矣!即此一念,已犯文过饰非之罪,不可救药矣!夫人必自觉有病,然后肯求治,今乃不自觉其有罪,奚肯求涤罪之方哉?所以谓不可救药也!陈子叩应忧之,著《罪言》若干章,示人以认罪之法,涤罪之方。始吾读陈子言,而觉吾身之无处非罪,踧踖而不自安,继吾读陈子言,而觉吾罪虽多,然可借神之力,以为驱除,吾心乃稍自慰,而终则泰然以安也。陈子索序,因即以吾所觉者为序。

一九一九年三月新会陈垣序

万松野人言善录跋

余之识万松野人，因《言善录》也。《言善录》每述明季西洋人译著，有为余所欲见而不可得者，《灵言蠡勺》、《七克》其尤著也。童时阅《四库提要》，即知有此类书，《四库》概屏不录，仅存其目，且深诋之，久欲一睹原书，粤中苦无传本也。丁巳春，居京师，发愿著《中国基督教史》，于是搜求明季基督教遗籍益亟，更拟仿朱彝尊《经义考》、谢启昆《小学考》之例，为《乾隆基督教录》，以补《四库总目》之阙，未有当也。已而得《言善录》，知野人藏此类书众，狂喜，贻书野人，尽假而读之，野人弗吝也。余极感野人，野人亦喜有人能读其所藏，并盼他日汇刻诸书，以编纂校雠之任相属，此余订交野人之始也。顾野人瘁矣，虽年未满六十，然生平用力至勤，及今精力已远不如昔，虽欲复事铅椠，一展卷而目眩矣。《言善录》中言将重刊《灵言蠡勺》，以饷当世，久而未刊者，亦以校雠之未得其人也。余今未至野人之年，故野人再版《言善录》，犹得为野人执校雠之役，且因是得复读《言善录》一通，以寡其过，余之幸也。使余至野人之年，未知精力如何，又未知能有野人之年否，余心悚然，惧吾德之不修，而又不能竟余曩所欲竟之业也，则少壮真当努力矣。校刊既竣，野人愿余一言，因即书此以自警。

一九一九年四月新会陈垣跋

耶稣基督人子释义序

吾友张子仲如，好以佛说谈耶理，以是为一般拘泥之基督教牧所不悦，仲如不顾也。仲如盖确有所见，谓中国现有诸教，堪与基督把臂入林者，惟佛庶几耳。恒人不入人室，而妄在门外评骘人室中铺陈之美恶，未见其能有当也。佛教始至自外国，其遭中国士夫之诟谤，倍于今日之耶教，观两《弘明集》及两《佛道论衡集》，略可见矣。昌黎以后，宋明儒者更例有一二篇辟佛之文以相标榜，未知其果出自本衷，抑恐被摈于两庑，而故为此剖白也。六朝士夫称尚佛矣，然对于沙门不拜俗等事，聚讼纷如，至欲迫以帝王之力，则与今之讥耶教徒不祀先者何以异？佛教史上所谓三武一宗之厄，毁佛像，焚佛经，坑沙门，又与雍、乾诸帝之禁基督教，及数十年前之仇教者何以异？皆以其为外国之教而排斥之也。吾读史至此，未尝不掩卷而悲，与有同感，以其可以施诸佛者，即可施诸耶也。然当时佛教，并未因此稍衰，士大夫之潜心内典者，反因此益盛。吾甚不解，今耶教徒犹有引用前人辟佛之文以辟佛，而佛教徒则岸然自大，漫议基督也。吾尝谓耶教徒非博览佛典，不可以议佛；佛教徒非精研耶理，不得议耶。仲如知其然，始读耶氏之书，继钻释迦之训，积有年所，豁然贯通，以为辩生于末学，佛之高妙，实有合于耶。于是所著论，恒援佛入耶。近出《耶稣基督人子释义》相示，亦以佛为注脚者也，嘱余为序。余所见不必与仲如悉合，余于佛所知亦极稀，顾尝闻大秦寺僧景净曾与沙门般若有同事翻经之雅（《贞元释教录》十七），会昌毁佛，大秦、穆护同受摧残（《唐会要》四十七），基督教之与佛，可谓患难之交矣。使二教有志之士，能尽如仲如之互易其经，虚心研诵，不为门外之空辩，固必有最后觉悟及最后决定之一日也。

又何必深闭固拒,鳃鳃然惧歧路之多亡哉!

一九一九年四月新会陈垣序

重刊灵言蠡勺序

《灵言蠡勺》二卷,明毕方济译撰。方济字今梁,意大利人,以利玛窦卒后三年至中国,时万历四十一年也。方济事迹,汉籍不概见,《明史·外国传》仅一见其名。《圣教奉褒》载崇祯十二年冬,方济疏陈时事四端,曰:明历法以昭大统,辨矿脉以裕军需,通西商以官海利,购西铳以资战守。得旨,毕方济着刘若金伴往海上商议澳舶事宜。《圣教史略》载方济传教南京、松江、淮南、常熟诸郡,得人甚众,瞿式耜父汝说,亦受洗于其门。又尝传教开封,与福王常洵友善,北京陷,常洵子由崧称帝于南京,谋遣使澳门借葡兵拒敌,即以方济往,既至而南京亦陷矣。唐王聿键故尝得罪被废,亲族多离贰,方济独厚待之,及称帝,招方济入闽,欲有所谋。未几聿键败,瞿式耜奉永历守桂林,复遣庞天寿与方济至澳门继续前议。永历元年三月,拒清人于桂林,有洋兵三百助战,方济之力也。方济在华三十余年,卒于杭州。初方济至京师,即习为华言,与其士大夫游。是书成于天启四年,即其至中国后十一年也。为之笔录者徐光启,时光启年六十三矣。李之藻辑《天学初函》,以此书隶《理编》。其《器编》即《几何原本》等十种,均著录文渊阁,后人分收于《守山阁》、《指海》等丛刻中,世间多有传本。《理编》九种,惟《职方外纪》《四库》著录,收于《守山阁》外,《畸人十篇》、《天主实义》、《辩学遗牍》、《七克》等,均见屏于《四库》,然今天主堂尚有刊本;惟《灵言蠡勺》、《西学凡》、《交友论》、《二十五言》等,则绝版久矣。诸编中《灵言蠡勺》说理最精,余从万松野人假得钞本,酷爱之,即欲重刊,近复得崇祯间慎修堂重刻《天学初函》本,因属樊君守执细为比勘,遂付活版。《天学初函》在明季流传极广,翻板者数本,故《守山阁》诸家均获见之。惟《理编》自遭《四库》屏黜以来,校刻家不敢过问。然吾人今之所以能知有是书者,实赖《四库》此一斥,《四库》明谓"特存其目以著之藻左袒异端之罪也",今反以是唤起吾人之注意,岂纪昀等所及料哉!方济所著尚有《睡答》、《画答》二编,曾见李之藻所为《睡画二答引》,未睹原书也。

一九一九年五月新会陈垣序

重刊辩学遗牍序

《辩学遗牍》一卷,旧本题利玛窦撰。前编为利《复虞淳熙书》,此书为袾宏和尚所已见,《云栖遗稿》《答虞淳熙书》曾提及之;后编为《辩竹窗三笔天说》,殆非利撰。据袾宏自叙,竹窗《三笔》刊于万历四十三年乙卯,而利已于三十八年庚戌物故,岂其书未刻,其说先出,故利得而辩之?然《天说》四篇皆《三笔》编末之文,庚戌与乙卯相距五年,利未必得见;且细考原辩语意,明在《三笔》刊行以后,而其中并无一语可确指为利作之据,如《复淳熙书》之屡自称窦云云者,则又显非志在托名利作以动人观听者也。当时天教人才辈出,西士中士中能为此等文者不少,此必教中一名士所作,而逸其名,时人辗转传抄,因首篇系利复虞书,遂并此篇亦题为利著,李之藻付梓时,偶未及考,故未订正耳。之藻跋谓此系得自友人一钞本,则其文为之藻本来所未见可知也。万松野人主天津《大公报》时,曾以此卷刊入报中。今欲再版,属余订正。余以旧题由来已久,姑仍其旧,而揭之如此,并补刊弥格子跋一篇。弥格子者,杨廷筠也。此跋崇祯间闽刻本有之,《天学初函》本无有。又袾宏和尚《答虞淳熙》一书亦附录之，足见袾宏始轻慢而后戒严，实因利说日炽，以至所谓名公皆为所惑，乃有四《天说》之作也。不然，既以利说为渔牧蚊蛙不足辩矣，又胡为至再至三而辩之。然自吾人观之，辩学固美事也。

一九一九年八月新会陈垣序

从雍乾间奉天主教之宗室说到石老娘胡同当街庙

即日阅《大公报·文学副刊》评拙著《雍乾间奉天主教之宗室》一文。不吝赐教，何幸如之。唯穆敬远之死，评者谓其死于西宁，似非史实。今故宫懋勤殿档有雍正四年五月初二日果郡王允礼等在京审穆敬远口供，曾载《文献丛编》第一辑。其中有一条，问穆敬远：你由西宁起解的时节，你向允禵的住处，磕头大哭，这是众耳众目的事，可见你的心肠是始终依恋允禵的了。供：楚仲把我拿了，上了锁，起解出了城，我原望着天，给天主磕头的。据此，穆敬远是雍正四年五月以前押解回京，未闻再押往西宁。仆于穆敬远事，本另有考证，此节因与苏努诸子无关，故前文从略。不意评者竟谓其死于北京为误，并信其曾遭焚尸也。

夫焚尸之刑，系因生前未经显戮，故于死后戮尸以彰其罪。雍正四年五月二十八日己未谕旨之于苏努、七十，即照此治罪。至于穆敬远既系生前受戮，何为又焚其尸？此不可信者也。

至于乌尔陈、苏尔金之死，西人记载，亦谓有焚尸事。拙著以为西人不谙当时体制，故有此传说，国人熟谙当时掌故，自知其谬，故特略之。今评者竟信以为真，不得不略为一辩。雍正五年四月十九日，王大臣曾议将乌尔陈等凌迟处死，谕曰：朕从前已将伊等之罪暂行宽宥，今复将伊等正法，西洋人不知其故，必以为伊等因入西洋之教被戮，转使伊等名闻于西洋。此雍正不肯将乌尔陈等凌迟处死之本意也。若于其死后焚尸扬灰，岂不与前旨之意相戾？其不可信一也。

前旨又谓乌尔陈等非阿其那、塞思黑等力能摇动政事者可比，此等人正法与否，并无关系。而阿其那、塞思黑之死，王大臣等亦曾议请戮尸示众，谕曰：诸王大臣等所奏，乃执法定罪至公之论。但阿其那、塞思黑既伏冥诛，其戮尸之罪，著从宽免。此雍正四年九月廿九日戊午谕也。阿其那、塞思黑且不戮尸，乌尔陈等何为戮尸？其不可信二也。

若谓戮尸之举，不必见谕旨，可以仰承意旨为之，此不谙清朝掌故者之言也。塞思黑从西宁押解回京，因未请旨，擅加锁拿，曾治押者以重罪。雍正四年八月廿八日丁亥谕：朕前差胡什礼前往带领塞思黑回京，伊并未请旨，私与楚宗商议，擅将塞思黑用三条锁锁拿；后又故意将锁宽松，任其脱卸。彼时朕即欲将胡什礼、楚宗拿问，治其任意之罪；又恐众人不知，或因此谓朕欲宽待塞思黑，或因此谓朕欲加严于塞思黑，是以未曾究问。今塞思黑既伏冥诛，则从前胡什礼、楚宗等擅将塞思黑上锁，后又私自宽释，明系有意欺罔，罪不可逭。著将胡什礼锁拿，交副都统御史常泰；并将楚宗锁拿，一同严审具奏。楚宗即押解穆敬远之楚仲。不待谕旨，擅自锁拿，尚且不可，曾谓不待谕旨，任意焚尸，有是理乎？其不可信三也。

虽然，此种传说，至今北平居民尚有之。西四牌楼北，石老娘胡同东口，大道之旁，原有南向小庙一，俗名当街庙。民国五年京都市政公所实测内外城地图，犹载其名，改修马路后始拆去。相传雍正间曾有奉天主教王爷焚尸于此，车马过之辄颠覆，乃建庙压之。《燕京开教略》所谓京西之四里园，殆即石老娘之误译欤。齐东之言，想因苏努、七十之事误传耳，似不得因西人记载，遂笃信不疑也。拙见如此，仍盼识者正之。

三月十三日陈垣

陈白沙画像与天主教士

康熙四十四年，罗马教宗派使臣多罗来华议礼，不合，多罗被禁于澳门。康熙四十六年，教廷擢多罗为枢机主教，由信德部派修士五人赍命东来。既至澳，多罗乃荐其中精天算之山遥瞻，精音律之德理格，精绘画之马国贤。三人留华效力，时康熙四十九年也。未几多罗卒于澳，三人进京。山遥瞻出差云南，病卒。德理格与于《律吕正义》纂修之役。马国贤西名理拔，在内廷供奉十年，雍正元年回西洋，创建圣家修院于纳玻理府，培植传教中国人才，殊有名。然人言清初西洋画家，多举郎世宁、艾启蒙，而不举马国贤者，因马国贤作品流传较少也。吾尝见懋勤殿旧档有粤督进呈马国贤所画陈白沙遗像折，今此像不知下落，特录其折如下：

> 总督广东、广西等处地方军务，兼理粮饷，兵部右侍郎，兼都察院右副都御史，戴罪图功，臣赵弘灿，巡抚广东等处地方，提督军务，兼理粮饷，都察院右副都御史，臣范时崇，谨俯伏恭请皇上圣安。伍月拾柒日，臣等家人柴逢智、王宗，赍回折子，奉圣旨："知道了，近夏月西洋船到时，问明速报，钦此。"又于伍月贰拾伍日，臣等家人薛廷士、焦德，赍回折子，奉赵昌、王道化、张常住、李国屏，传圣旨："尔等差人问哆啰，你国并无用伍爪龙边之理，'皇'字亦非尔等之话，种种违式，与例不合。念尔系外国之人，或不谙中国之法，或中国无知之徒写的，亦未可知。尔再详察，若认错不知，即速改来，本部院转奏；若不改不认错，本部院不但不奏，并将中国写汉字

之人，从重治罪。再西洋新来之人，且留广州学汉话，若不会汉话，即到京里亦难用，等他会话之时，尔等再写奏折奏闻，钦此。"又于伍月贰拾捌日，接到镶黄旗参领臣范时御，转传赵昌口传圣旨："西洋技巧叁人中之善画者，可令他画拾数幅画来，亦不必等齐，有叁肆幅随即差赍星飞进呈。再问他会画人像否，亦不必令他画人像来，但问他会与不会，差人进画时，一并启奏，钦此。"钦遵，臣等查得西洋船柒月已尽，尚未闻有报到，俟后有到时，另折奏闻。至传旨指示臣等诘问哆啰情由，查哆啰已于伍月拾贰日病故，并无别情，取结在案，无庸申饬。前所奏技巧叁人，山遥瞻、马国贤、德里格，已安插广州府天主堂内，令伊等学习汉话，俟伊等会时，另行启奏。马国贤所画之画，今止送到山水壹幅，人物壹幅，遵旨先行进呈，俟伊复有画到，再行差送。及问伊曾否会画人像，据伊口称会画，事开启奏，不敢冒昧，著令广城天主堂掌教郭多禄，出具甘结。据布政司详称，郭多禄不肯出结。臣等乃以本地配缋孔庙理学名臣陈献章遗像，令伊摹仿。今将马国贤所画陈献章遗像，一并进呈御览。臣等再启，柒月初三日报，有香山本澳船壹只，于上年拾贰月往小西洋贸易，今该船附有要进京西洋人两名，一名杨广文，一名麦大成，据称俱晓天文历法，应否差人伴送来京，或同山遥瞻等亦在广州学习汉话，恭候圣旨遵行。为此具折，差家人柴逢智、王宗，赍进请旨，臣等谨奏。康熙肆拾玖年闰七月拾肆日。朱批：朕安，杨、麦二人已有旨了。

明末殉国者陈于阶传

陈于阶《明史》附《高倬传》，《南疆佚史》与南都殉难诸臣刘成治等同卷，皆许其死节，而生平事迹不详，吾得其家传及诸家疏稿，乃参考志乘，为补传如下。

于阶字瞻一，号仲台，上海百曲港人。祖天俸，号曲川，官福建邵武府拿口驿丞。父绍统，号华曲，官广东增城县巡检，改浙江衢州府仓使。母徐光启女兄也。于阶性醇笃，嗜书，言笑不苟。幼从光启学天算，又受神学于意大利人毕方济，问铳法于日耳曼人汤若望。崇祯二年，以儒士佐光启修历，六年十月，光启疾笃，疏治历成模，称其思精推测，巧擅绘制，非阿言也。七年八月十六夜月食，阴晴难料，先期，督修历法李天经题奏，差员携器分诣山海关、登州公同抚臣测验，山海关差邬明著朱光大往，登州差于阶及朱国寿往，盖结队观测月食之事，中国早有之矣。事竣回京复命，清兵至宣府，京师戒严，于阶目击时艰，知非火器不足制敌，乃告归，昭事之外，日与西士讲求制造之学。松江知府方岳贡筑石堤，开十字河，筑仓城，于阶亦时预其议，而不居其名，岳贡甚重之。十六年九月，南京兵部尚书史可法荐授钦天监博士，官虽司天，职实造炮。疏曰：为特举逸才，以资练备事。窃惟南兵之所长者火器耳，是必造之甚佳，储之甚多，习之甚精，而后试之有效，非漫然尝试者也。南都各营火器，不但不多，并亦不能造，不能习，总繇于知之者无其人。臣于善造善放者多方物色，而得一人焉，则上海县儒士陈于阶也。于阶师事已故辅臣徐光启，于铳器火药置造演练之法，无一不穷其制，不极其精。而其人又浑朴老成，绝无炫耀求荣之想。宪臣方岳贡守松江十余载，知之极真，一日言之于臣，以礼聘致，今相随已三四月矣,目下造器造药,练守练战,断非于阶不能。乞敕下该部,将于阶量授南钦天监博士职衔,教练诸营火器,俟有成效,另行优叙。臣部用人之法,较之督抚不同,原无监纪赞画等官,可以创设,故不得不借一衔为鼓舞之地,伏惟圣鉴施行。二十五日具题,十一月十八日奉旨,该部知道。时岳贡以副都御史,兼东阁大学士,居京师,颇为于阶游扬。故铨部覆疏有曰:战胜攻取,以火器为长技,而精于其术者,实难其选。今儒士陈于阶,方外别传,冲锋破敌,定有专门。况其恬退不竞,有轻裘缓带遗风。留都重地,量加散局职衔,以示鼓舞,实用人要着也,应如议。十七年四月移咨劄付到时,北京已陷,于阶虽视事,然为时晚矣。五月福王至南京,可法以阁臣督师,荐升兵部司务,仍督练火器。二十五日于阶疏称:臣草莽儒生,于崇祯二年,奉旨聘取修历,七年登州测验事竣,给假回籍。躬耕自赡,已经十年,每念时艰,深切痛心。忆臣母舅先辅臣徐光启,日思报国,富强二计,讲求有年。值奴犯之初,六疏陈情,当事各执己见,不用其说,遂致四郊多垒,酿成今岁之祸,先言一一验矣。其战守器艺,臣向随侍,每为指授,因谙什一。昨岁枢臣史可法,实心干济,搜罗人才,不遗葑菲,咨及于臣,委以监督制造,题授今职,不期逆贼犯北,突遭国难,仇不共戴,恭逢陛下临御金陵,谆谆以恢剿为念,乃宗社之灵,生民之庇也。其防江进战退守等事,陛下已面谕诸臣,必能仰体熟筹,谅不再图徼幸。臣伏睹目前最急者有三要,曰严稽察,绝窥渡,坚守御。臣惟明良喜起之会,不避忌讳,更有说焉,溯自奴酋始乱,继以寇氛,争战二十六年,覆败相寻,岁无虚日。致坏之端,总有四因,曰积弊不能除,情面不能破,贿赂不能绝,体貌不能下。今际此难端,不拘大小臣工,各宜发愤惕厉,悉反前辙。复有五病,不得不言,曰不得官之效,不得民之心,不得兵之力,不得器之功,不得财之用。何谓不得官之效?朝廷设官,本欲安内攘外,非为各官荣显地也。国家承平日久,一切用人行政,皆泥于积习,牢不可破。因至陷城亡国,丧及先帝,诸臣能不猛省,奋发忠勇,共襄中兴大业乎?向来铨选,皆拘资格,无论堪任与否,比及三年,稍知职掌,又轮俸满升转。如是将视官为传舍,遇事互相推诿,日盼瓜期解任,何繇干办实政乎？何谓不得民之心？夫民者国之本也，外官之与民最亲者，莫如有司。不加体恤，任意苛求，胥役需索，甚于虎狼，员缺委署，惟饱囊橐。每郡县派征一分，百姓必损其十，朝廷恩宥十分，百姓不沾其一。中外因循，上下蒙蔽，致民苦无控告，遂视官如寇仇，民心因此而失矣。何谓不得兵之力？兵者战守之基，古昔称之为士，贵之也，且递升之可以为将，今视卒为隶役，贱之至矣。窃见有身家顾体面者，稍知技艺，便希作将领，谁肯充行伍。其应募者皆游手好闲，无复活计之徒，且养之至薄，日给二三分，至五六分而止，选锋不得过一钱。尝操应点，无非为糊口塞责，其志不在破敌立功，临阵或叛或溃。甚而抢掳得计，不思归正，日积月累，人人为寇，不可解散，既不得其死力，反受其荼毒矣。夫兵不在多而在精，自戊午以来，但闻用官，不闻用兵，宜乎决裂至此，若再不从将士器甲讲起，而空言方略，终难胜敌也。何谓不得器之功？器之功全在锋利精坚，自辽左兵兴以来，京边省直，制器不为少矣，其如积习相沿，滥恶不堪，徒费工料，造者与用者痛痒无关，所以有名无实，不得其功也。应行省直该督抚责成监司，如法制造，不合式者重处，或将岁造银两解京，设局另造，或发军前自办，将士身命所系，谁不求精。如此器有实用，费不虚縻，庶无中外交困之患矣。何谓不得财之用？国家用财几亿万，而不见丝粟之益，皆缘从省苟且之故也。养兵不加优厚，仅以薄饷支吾，养尪羸之弱卒，迨溃散之后，复行招募，虽欲省之，实重费也。又如制器不务精好，涂饰一时，临阵不适于用，委弃沟壑，新兵复行请给，则制造无休息，靡费无限量，以致国困民贫，皆缘财用之无当也。臣忧时迫切，愚昧妄陈，自知位卑言高，难逭罪辜。幸逢明圣当阳，细草亦欣向荣，况属通都积愤，癃瘵耿怀，忘其越俎，冒干天威，不胜战栗惶悚之至。二十七日奉旨，兵部知道。其言切中时弊，然非当时君相所能挽救也。旋升本监五官挈壶正。十二月十八日，复有再陈火攻急着，以资战守疏，论火铳及战车战船之制，凡二千言。其扼要之语有曰：倘敌人亦办此器，我必以大，以多，以先发，以远到，而胜之。又曰：督师辅臣史可法，以臣粗知器理，先委督造鸟铳，继委管铸大炮，近苦钱粮材料，百不应手，竟属无米之炊，虽严檄屡催，何由克济。又辅臣马士英,经理枢务,日夕焦劳,委臣先造蜈蚣船一二为式,奈所司工料未发,无从制造。臣因叹造船制器,为当今第一要策,犹以库匮不能料理,安望临敌决胜,收允文采石之功,破苻坚投鞭之众哉?疏上卒无效,益知事之不可为矣。弘光元年三月,再升本监中官正,可法赠以银带,四月清兵陷扬州,可法死之,于阶闻大恸。五月初十日,福王出走,十五日清豫王多铎入南京,总督京营戎政忻城伯赵之龙,礼部尚书钱谦益等,率众迎降,大雨淋漓,百官骞裳恐后,十六晨多铎受朝贺,递职名参谒者如蚁。于阶怃然曰:是谓中国无人也,虽然,今日之事,不降则死,不死则降,吾职虽微,恶可受辱,且他日何以见史公哉?遂沐浴具六品冠服,往铁塔仓北天主堂默祷毕,从容就义于鸡鸣山之观象台,年五十有一。子四人,不在侧,仆宋千秋敛殡于雨花台。初,绍统归自南都,遇盗江中,千秋冒刃捍之,不克,绍统被害,千秋舆尸返,于阶痛绝复苏,募壮士刃父仇。及于阶殉难,千秋复殓葬之。曰江中不死,为归榇也,南都不死,为收尸也,今可报两主于地下矣。遂死墓侧。

论曰,复仇,孝也,殉国,忠也,忠孝萃于一人之身,即其仆亦义仆也。昆山徐秉义撰《明末忠烈纪实·于阶传》,谓异氏之学,至天主而黜其矣,逃遁于无有之域,窃据于儒释之间,敢为大言,而无所用耻,至于淫污齷龊,比之狂禅,抑又甚焉。近者吾友以好学能文之子,陷溺其中,且三四载,虽以良朋之苦口,莫能挽其沦胥。今观于阶之义,光耀铿锵,乃出于圣水十字之门,然则吾友异日倘有一得,稍自建竖,以鸣盛国家,固未可定欤。其言若深有憾于天主教者。其友未知何人,既称好学能文,必非庸俗之士。此康熙初年风气,犹是明季之遗,自雍乾禁教以还,无复此时之盛矣。而秉义竟以无所用耻讥之,盖以制器尚象之事,即孟子所谓为机变之巧者也,其然,岂其然乎?呜呼,秉义,元文兄,乾学弟也,吾阅《僧鉴禅师语录》,知秉义一家信佛,其不喜天主教固宜。然秉义顾亭林甥也,而于阶则徐玄扈甥,一则尽忠祖国,一则委贽新朝。倘亭林与玄扈天上相逢,必将曰,吾甥不若尔甥也,遑论个人信仰之是非哉?本传记于阶卒时卒地,与诸家所载不尽同,盖据家传云尔。

国籍司铎之新园地

余对司铎诸君提倡文学，因时立言耳。传教首重道德感化，舍道德而言文学，自系舍本逐末。但二百年来中华公教于文学一道，过于疏忽，有提倡之必要。将来文人辈出，文胜质之现象发生，然后反对文学，未为晚也。达摩禅师以"不立语言文字"为教，裴行俭以"士先器识而后文艺"为诫，皆因六朝唐初，偏重文艺，故有是语耳。然惟文艺家方可诅咒文艺，如已故钱玄同先生，本系小学专家，方可提倡废弃汉字之论也。

余近著《南宋初河北新道教考》，诸君皆已见过。此书多用《道藏》以外材料，盖本《论语》之意。《论语》曰："孝哉闵子骞，人不间于其父母昆弟之言。"诚以道教言道教，犹粤语所谓"老鼠跌落天秤，自称自己"，无足为贵。故《新道教考》之资料，出自教内者，仅什之二三，余皆采自各大家文集碑版；左右逢源，美不胜收。足见道家与当时社会，已打成一片矣。

公教汉文译著过少，而留存教外著作中之史料尤少。故宫档案，虽有不少天主教史料，然多系无赖之徒，假公教名义，闹出之教案，无关公教本质；且有碍教会令誉，不足称道。求诸其他文献，则乾嘉以后，公教非见摈斥，即被污蔑；摈斥污蔑，实可概二百年来中国学界对于公教之态度。如国内普通西洋史，论及中世纪，莫不谩骂公教；普通历史教科书，除称誉利、汤诸公外，对公教多无好感；普通书目，不载公教书；普通论文索引，不载公教杂志论文（《辅仁学志》之《弥撒祭考》，《图书季刊》虽载其目，而不加评述，仅以"从略"二字了之）。此皆吾人身受之感觉也。

古代佛教则不然。刘宋王俭《七志》附载道佛二类,共为九类。梁阮孝绪《七录》,佛道即为七录之一,其书虽亡,而《广弘明集》犹载其序目。《隋志》四部之外,附道经佛经;自后凡著目录,莫不有释家一类。足见佛教已深入社会中心,欲去之而不能,去之,则其记载即有残阙之感。

再考公教书籍,傅泛际之《寰有诠》曾载《明史·艺文志》,天主教司铎著作入国史书目,此为创例。《四库全书》虽著录《几何原本》诸书,而存目中之《西学凡》等,均有污蔑之评语;自后并污蔑之评语亦不易闻矣。

佛教有《开元释教录》一书。卅年前,余发愿撰《乾隆基督教录》,曾与英敛之先生借板公教诸书,终因材料太少,久未著成。又明末瞿忠宣公式耜为公教信徒,公教史中,言之凿凿;余拟作《瞿忠宣奉教事迹钩沉》,在教外文献中,探觅佐证,卅年未获只字。

凡此种种,皆因公教与社会隔离过远。若南宋之新道教则不然。诸道流多能兼通儒学,广结士林,其事迹散见各名家集中;故虽欲毁灭其史迹,势有所不能。元初《道藏》曾焚毁二次,然道教史不绝;所谓百足之虫,死而不僵者也。

根据上述,敢为诸君进一言曰:与其在教内传教,不如向教外传教,换言之,与其在天主堂内讲道,不如向天主堂外布道。以司铎地位,谅不愿加入政界军界,然学术界教育界似无禁止加入之理。今有六点,希诸君注意:

一　与其办公教杂志,不如向教外杂志投稿(因公教杂志教外人少阅读)。

二　与其办公教日报,不如作教外日报记者。

三　与其办教会学校,不如任教外学校教师(此就个人言,若教会团体,自然办教会学校)。

四　与其任教会学校校长,不如任教外学校校长。

五　与其编公教学校教科书,不如编普通学校教科书。

六　与其著书专论公教,不如著书兼论公教。

数年前,方豪司铎应浙江文物展览会之征,作《杭州天主教史》一文,在教外《国风杂志》发表,余曾驰函致贺,认为破天荒。今任国立浙江大学讲师,为国籍司铎在国立大学教书之创举,至可喜慰。

欧美教士东来,亦向教外传教耳,则国籍司铎,岂可局囿教会之内,不向教外发展耶？西籍教士,能以学问才艺,充任大学教授,国籍司铎,岂可不力图充实,闻风兴起耶？

学术界教育界,当为国籍司铎之新园地！

余不谙司铎规例,任意说来,不无违碍之处,见谅为幸。

陈香伯公教论书后

本月初,陈祥春先生说富院长要请我给诸公一个考试,我想不出好题目,刚得到本家香伯先生新出《公教论》,觉得狠好,就拿来作题目。

我只知道这书好,不知道这书的毛病,又不知道教会有这类同样的书没有,所以向诸公请教。

现在得读诸公大文,这书的毛病,大概知道了,先此谢谢。但我所谓教会近出汉文之书,系指宣教的。诸公每每提到鄙著,实在不敢当。因鄙著多属历史的,不是宣教的,不能相比。

诸公又谓新会人与天主教有关,倒是实话。华籍第一个修士钟鸣仁、鸣礼兄弟,就是新会人,一六〇〇年（万历廿八年）随利玛窦到京。因新会与澳门甚近,实得风气之先。

诸公又谓陈香伯文笔甚似梁任公,亦有几分相类,因任公先生是新会人,自易受其影响。

又有以《天主实义》与此书相比的,但《天主实义》是三百年前的书,不得谓教会近出之书。

有举江司铎著《科学家与宗教》的,这书只对青年学子信科学不信宗教者说法,对老师宿儒无所用。因天主教在中国,所欠者是文学史学,不是科学,老师宿儒且每以科学与天主教联想为一气。

又有举刘韵轩所著《天主教》的,这书我亦见过,只是将寻常宣教书改为文言,心得少,新意亦少。譬之家常便饭,可以招待熟人,不足以招待生客。

且其书第一卷第四章,辨伪神与迷信,凡二十余页,只是对文化低的人说法,若对智识分子言之,竟是笑话。

又其书第三卷第四章论释、道、回回各教源流,亦占三十余页,肤浅无当,徒惹异教恶感,于本教宣传,毫无利益。

且刘书在教会出版,我所见的,封面异常俗气,不足登大雅之堂。文字虽过得去,但无出色动人之处。且书中称教徒为"教民",尤俗不可耐。诸公文又有称为"教胞"的,此等名词,似不宜再用。

陈书佳处,不独文章好,而且见解好,组织亦好,能感动人,能备人的需要,如末二篇教史、教会,都是人所欲知的。

又能在教外出板,推行较易。传教第一义,是先要人了解,第二义才是要人信从。如果要人了解,不妨附会。宣传与考证不同,考证最忌附会,宣传不忌附会。孟子对齐宣王,说太王好色,公刘好货,都是附会,引人入胜。其实太王何尝好色,公刘何尝好货。

陈书叙述教义,间有错误,只可说他不是教士而原谅之,不必以为教外人而原谅之。且所谓教外教内,只争领洗与未领洗而已。以陈君之热心宣扬公教,哪能说他不是公教信徒。

从前称扬佛教的,只分居士与和尚,一出家,一在家,没有听见说他是佛教徒与非佛教徒。因此,热心公教之徒,说教纵有讹误,只可说他不是教士,不必说他是教外人。此节请诸公注意,毋令热心向道的人不快。

且诸公多数夸许陈书"儒家贵名"一句话,以为新义,如果质之儒家的司铎们,亦未必承认这话。所说释家、道家的教义亦然,不过引人动听便了,释家、道家未必承认。

有两位批评陈书的文章,有"尤其是"三字,以为是俗语,其实此三字何尝是俗语,即使是俗语,有时亦可用。古书中夹入俗语的很多,除非八股文才不许用俗语,桐城派古文家亦忌之,但《史》、《汉》文中,有时插入一两句俗语,格外觉生动传神。所以语不论雅俗,要以能动人为主。

陈书中有一序,恨此书不翻为白话,不能普及,其说亦谬。有好些文章应用白话,翻为文言,便失其精彩,如《水浒传》等是;有好些文章,应用文言,翻为白话,即失其价值,如陈君这书是。对粗人自宜用粗言,对文人自宜用文言。如果将陈书论儒释道数章,翻为白话,粗人亦不能解。比方对不谙数学的人,用极通俗的语言来讲高等数学,不懂的依然不能懂。且教会白话作品够了,不必再提倡了。诸公以为何如?

至诸公此次的文章及书法,都大有进步。如龚、杜两司铎,本来是好的无论了,我拿前两次记录比较,没有一个不进步的,尤其是李崇正司铎,进步甚速,最可贺的。完了。

教海一楫

在神职班面前,教我来一个传教工作的讲演,实在是班门弄斧。今天这个题目,系我瞎编的。百年前有个包慎伯先生,著一书讲作文与写字,名《艺舟双楫》;后来康有为先生著一书专讲写字,也名《广艺舟双楫》。有人问他:还有一楫那里去了?他笑说:一楫就可作双楫用了。这虽是一时搪塞的话,但在中国社会中,有时字比文还切用。今天所讲的就是说传教工作写字的重要。

中国社会，向来重字，字与画并称，都被视为美术之一。《论语》说："子所雅言，诗书执礼。"这个书字，是"书同文"的书，"子张书诸绅"的书，不是指《书经》，孔子平日所常讲的，就是教人写字。孔子又说："志于道，据于德，依于仁，游于艺"，艺就包括写字在内。

自汉魏六朝唐宋以至于清，无一代不注重写字，社会既以写字为重，于是凡欲与社会接近的，就要先写好一手字，不论是智识阶级，是和尚，是道士，是女人，无不注重写字，就是外国人，来到中国，亦无不注重写字。这些以书名家见于记载的，和尚有个智永，道士有个陶弘景，女人有个卫夫人，外国人有个康昕，都是南北朝著名的书家。现在所流传的字帖，如《圣教序》、《黄庭经》等等亦无不与佛教道教有关。又元朝外国人到中国后，能以书出名的尤多，详见我所著的《元西域人华化考》。

自从鸦片战争以后，中国国势衰弱了，世人都瞧中国不起，加以道咸同光四朝，凡是朝考殿试，都特别注重写字，于是谈时务，讲变法的，就要攻击写字，说"字不过是一种符号，何必用毕生精力来讲究他？"这句话是不错的，可惜矫枉过正。教会遂受了这句话的影响了，今日全国教会都不甚注重写字，大约由于这个关系，这真是"因噎废食"了！

俗语说得好："字乃文的衣冠。"试问衣冠不整，可以传教么？与人来往书札，行款不讲，错字连篇，可以传教么？教堂所挂的匾额，所立的碑铭，字体恶劣，可以传教么？反过来说，教士写得一笔好字，自易与人周旋，得人另眼看待。不论在乡村，在都会，替人写一条子，写一广告，写一标语，如果写得齐整，写得漂亮，自然被认为智识阶级了。与人写纪念册，人欢迎；与人写扇面，人欢迎；与人写条幅、写中堂，人欢迎；与人来往书札，人欢迎，这真是极"遨游人海"的快乐了。

现在中国社会，仍然是重字，不在中国传教则已，要在中国传教，非好字不可；不与中国人来往则已，要与中国人来往，非好字不可。我见传教的，或利用音乐，或利用图画，或利用医药，或建筑美丽的教堂，或练习一口流利的国语，无非是想引人入胜，何以对于中国社会共同尊重的字，独不注意呢？难道真是受了前清末年谈时务讲变法的反对写字的影响吗？但康先生就著书专讲写字了。

写字并不难，要写到特别好自然难，但要写到水平线上并不难。我见近代的传教士如雷鸣远神父等，就写到水平线上了，雷神父所以能写到水平线上，系因亲炙英敛之先生的缘故。近日辅仁大学司铎书院的司铎，多能注意写字。"行易知难"，先要感觉到字的重要，并得名师的指示，就自然会向上了。我相信五年十年之内，中国教会必定有许多书家出来，可以一洗百年来的固陋。

查嗣庭轶事

查嗣庭，字润木，号横浦，浙江海宁人。康熙四十五年进士，授编修，雍正四年，以礼部侍郎典试江西，因文字获罪。其日记内容，略见当时谕旨。雍正四年九月廿六日谕曰："查嗣庭向来趋附隆科多，隆科多曾经荐举，朕令在内廷行走，授为内阁学士。后见其语言虚诈，兼有狼顾之相，料其心术不端，从未信任。及礼部侍郎员缺需人，蔡珽又复将伊荐举。今岁各省乡试届期，朕以江西大省，须得大员以典试事，故用伊为正考官。今阅江西试录，所出题目，显露心怀怨望，讥刺时事之意，料其居心浇薄乖张，平日必有记载。遣人查其寓所及行李中，则有日记二本，悖乱荒唐，怨诽捏造之语甚多。又于圣祖仁皇帝用人行政大肆讪谤，以翰林改授科道为可耻，以裁汰冗员为当厄，以钦赐进士为滥举，以戴名世获罪为文字之祸，以赵晋正法为因江南之流传对句所致，以科场作弊之知县方名正法为冤抑，以清书庶常复考汉书为苛刻，以庶常散馆为畏途，以多选庶常为蔓草为厄运，以殿试不完卷黜革之进士为非罪。热河偶然发水则书淹死官员八百人，其余不计其数。又书雨中飞蝗蔽天。似此一派荒唐之言,皆未有之事,而伊公然造作书写。至其受人属托,代人营求之事,不可枚举。又有科场关节及科场作弊书信,皆甚属诡秘。今若但就科场题目加以处分,则天下之人,必有以查嗣庭为出于无心,偶因文字获罪,为伊称屈者。今种种实迹见在,尚有何辞以为之解免乎!著将查嗣庭革职拿问,交三法司严审定拟。"按雍正四年丙子科江西乡试,首题为"君子不以言举人,不以人废言",次题为"日省月试",三题为"山径之蹊间"。

何焯轶事

何焯字屺瞻,号义门,江南长洲人。康熙四十二年赐进士,授编修,学者称义门先生,著有《义门读书记》、《行远集》等。康熙五十四年十一月十一日上谕:翰林何焯,为人狂妄,众所共知。朕钦赐以举人进士,伊当终身感激,乃生性不识恩义,将今时文章,比之万历末年文章,将伊女与允禵抚养,又为潘耒之子夤缘,罪应正法。但念其稍能记诵,从宽免死,著将伊官衔并进士举人革去,在修书处行走,如不悛改,著该管官员,即行参奏。此谕为先生墓志墓碑行状所不载,盖为贤者讳也。

年羹尧轶事

年羹尧,字亮工,号双峰,镶黄旗汉军人。康熙三十九年进士,授检讨,官至川陕总督,抚远大将军。雍正三年三月廿三日,年羹尧以日月合璧五星联珠具本奏贺,得旨:年羹尧所奏本内,字画潦草,且将朝乾夕惕,写作夕惕朝乾,年羹尧平日非粗心办事之人,直不欲以朝乾夕惕四字归之于朕耳。朕自临御以来,日理万机,兢兢业业,虽不敢谓乾惕之心,足以仰承天贶,然敬天勤民之心,时切于中,未尝有一时懈怠,此四海所知者。今年羹尧既不以朝乾夕惕许朕,则年羹尧青海之功,亦在朕许与不许之间而未定也。朕今降旨诘责,年羹尧必推托患病,系他人代书。夫臣子事君,必诚必敬,陈奏本章,纵系他人代书,岂有不经目之理。观此,则年羹尧自恃己功,显露不敬之意,其谬误之处,断非无心。此本发与年羹尧,令其明白回奏。语曰:"凡曾参与人机密者危。"年羹尧久在雍邸,参与机密,至是大有兽尽狗烹之感矣。欲加之罪,何患无辞,此汪景祺所以有功臣不可为之论也。

钱名世轶事

钱名世,字亮工,号纲庵,江南武进人。康熙四十二年一甲三人进士,官至侍讲。雍正四年三月三十日,大学士九卿等奏:食侍讲俸之钱名世,作诗投赠年羹尧,称功颂德,备极谄媚。且以平藏之功,归美年羹尧,谓当立碑于《圣祖仁皇帝平藏碑》之后。甚属悖逆,应革职,交与刑部从重治罪。得旨:向来如钱名世、何焯、陈梦雷等,皆颇有文名,可惜行止不端,立身卑污,所以圣祖仁皇帝摈斥不用,置之闲散之地。而钱名世谄媚成性,作为诗词,颂扬奸恶,措词悖谬,自取罪戾,今既败露,益足以彰圣祖知人之明。但其所犯尚不至于死,伊既以文辞谄媚奸恶,为名教所不容,朕即以文辞为国法示人臣之炯戒。著将钱名世革去职衔,发回原籍,朕书"名教罪人"四字,令该地方官制造匾额,张挂钱名世所居之宅。且钱名世系读书之人,不知大义,廉耻荡然,凡文学正士,必深恶痛绝,共为切齿。可令在京见任官员,由举人进士出身者,仿诗人刺恶之意,各为诗文,纪其劣迹,以儆顽邪,并使天下读书人知所激劝。其所为诗文,一并汇齐缮写进呈,俟朕览过,给付钱名世。今故宫出版有《名教罪人诗》一卷,作者凡三百八十五人,武英殿纂修原进士方苞诗云:"名教贻羞世共嗤,此生空负圣明时。行邪惯履敧危径,记丑偏工谀佞词。宵枕惭多惟梦觉,夏畦劳甚独心知。人间无地堪容立,老去翻然悔已迟。"今诸人诗集多不录此等诗,殆物伤其类欤!

方孝标方苞轶事

方氏为桐城望族。方孝标,字楼冈,方苞族祖,顺治六年进士,官至侍读学士,著有《钝斋文集》《滇黔纪闻》。方苞,字灵皋,号望溪,康熙四十五年会试中式,官至礼部侍郎。二人皆以古文名,同与于《南山集》之狱。《南山集》者,桐城戴名世集名。名世康熙四十八年一甲二名进士,亦治古文,与苞齐名。名世门人尤云鹗,宛平人,寄居江宁,与苞同为隆都蔡氏婿。云鹗刻《南山集》,苞为之作序,集中有《与余生书》，称明季三王年号，又引孝标《滇黔纪闻》，语有违悖。康熙五十年，副都御史赵申乔发其事，时孝标已前卒，名世论斩，苞以与孝标同宗，又为名世作序，凡方氏族人多因此获罪。康熙五十一年正月廿二日，刑部等衙门奏：察审戴名世所著《南山集》、《孑遗录》内有大逆等语，应即行凌迟；已故方孝标所著《滇黔纪闻》内亦有大逆等语，应剉其尸骸；戴名世、方孝标之祖父子孙兄弟，及伯叔父兄弟之子，年十六岁以上者，俱查出解部，即行立斩，其母女妻妾姊妹，子之妻妾，十五岁以下子孙，伯叔父兄弟之子，亦俱查出，给功臣家为奴。方孝标归顺吴逆，身受伪官，迨其投诚，又蒙恩免罪，仍不改悖逆之心，书大逆之言，令该抚将方孝标同族人，不论服之已尽未尽，逐一严查，有职衔者，尽皆革退，除已嫁女外，子女一并即解到部，发与乌喇、宁古塔、白都纳等处安插。汪灏、方苞，为戴名世逆书作序，俱应立斩。方正玉、尤云鹗，闻拿自首，应将伊等妻子一并发宁古塔安插。编修刘岩，虽不曾作序，然不将书出首，亦应革职，佥妻流三千里。上曰：此事著问九卿具奏，案内方姓人，俱系恶乱之辈，方光琛投顺吴三桂，曾为伪相，方孝标亦曾为吴三桂大吏，伊等族人，不可留本处也。康熙五十一年四月初十日，刑部等衙门议覆戴名世等一案，上谕大学士等，案内拟绞之汪灏，在内廷纂修年久，已经革职，著从宽免死，但令家口入旗。方登峄之父，曾为吴逆伪学士，吴三桂之叛，系伊从中怂恿，伪朱三太子一案，亦有其名，今又犯法妄行，方氏族人，若仍留在本处，则为乱阶矣，将伊等或入八旗，或即正法，始为允当。此事所关甚大，本交内阁收贮，另行启奏。康熙五十二年二月初七日，大学士等以刑部等衙门审拟戴名世私造《南山集》，照大逆例凌迟一案请旨。上谕戴名世从宽免凌迟，著即处斩，方登峄、方云旅、方世樵，俱从宽免死，并伊妻子充发黑龙江。此案内干连人犯，俱从宽免治罪，著入旗。至是苞遂隶旗籍，雍正元年，始赦归，并其族人，悉令出旗还籍。方登峄者，方兆及子，乾隆时直隶总督方观承之祖。工书能诗，著有《述古堂诗》。《满汉名臣传·方苞传》，误登峄为苞子，《清史稿·方苞传》又误登峄为孝标子，均未考。

彭家屏轶事

彭家屏，字乐君，河南夏邑人。康熙六十年进士，官至江苏布政使，以病家居。乾隆二十二年夏，因勘灾，发见夏邑生员段昌绪有收藏吴三桂檄文事，召家屏诣京，问有无传钞此项檄文及禁书。家屏供出藏有《潞河纪闻》、《豫变纪略》、《南迁录》，并钞本天启崇祯政事等数种。又搜出家屏乾隆九年所刻族谱，名《大彭统记》，遇明万历年号，"历"字并未阙笔，以此议斩，从宽赐令自尽。

乾隆二十二年四月二十日谕：河南夏邑等县被灾一事，初因询问彭家屏，特命该抚同往查勘，复密遣司员观音保前往查访得实，是以将图尔炳阿革职，发往军营效力，道府以次议处，夏邑永城二县知县俱革职拿问，所以深为地方官玩视民瘼之戒也。此观音保未回之先，复有夏邑民人刘元德，遮道陈诉，并称县令不职，乞易贤而爱民者，朕即知其必有指使之人矣，亲加询问，供出生员段昌绪，武生刘东震，主谋指使。因令侍卫成林带往豫省，会同该抚查讯。今据成林回奏，至夏邑时，令该县差提段昌绪等，竟抗不到案。知县孙默，亲往查拿，乃于段昌绪卧室中，搜出逆犯吴三桂伪檄一纸呈览。阅其伪檄，则皆毁谤本朝之言，极其悖逆，段昌绪为之浓圈密点，加评赞赏，见者无不发指。夫吴逆之檄，不过曹操、司马懿之作为耳，乃有丧心毒恶之徒，于此等伪檄，竟忍抄录收藏，动笔批阅、称赞，朕实为之寒心。夫地方被灾，封疆大吏不能据实查办，自有应得之罪，然百姓中有如此悖逆之人，灭绝伦纪，居心叵测至此，自足上干天和，灾祲之来，实由自召。朕从前降旨治图尔炳阿等之罪，原因讳灾，今经办出逆檄一事，是缉邪之功大，讳灾之罪小，图尔炳阿不必革职，著仍留河南巡抚之任，夏邑县知县孙默,能查出此事,尚属能办事之员,并永城县知县,俱免其革职拿问,各仍留原任。但段昌绪家既有此书,传钞何自,此外必尚有收存。即彭家屏家,恐亦不能保其必无,即应委大员前往伊家,严行详查,并著方观承前往会同图尔炳阿查办。

乾隆二十二年四月二十七日谕:彭家屏系久列大员,世受国恩之人,乃据称吴三桂伪檄,实未寓目,再三诘问,但称有明末野史等类,存留未烧,实不曾看等语。既云未看,何以知其不当存留?天下岂有止见一书之名目而遂晓然其为何等书者乎!人家藏书,固不能遍阅,但既知为不当存留之书,而又故为藏匿,是诚何心?岂必如段昌绪之批阅伪檄,始马上干宪典耶!彭家屏著革职拿问,俟方观承等查奏到日,审明按律治罪。

乾隆二十二年五月十一日谕军机大臣等:前因彭家屏供出家藏有明末野史《潞河纪闻》、《日本乞师》、《豫变纪略》等书,续又供出《酌中志》、《南迁录》,并钞本小字书,系天启崇祯年间政事等书。以上各种,该督等何并未查出一种?甚属草率,著将供出书目,并寄该督等逐一详细查明具奏。寻奏:段昌绪所抄逆檄,由司存存给,而司存存抄自司淑信,司淑信得自已故郭芳寻家,此外实无传抄之人。至彭家屏家书籍,查出明季《豫变纪略》刻本,其余《日本乞师》等书,据彭家屏之子彭传笏供称,于四月十六日闻段昌绪有逆书之信,查阅家中书籍,见有明末钞本等书,恐有连碍,未暇检阅,概行烧毁等语。查彭传笏烧毁各书,系出己意,抑系彭家屏传信,及得书来历,均须对质明确。除段昌绪等按律定拟外,请将彭传笏等交部严讯。得旨:细阅供单,尔等不无将就了事之意;著将犯人交方观承亲带至京请旨。

乾隆二十二年六月初七日谕:九卿科道等审拟段昌绪彭家屏一案:段昌绪抄录伪檄,圈点评赞,悖逆已极,其罪自不容诛。至彭家屏前因段昌绪家查出伪檄,彼时以该处人心恶劣,即彭家屏家亦不能保其必无,因降旨严查。及到京后,召九卿科道面询彭家屏,所问者伪檄,及诋毁悖逆类于伪檄之书耳,而彭家屏果供出抄存明末野史数种。盖彼时彭家屏意中,以朕已查获伊家中书籍,难以狡饰,是以据实供认,尚冀消减万一。而伊子不知,希图灭迹,先已闻风烧毁。若使此数种书中果无悖逆诋毁之言,亦何必作此鬼蜮伎俩耶!以彭家屏居心观之,则其所抄藏者自系诋毁悖逆之词,又焉知其不加以批阅评点耶!其所供之书,俱称得自昆山徐乾学家,此时若逐加根究,何难追出原本。然蔓引株连,获罪者众,朕所不忍。试思本朝抚有中夏,厚泽深仁,薄海臣民,共享太平之福,在定鼎之初,野史所纪,好事之徒,造为荒诞不经之谈,无足深怪,乃迄今百有余年,海内缙绅之家,自其祖父世受国恩,何忍传写收藏!此实天地鬼神所不容,未有不终于败露者,如段昌绪、彭家屏之败露,岂由搜求而得者乎!彭家屏本应斩决,但所藏之书,既经烧毁,罪疑为轻,著从宽改为应斩监候,段昌绪从宽改为斩决,司存存、司淑信,俱从宽改为应斩,彭传笏依拟应斩,俱著监候,秋后处决。

乾隆二十二年七月十三日谕:图尔炳阿奏彭家屏所刻族谱,取名《大彭统记》,甚属狂妄等语,因命新调巡抚胡宝瑔查取进呈。则以大彭得姓之始,本于黄帝、昌意、颛顼。夫氏族谱系,士大夫家恒有之,亦何至附会荒远,以为迢迢华胄,乃身为臣庶,而牵引上古得姓之初,自居帝王苗裔,其意何居?且以《大彭统记》命名,尤属悖谬,不几与累朝国号同一称谓乎!至阅其谱刻于乾隆甲子年,而凡遇明神宗年号,于朕御名,皆不阙笔。朕自即位以来,从未以犯朕御讳罪人,但伊历任大员,非新进小臣及草野椎陋者可比,其心实不可问。彭家屏原系应斩立决之犯,即秋审时亦必予勾,著从宽免其肆市,即赐令自尽,以为人臣之负恩狂悖者戒。

记吕晚村子孙

吕晚村先生留良,卒于康熙二十二年,其子吕无党葆中,康熙四十五年一甲第二人及第,不久亦下世。雍正七年因湖南人曾静上书总督岳钟琪,遂发见《晚村文集》、《日记》有诋毁清朝之语,时去晚村之卒已四十六年矣。五月廿一日乙丑,特降谕旨,吕留良及其子孙,嫡亲兄弟子侄,应照何定律治罪,著九卿翰詹科道,督抚提督两司,各抒己见,详核议奏。旋合词陈请应照大逆例治罪。又降旨各省学臣询问各学生监,取具结状具奏。咸谓吕留良父子之罪,罄竹难书,律以大逆不道,实为至当,并无一人异词。雍正十年十二月十二日乙丑谕,吕留良、吕葆中俱著戮尸枭示,吕毅中著改斩立决,其孙辈俱应即正典刑,但以人数众多,著从宽免死发遣宁古塔给与披甲人为奴。事具《大义觉迷录》,及《世宗实录》。

乾隆四十年正月十二日庚申,上谕有曰:"前据弘昫等奏,查审逆犯吕留良之孙吕懿兼,曾孙吕敷先,捐纳监生一事,系户部办理错误。朕前谕令将发遣之曾为职官及举贡生监出身者,免其为奴,于戍所另编入旗,出户当差,系指寻常为奴遣犯而言。其真正反叛人犯,原旨即在开除不办之列。若吕留良子孙,系大逆重犯缘坐,岂可援轻罪有职人员,概免为奴出户,致令逆恶余孽,得仍窜籍良民,所有吕懿兼、吕敷先二犯,前既幸为开户,今复妄思溷厕衣冠,情罪尤为可恶。若仅照该将军所拟,永远枷号,罪及其身而止,尚不足蔽辜,著将该二犯及其家属俱发往黑龙江给与披甲之人为奴。"谕见《高宗实录》。

关于吕懿兼、吕敷先捐监之事,《实录》所书只此。余藏有乾隆四十年旧档,载此事甚详。录之可见晚村先生子孙当时在戍所之生活状况。

据盛京将军弘晌等奏,吕懿兼之捐纳监生,系伊堂侄吕衡先、吕念先出资,托客民辛金山代捐。吕敷先之捐纳监生,系吕敷先将房契一纸,向吕衡先押银,托客民朱尚周代捐。吕懿兼曾充宁古塔医官,后因旗人不准充医官,被副都统增海革退。但发遣之人,每五日点卯。吕懿兼欲捐纳监生,免其点卯。又以无力,因吕衡先开设面铺,且作官票人参牙行,吕念先开设药铺,遂向二人各挪借银六十余两,共得银一百二十五两,随开写三代履历,托吕衡先铺内伙计辛金山进京之便,于乾隆三十八年四月捐纳监生。

吕敷先见吕懿兼已经捐监,亦欲告假亲自上京捐监,该管协领佐领查系发遣之人,不许出境。伊乃将房契一纸,原价三百两,托吕衡先押银一百二十五两。适有江苏客民朱尚周在宁古塔贩置官参上京,吕敷先即将履历及银托其报捐,将监照寄至盛京开裕昌号之客民叶楚兰,交吕衡先之外甥李朝彦,转交吕敷先收执。

吕姓本系发遣为奴之犯,何以饶有余资?因伊等于乾隆二年得旨随旗当差以后,遂各自谋生。吕懿兼学习行医,吕念先即在药行生意,后开药铺,兼贩卖米盐。

吕敷先先曾读书,后在永泰号学习生理,旋即据有其铺,换赫哲费雅哈等处貂狐皮张,又在宁古塔旗下包放账目。其账以二八月关钱粮后放出,不拘借过几月,每两利银二钱,至下次关钱粮月分清还。后又在所居之东京城村,设烧锅一处。

吕衡先先学面铺生理,又作官参牙行,兑换赫哲费雅哈貂皮,及放给领票刨参之人账目,遂积有多金,此皆各该人供词所述也。

又据吉林将军衙门移咨,查封各该人等家产。吕懿兼房十三间。吕敷先房一百六十五间,地四百一十四垧,烧锅铺一座。吕衡先房三十五间,地五十垧,盐二万五千斤。吕念先草房二十八间,银三百两,春雨堂药铺一座。其余钱文牲畜器具等物,及放给客人之银货账目,各具清册到部。缘宁古塔地方,米粮价贱,市贩易于获利,吕敷先、吕衡先冒禁取利,转鬻参貂,故挟赀独厚。

又据刑部议奏，该犯等以逆恶子孙，胆敢违禁取利，盘剥旗人，已属罪无可逭，乃吕懿兼、吕敷先妄思滥列仕籍，尤属不法。应将吕懿兼、吕敷先二犯并其家属，俱发黑龙江给与披甲人为奴，吕衡先、吕念先系代为出资之人，俱解往宁古塔枷号三个月示众，佥妻子往黑龙江充当苦差。辛金山、朱尚周审无别情，但为大逆子孙带银捐监，甚属不合，应在宁古塔地方枷号两个月，满日各折责三十板，解回各原籍管束。

又查原经发遣之吕姓在宁古塔者，共十二户，男妇大小及家人仆妇等一百零一十一名，俱已分编入旗。除改遣人犯外，其余应交各该管官严加管束，并永远禁其考试捐纳。

至户部收捐各项官生，原凭本籍出有保结，方准入册。今阅该二犯监照四张，内俱开有吕留良名字，似此逆恶之人，户部国子监各官岂容漫无详察，即令厕名学舍，亦应一体交部议处。《实录》所载乾隆四十年正月十二日之谕旨，即根据上列各件而发也。

民国二十四年六月，北平辅仁大学有教育系毕业生吕永泰，黑龙江人，其家长吕子珍，在黑龙江省城开张涌巨广生意。永泰来见，温文有礼。余叩其家世，知为晚村先生之后，相与欷歔者久之。

记徐松遣戍事

清国史馆《徐松传》："嘉庆十六年，督学湖南，因事戍伊犁。"不言何事也。《清史稿·徐松传》："简湖南学政，坐事戍伊犁。"不言何事，更不言何年。光绪《畿辅通志·徐松传》："嘉庆十四年，视学湖南，坐事谪伊犁。"不言何事，而云十四年。

《艺风堂集·徐星伯事辑》曰："嘉庆十五年，简湖南学政，《畿辅通志》以为十四年，误。"又曰："十七年为御史赵慎畛所纠，谪戍伊犁。"亦未明言何事。而云为赵慎畛所纠,已较明晰;特当云十六年为赵慎畛所纠,十七年谪戍伊犁耳。

李元度《国朝先正事略·赵慎畛传》:"湖南学政某,以矜愎失士心,欲附公自固,列公诸子优等,公仍奏劾之。"某即徐松也。《清史稿·慎畛传》采此,明著徐松,然所劾何事,仍不明也。

《东溟后集》姚莹撰《赵慎畛行状》云:"嘉庆十六年,湖南学政父干试事,公奏论之。"此徐松父也。徐松父曾随任到湖南,余藏鲍桂星致汤金钊札载之。札云:"星伯远戍可怜,闻其家公竟无以为行费,未稔有为之赠策者无也?唯先生生死而肉骨之,幸甚!彼过鄂时,当为竭绵耳。"鲍时为湖北学政,汤继徐为湖南学政也。

又一札云:"星伯到楚,只余数十金,家人典我敝裘助之而去。其尊人舟过,前后共'毛诗'以外,亦聊尽吾心而已!此子失之轻燥,然实佳才,可为叹惋!"据此,则徐父实曾随任,《赵慎畛行状》所说,或可信也。

然清国史馆《赵慎畛传》无此说。传云:"慎畛湖南武陵人,嘉庆十五年补礼科给事中。十六年奏参湖南学政徐松乘轿入棂星门;每试各属,发交诗文,苛派重价;需索红案陋规;纵容家丁,凌辱士子;所出题目割裂圣经。上命工部左侍郎初彭龄会同巡抚广厚讯明,褫松职,遣戍乌鲁木齐。"不言其父干试事也。

又《初彭龄传》:"彭龄山东莱阳人,嘉庆十六年十一月转工部左侍郎。十二月给事中赵慎畛奏参湖南学政徐松需索陋规及出题割裂圣经等款,命彭龄赴湖南会同巡抚广厚查办,鞫实,褫松职,戍乌鲁木齐。"亦不言其父干试事也。

《清仁宗圣训严法纪类》载:"嘉庆十六年十二月廿八日谕,初彭龄等奏查办学政徐松款迹一折,此案徐松于按试时每学发交经文试帖新编,派出重价一款,现据讯明长沙府及长沙善化两县,每处发给一百四十本,一百二十本不等,均令士子每本缴银三钱六分。又招覆优等生员每人缴钱数百文,为刊刻考卷所需。又擅将备卷童生发县充佾,每学自五六名至二十余名不等,实属违例!其出题割裂,亦查明有据。

徐松身为学政，罔顾廉隅，取戾甚重。伊考试各郡，不止一处，长沙三学勒索如此，其余可知。著初彭龄等查明伊各处所得卖书价值，及优等生员缴钱之数，共有若干，将来应并赃计罪。至于考试题目，出自圣贤经传，亦不应妄行割裂，侮慢圣言，此一节亦有应得罪名。伊既如此狂妄，恐平日所著诗文有悖谬之处，亦未可定。将来定案时，当一并叙列，核拟具奏。"此谕《实录》不载，故《东华录》亦缺，然亦无父干试事之说也。

《嘉庆会典事例·毕政考核门》载："嘉庆十七年，刑部议覆侍郎初彭龄等奏湖南学政徐松考试勒索并发卖书籍渔利等情，此案已革学政徐松考试出题割裂文义，并违例滥取俏生，不派教官监场，失察家人书役轿夫勒索喜钱，散卖熟食，抢拾箭枝，并令优等生员出钱刊刻试卷各款，或咎止降罚，或赃非入己，均属轻罪。其将书籍分派教官，转令童生购买，除去工本银两外，计得余利银四百七十六两，依律罪止杖一百，流三千里。惟该学政卖书渔利，种种失察，又复任意派令家人查号，割裂出题，以致士论沸腾，实属猥鄙不职，应请旨发往新疆效力赎罪。"此最后定案之刑部议奏也。其所以遣戍者，为发卖书籍渔利，其所得利为四百七十六两，未尝有父干试事一款也。

然则父干试事之说何自来？或赵慎畛原奏有之，部覆不置议，如乘轿入棂星门一节乎？尝求之军机处档，赵慎畛参徐松原折尚在，折云："礼科给事中臣赵慎畛为请旨查办事，窃臣籍隶湖南，风闻本省学政编修臣徐松，案试实庆，乘轿进棂星门，士子纷议不服，经提调官惩责轿夫始息。每试各府州属，每学发交阴骘文排律诗，乙丑会闱经文百二十册，卷帙无多，派价转重，其价责令各学教官汇缴，士子推卸不领，教官赔累难堪，已于案试长沙时，经举监生员公呈诉告抚藩臬各处有案。招覆取列优等之生员，每人于点名前各缴钱数百文。招覆取进之新生，向有红案陋规，加增至十数两，恐人不遵依呈缴，悬牌示谕有云：'如该童生有任意玩延，观望不前，受人把持，立即扣除另补，将廪生教官亦并惩治不贷'等语。闻经公呈诉告后，独长沙郡属较他处稍减。考试文童，每县发备卷二三十名，每名索费数金，即令注册，准作佾生,惟长沙郡属仅发一二名。又纵容家丁,凌辱士子,往往指斥为苗子,该学臣即出'子曰苗'之题目。每考试教官及招覆新生,每人卖给熟食,索钱数百文不等。考试武童,强取弓箭,仍复发卖。其出《四书》题目,割裂经文,如'纮饰'、'室车'、'至于犬'、'不畜牛'、'驷不及舌至虎'、'南宫适出至东里'之类。以上各节,现今都中纷纷遍传,臣既有所闻,又兼奏事之责,不敢不缮折具奏,伏祈皇上敕下湖南巡抚详密查明办理,为此谨奏。嘉庆十六年十一月二十日。"

计原折所参,可分九款:

一乘轿进棂星门,二重价发卖诗文,三优等生员缴钱,

四加增红案陋规,五滥取佾生索费,六家丁凌辱士子,

七卖给熟食索钱,八强取弓箭发卖,九出题割裂经文。

并无父干试事一款。光绪十六年江标视学湖南,宝庆府学教官吴德襄出示徐松所藏同人书札,江标为题六绝句,其四云:"公有奇才吾可知,公耽奇癖吾非之,寻常一样刊书卖,一负宏名一罪私!"并注云:"公使湘中,以所刻书勒诸生买读,被议去官,而祁文端使吴亦刻书命诸生买读,而至今人颂之,何耶?"是江标时犹知徐松为卖书渔利而被谴,不知姚莹何以误为父干试事也。意者姚莹误以朱士彦之事为徐松事欤?

《光绪会典事例·学政考核门》载:道光六年,御史钱仪吉奏参浙江学政朱士彦之父随棚分阅试卷,出题割截太甚。上谕:"该学政之父朱彬,迎养到浙,止宜在署居住,不应随棚阅卷,若亦帮同校阅,岂不与干预公事无异?"此钱仪吉参朱士彦事也。赵慎畛卒于道光六年,时适有朱士彦之事发生,朝野喧传,姚莹为赵慎畛撰行状,遂误以赵慎畛之奏犹钱仪吉,徐松之事犹朱士彦,故谬曰"湖南学政父干试事,公奏论之"也。

附录

文成后复在军机处档得初彭龄等拟奏,及徐松亲供,此事史料遂完备。按徐松生平著述最有价值者,为《西域水道》诸书,其得力全在七年之谴戍。故不嫌繁复,并将二件附录如后。丙子二月,陈垣。

一 初彭龄等拟奏

臣初彭龄臣广厚为审明定拟具奏事,窃照给事中赵慎畛参奏湖南学政徐松考试勒索等款,臣等钦遵谕旨,请将徐松革职拿问,一面檄调实庆府知府及教官来省质讯在案。嗣据该府柳迈,邵阳县学教官周世举,于上年十二月二十六日到省,臣等即提集犯证,隔别研讯。

如原参徐松按试宝庆,乘轿进棂星门一节,审据徐松供称:是日天雨,轿夫并不在下马牌住轿,伊因轿帘放下,直至角门小檐下住轿,始行知悉,当将轿夫呵斥,并无坐轿进棂星门。质之实庆府知府柳迈祖,县学教官周世举亦称:棂星门向来不开,出入俱由角门,学政都从下马牌下轿,步行入角门。士子见学政在角门檐下始行住轿,不知系轿夫错误,颇有谈论,并无纷议不服,将轿夫责惩始息之事。

又原参各府州县每学发交排律经文一百二十册,教官赔累难堪一节,讯据该学政家人刘贵供称:伊主刻有《经文试帖新编》一册,每到各府州考试时,交教官卖给生童,大学一百四十册至一百二十册,中学七八十册至四五十册,小学二三十册不等,每册取工价银三钱六分。伊主原吩咐教官听生童自愿购买,如有不愿买者,即将原书交还,不必勉强。共考过六府三州,发过书四千零一十册,各教官缴还书一千六百三十册,实卖出书二千三百八十册,收过元丝市平银八百五十六两八钱,除每册工价银一钱六分,共工本银三百八十两八钱外,实得余利银四百七十六两。至发过长沙府学一百四十册,长沙善化二县学各一百二十册。三学教官缴价时,原说书已发完,有几名未交价,系该教官先行垫缴，伊主并无抑勒赔垫。质之长沙府县学教官，据称：徐学政分发书籍，原有生童不愿购买不必勉强之语，但生童中贫苦者多，内有已经散给未经交价者，伊等先措银垫缴，随后向生童收回是实。臣等查该学政考过已有六府三州，恐发卖书籍不仅二千三百八十册，其所得余利亦断不止四百七十余两。随提徐松严行究讯，据称："我刻有经文试帖发售生童取利，实属糊涂妄为。但刊刷书籍实止六千册，除卖出二千三百八十册外，其各学缴还一千六百三十册，并其余各书俱现存署中。至每册实需刊刷工价银一钱六分，我止得余利银四百七十六两，有工匠可质"等语。臣等随提工匠质讯，并吊取所存书册，与徐松所供相符。

又原参招覆取列优等生员，每于点名前各缴钱数百文一节，据该学政家人刘贵，承差周琪供，系该学政考取各学生员，在一等前列者，欲将文字选定刊刻，令每人各缴刊价钱二百文。计考过六府三州，共六十二学，每学取六七百文不等，统共收钱三十七千八百文。除买梨板用去九千九百文外，刘贵现存钱二十千，周琪存钱七千九百文。因该学政未将文字选定发刊，是以此项钱文尚存，并未侵用。臣等恐不止此数，摘传长善两县学前列优等生员质讯，据称，每名实止缴钱二百文，尚有不能足数者，与刘贵等所供相同，此外实无多索。

又原参加增红案陋规至十数两一节，讯系该学政家人刘贵起意与同主家人杨元及书办唐联芳，承差蒋谦商允，因红案陋规已奉例禁，无钱使用，令蒋谦向新进童生覆试时讨取喜钱，内中有给有不给，所给钱数自一二千文及五六百文不等，并无索取十余两之多。前后六府三州共得钱六百六十余千文，该学政并不知情，亦无悬牌示谕之事。臣等查该家丁刘贵与书办唐联芳等内外交通，索取喜钱至六百余千之多，该学政徐松何致漫无觉察？且徐松发卖书籍，尚图取利，岂独于此项钱文毫无入己之事？难保非授意勒索，阳托喜钱为名，隐蹈红案陋规旧习，不可不切实根究。随传长沙府县学及邵阳县教官并摘传廪生及新进生员等查讯，据称：实止家人书役讨取喜钱，并非徐学政加增红案陋规，果有其事，何肯代为隐饰。似当可信。

又原参纵容家丁凌辱士子,指斥为苗子,即出"子曰苗"之题目一节,不特该学政坚称出题本属无心,并非有意讥诮,即讯之教官等,亦止称该学政场规过严,并不派教官监场,专派家丁查号,见有生童交头接耳,出号行走,即扭禀罚跪,是以士子多有怨望,并无非理凌辱,并斥为苗子情事。

又原参考试教官及招覆新生,卖给熟食索钱一节,讯系家丁刘贵每逢考试教官,预备熟食点心,送给各教官,赏银一二钱不等。并茶房吴八刘六先期买备点心,放在考棚,卖给招覆新生,虽较寻常买价稍昂,为数尚属无多。

又原参考试武童,强取弓箭,仍复发卖一节,审缘轿夫张勇见武童射箭时,箭枝落靶,随同执事人役大家捡拾。该武童等多有用钱赎取,每枝七八文不等,并未抢弓。

至原参出题割裂经文一节,据该学政供称:为防闲生童抄袭旧文起见。但如"缌饰"、"室车"、"至于犬"、"不畜牛"、"驷不及舌至虎"、"南宫适出至东里"等题,虽系防闲抄袭,实属割裂句读,有乖文体,殊失命题课士之道。

以上各款,臣等逐一推鞠,反覆研审,该学政徐松无可置辩。查律载监临官挟势将自己物货散与部民多取价者,计余利准不枉法论;又不枉法赃折半科罪;又名例称准,但准其罪,罪止杖一百流三千里。又律载官吏非因公务科敛人财物入己者,计赃以不枉法论,无祸人,罪止杖一百流三千里,各等语。此案学政徐松除出题割裂文义,违例滥取佾生,不派教官监场,及失察家人书役轿夫勒索喜钱,散卖熟食,抢拾箭枝,并令优等生员出钱刊刷试卷各款,或咨止降罚,或赃非入己,均属轻罪不议外,其将书籍分派教官,转令生童购买,除去工本银外,计得余利银四百七十六两,应依监临官挟势将自己物货散与部民多取价者,计赃准不枉法论罪,止杖一百流三千里。该学政卖书渔利,种种失察,又复任意派令家人查号,割裂命题,以致士论沸腾,实属猥鄙不职。徐松前已请旨革职,应请发往新疆效力赎罪。除供册咨部外,谨将审明定拟缘由,合词恭折驰奏,伏乞睿鉴训示施行。嘉庆十七年正月十九日，朱批刑部议奏。

二　徐松亲供

具亲供徐松，我蒙皇上天恩简放湖南学政，嘉庆十六年二月考试宝庆府，遵例恭谒圣庙，讲读圣谕。适是日天雨，轿夫不从下马牌住轿。我因轿帘放下，未经查知，直至角门外檐下住轿，始行知悉，即将轿夫呵斥。并无乘轿进棂星门，士子纷议不服，经提调将轿夫责惩始息情事。

又我旧存有阴骘文排律诗数十首，对偶工稳之中兼寓劝惩之意，并近科乡试录中选有经文数十篇，词义醇正，我想将此刊刻卖给赴考生童，可以启迪后进，就令工匠刊就，陆续发交各学教官散给生童，按学分大小，自一百三十四册至二三十册不等，每册约银三钱六分，吩咐教官听生童自愿领买，不愿者仍令将原书缴还，并不敢抑勒教官垫价赔累。计刊刷六千册，考过六府三州，发出四千一十册，各学缴还一千六百三十册，实卖出二千三百八十册，实是糊涂见小。

又考取各学生员在一等前列者，我原要将他们试卷选定刊刻，俾生童等咸知程式，每人缴刻价钱二百文，计收过钱三十七千八百文，因尚未选定，未经发刻，其钱系我家丁贵及承差周琪经手，并未侵用。

又红案陋规久奉裁革，我曾吩咐门丁书役不许索取，何敢以违例之事公然出示，向人取讨！我家人刘贵们如何串通书办承差索取喜钱，我并不知情。如果欲图加增红案陋规，授意勒索，难瞒众人耳目，求问教官廪生们就是。

又每学额设佾生三十六名，我到任后，查各学止有十数名，丁祭乐舞生皆未足额，殊非慎重祀典之道，因于考取童生备卷内，挑取数卷，传令到案验看奖赏，以示鼓励。故牌示教官传谕各该童静候奖赏，不得先行回归，如不到学报名，毋许入册充佾。原要本童到案验看，以杜假冒顶替，并非希图索费。惟不遵例由州县会同教官考送，是我错处。

又我每逢考试，恐有代枪情弊，因教官与生童平素熟识，不令监场。专派家丁查察,如有生童交头接耳,出号行走,即行禀明罚跪,原是有的,并不敢纵容家丁,凌辱士子,斥为苗子。前在永州府属考试,出"子曰苗"之题目,本属无心,并非有意讥诮。

惟我出题想防闲生童抄袭旧文,意图见巧,如"缁饰"、"室车"、"至于犬"、"不畜牛"、"驷不及舌至虎"、"南宫适出至东里子产"等题,细思实属割裂句读,有乖文体。

至考试教官及新进文武童生、家丁刘贵、茶房吴八刘六、轿夫张勇等,如何散卖熟食,抢拾箭枝,实是失于觉察。

我蒙皇上恩典,简放学政,不知检束,出题割裂文义,违例滥准佾生,不派教官监场,又失察家人书役轿夫借端需索,已无可辞咎,况又冒昧令优等生员出钱刊刷考卷,并将自己书籍散卖,实属辜负天恩,只求将我从重治罪! 所具亲供是实。具亲供徐松。

跋陈东塾与郑小谷书墨迹

东塾与郑小谷论学书一通,凡十五笺,垂二千言,集所未载。小谷名存纻,广西象州人。名避咸丰奕詝讳,以字献甫行,《东塾集》卷五有传。书首署五月十五日,书中言"去年大病",又言"注疏已刊成"、"谭玉生已逝",皆同治十年(一八七一)事。又称曾涤生为文正,涤生卒于同治十一年二月(《清史稿》本传误作十三年),小谷卒于同治十一年十月。据此种种,则此书作于同治十一年五月无疑。时东塾年六十三,小谷年七十二。

惟书中有"弟新新丧一女,又一门生胡锡燕死于水"等语。此女为谁,集中有《胡伯蓟墓碣》,即锡燕,然不著卒于何年。集又有《女律遭奠文》,言"四月汝姊阿婉死",与"新新"二字正合,然女婉卒于光绪元年(一八七五),时小谷卒已四年矣。然则同治十一年春夏之间,东塾当另丧一女,今集中女可考者五人:曰阿谨,最长,曰阿娴、阿婉、阿律、阿雅。雅咸丰十年(一八六〇)殇,婉、律光绪元年卒。娴卒年无明文,惟东塾同治七年(一八六八)重刻《琅邪台秦篆》,系女娴所摹,及《再跋琅邪台新刻本》时,已称娴夭死矣。然则此书所谓"新新丧一女"者,殆指娴也。娴盖卒于同治十一年春夏之间,胡锡燕亦当在此年卒;足补记载所未备。本欲考此书何年作,今乃得女娴及胡锡燕何年卒,本欲以女某及胡锡燕之卒年证作此书之年,今乃以作此书之年证女娴及胡锡燕之卒年,并证《再跋琅邪刻石》之年,所谓问一得三,实出望外。

书末言"伍紫垣之子子升续刻《丛书》,曾托人以汪氏书示之",今汪氏《律吕通解》已刻入《粤雅堂丛书》第廿八集,惟跋仍署同治元年(一八六二)伍崇曜名。跋中称"此写本得自象州郑小谷比部,属付诸梓",是此稿小谷早已交玉生,玉生早已为紫垣跋之,特东塾未之知,闻子升欲续刻《丛书》,遂又怂恿刻之耳。《粤雅堂丛书》自道光廿九年(一八四九)起,至同治元年(一八六二)止,皆称伍崇曜跋;崇曜同治二年卒,至同治十三年(一八七四)续刻,则称伍绍棠跋。今此稿明系绍棠续刻,而仍称崇曜跋者,盖跋在先刻在后也。《粤雅堂丛书》例署谭莹校,至伍绍棠续刻时,玉生已逝犹然,今此稿特署刘昌龄校,亦可为先跋后刻之一证。

跋凌次仲藏孙渊如残札

凌次仲藏钱竹汀、阮芸台尺牍一册,内有残札四页,有头无尾,据内容及笔迹,知为孙渊如札。札中不信西人推步之说,谓"后世之谈天有最不可通者,谓日大于地数倍,此西人之戏言,不过欲乱吾中法,而江慎修、戴东原笃信之,江郑堂及吾兄亦颇助其张目,要知古学天文与算法,截然两涂"云云,此渊如平日之论调也。《校礼堂集》卷廿四有《复孙渊如书》,即复此札。此札上款为凌次仲无疑,所费考索者此札年月耳。

凌复书亦无年月,《凌仲子年谱》系复书于嘉庆五年庚申,但此札有"弟服阕后已半载"一语,则当先研究渊如何年丁忧。渊如丁忧有三说:

一、嘉庆二年丁巳说,见《冶城挈养集》卷下,云"嘉庆丁巳岁予丁母艰",又云"予以丁巳岁归南",此渊如自道也。然《冶城集补遗》又有"丁巳九月二日工次作"一首,是丁巳九月渊如犹办河工,《渊如外集》五又有《凫山谒太昊陵记》,丁巳闰六月作,《曹南嘉谷记》,丁巳七月作,皆未闻有丁忧之事,是"丁巳丁艰"为误记,在渊如著作中,此等错误常有也。(渊如撰《仓颉篇集本序》,有"星衍以戊辰岁读书江宁瓦官寺"语,戊辰二字无着,拙著《中国佛教史籍概论》曾指出之)

二、嘉庆三年戊午说,见张绍南撰《孙渊如年谱》。绍南为渊如表弟,云"嘉庆三年戊午六月廿七日,君母金太夫人卒于兖州官舍,九月君奉大母及父南归,嘉庆五年庚申九月除母丧"。由丁忧至除丧,凡二十七个月,系当时体制,其说最详。

三、嘉庆四年己未说,见《揅经室二集》卷三《孙渊如传》,云"嘉庆四年六月,君丁母金夫人忧,归里侨居金陵祠屋"。《清史·儒林传》等因之,但张绍南不从其说。

三说以张绍南说为较可信,戊午六月丁忧,庚申九月除丧,再加半载,则此札应为嘉庆六年辛酉四五月作,与札中"溽暑苦陆行"语亦合,时渊如大母年九十四,父年七十三,札称"大母九旬,老父七十",举成数也。

札中以毕恬谿与凌次仲相比,恬谿何人?亦值得一考。恬谿名以田,山东文登人,为孙渊如撰述最得力之助手,渊如集屡见其名,并称其"经学无双,负重名"。惜著述存者无多,仅有《九水山房文存》二卷,聊城杨以增、泾县包世臣为之序。在后人视之,恬谿似不能与次仲比,然在当日,恬谿固负重名也。

恬谿后中嘉庆十二年丁卯举人,改名亨,《清史·儒林传》附《渊如传》。然渊如嘉庆元年著《元和郡县图志序》及嘉庆二年著《周易口诀义序》,已称恬谿为毕孝廉,嘉庆元二年恬谿何能有孝廉之称,此二序或后来追改未定,然渊如雄才大略,于此等节目多不注意,自己丁忧年岁尚可误记,何有于朋友中举之年,此不必责诸渊如者也。

附孙渊如残札(件今藏励耘书屋)

前得手翰,反复千言,窥见足下好学深思之志,别后进而不已,惟毕恬谿与足下,古人有见贾生不及之叹,正以此也。唯过誉拙文,徒增愧耳。广文一席,可以撰述,弟近因大母九旬,老父七十,出门悯悯,深羡此席,闻足下留宾之馔甚工,谅不乏菽水之供矣。弟服阕后已半载,溽暑苦陆行,尚未定入都之日。两年负米江淮,赖阮中丞招邀,不致有穷途之厄,行箧不能携书,学殖荒落,莫甚于此,知己无多人,何以教之!弟所为阴阳五行之学,取其考证经传,非古法不究也,六合之外,圣人存而不论,谓其同于语怪,后世之谈天有最不可通者,愿质左右,日月径千里之说,自晷中法,目《白虎通》言千里黎法此制作,今则反之,谓日大于地数倍,夫日躔所在,《月令》名之曰在营室云云,廿八宿每一宿相距不过几度几十度,一度为二千九百余里,若云日大于地,则日在营室,左掩女虚危,右掩壁奎娄,且不止矣。此西人之戏言,不过欲乱吾中法,而江慎修、戴东原笃信之,江郑堂及吾兄亦颇助其张目。要知古学天文与算法截然两(下阙)。

跋洪北江与王复手札

上海市文物保管委员会尹同志寄示乾嘉诸儒手札墨迹，中有洪亮吉与秋塍明府一札，有月无年，试释其时地人事如下：

"秋塍"者王复，浙江秀水人，王又曾之子。初客陕抚毕沅幕，与北江订交，毕移抚汴，随往河南，历任临漳、武陟、偃师诸县，事迹具武亿所为行状。著有《偃师金石遗文补录》，又有《树萱堂》、《晚晴轩诗》，毕沅采入《吴会英才集》。

据《北江年谱》，乾隆五十三年戊申，北江春夏在开封抚署，秋后随节武昌。《卷葹阁诗集》七，是年有"送王大令复之官临漳、兼寄徐州俯倅书受"诗，又有"偶得五百字、酬景方伯安枉赠之作"，此札当作于是年二诗之后。

札中"尚之"即徐书受。翌年正月，北江计偕北上，由汉阳抵开封，即居尚之寓斋，据此札，时尚之当已"入省城为通志局提举矣"。尚之生子，乞北江命名，北江以己姓名之曰洪，以己名字之曰孟吉，并为作《洪儿歌》，见《卷葹阁诗集》八。尚之盖北江副榜同年，同为昆陵七子之一，唱酬甚密，诗集名《教经堂集》。

札中"新方伯"即景安。景安和珅族人，乾隆五十三年二月，由河南按察使迁河南布政使，曰新方伯，正是接任未久时语。移前一年，景安未为方伯，移后一年，不得谓之新方伯，因此断定此札作于乾隆五十三年，当无疑义。

景安既任河南布政，则王复、徐书受皆其所管属，北江特为道地，"并转致感激之诚"，此节实为此札中心之点，赠诗所谓"不因新作黑头公"者，特饰词耳。今《卷葹阁集》无此诗，殆另一首也。景安清《国史列传》有长传,凡三千五百余言,未尝说其能诗,而今所传景安有《深省堂闲吟集》,《国史》盖略之也。

札中"尚书师哲弟",指毕沅胞弟毕竹痴泷,味辛赵怀玉,竹初钱维乔,名皆习见,不赘。"老夫子"当指毕沅,毕沅以是年七月补湖广总督,是札作于五月,北江犹在开封,王复时官临漳,到任未久,故札首曰"足征新政宜人",临漳在豫北,故札末曰"飞鸿倘南,有以复我"。札中对书记及勤务员皆称"奴子",统治阶级气十足,可见当时风气。

洪北江与王复手札原文

贵治两获甘霖,足征新政宜人所致,佩诵之至。比惟榴花献节,动定胜常为慰。尚之已摄汝州之倅,不久即入省城为通志局提举矣。尚书师哲弟不日南来,味辛亦闻日内到此,皆近日之消息也。新方伯诗及为人皆近今所少,今早复至斋头过访,肫挚之意,感人殊深,亮吉又言及吾弟及尚之,并为转致感激之诚也。昨亮吉赠渠诗,末句"我瓣名香为诗伯,不因新作黑头公"。其和诗甚佳,已属奴子钞寄一纸。足下以名士出宰名都,琴堂小暇,丽句应多,能见示一二否?兹因奴子胡顺仍依恋旧主,远叩花封,草草附札,询近日升禩,想见铜台左右,邺水东西,灵蛇出窦,衔漳浦之元珠,旧燕来巢,带洛河之皎月,乐可知矣,不其然乎?飞鸿倘南,有以复我,不一。秋塍明府二弟足下,亮吉手启,五月初一。

竹初乞食图曲本,渠专人来取,老夫子云在尊处,祈写副本,竟即寄来,至属。

序言跋文

清代学者像传之吴渔山

　　《清代学者像传》四册，凡百七十余像，为吾粤叶兰台先生衍兰所纂集，像必有据，传皆手写，精美绝伦。惟此书为兰台先生未定之本，今所影印者，由其文孙誉虎总长辑出，冠以今名，传中间有伪误，以系先生手稿，未便改易，又未暇一一为之校正，附刊卷末，故美犹有憾。余近撰《吴渔山年谱》，偶参考是书，觉渔山传之误，多沿自前人，无足异，惟其中天池石壁一段，乃本书所独误，谨条辨之如后，庶览者不至复循其误焉。

　　吴渔山像在本书第一册，像出《练川名人画像》附卷。练川像戴笠，此亦戴笠，练川像携杖，此亦携杖，此其所同也。练川像半身，此全身，练川像古装，此清装，此其所异也。至于面目部位，完全无异，知其出自练川也。

　　练川像称渔山为常熟文学生，此嘉定人之误也，常熟人无是说。《国朝虞阳科名录》顺治康熙生员中亦无吴历名，此书称渔山为常熟诸生，循《练川像》之误也。区区生员，何足为渔山轻重，然史实所在，不可不辨者一也。

　　《练川像》，渔山无卒年，此书引或云卒年八十有六，此王应奎《海虞诗苑》之说也。据渔山墓碑，渔山卒年实八十七，此不可不辨者二也。

　　至谓渔山初与石谷为画友，后假去石谷所抚大痴《陡壑密林图》不还，因之隙末，此循《画征录》之误也，《练川像》无是说。近年姚俪桓大荣已力辨其非，见《东方杂志》廿三卷廿一号，此不可不辨者三也。

天池石壁,为吴山十六景之一。石壁上镌"华山鸟道"四大字,为明赵宧光所书,山半有池,横浸山腹,逾数十丈,名天池,景奇胜,渔山曾为天池石壁图,藏华山寺,乾隆二十二年丁丑南巡,至其地,有《赋得华山鸟道》一首,又有《题吴历天池石壁图》一首,见今《高宗御制诗》二集卷六十九,道光《苏州志·宸翰门》亦载之,《题吴历诗》云:

> 我登鸟道华山巅,一泓天池乃俯视。
> 设从山下望石壁,虚无应在云端拟。
> 乃知居高见自广,游于物内迷恶美。
> 渔山写照即境披,评图莫若评其理。

《练川像》谓渔山所画天池石壁,曾蒙睿赏者,此也。《练川像》徒言睿赏,未云何帝,诚为疏略,此传于睿赏之上,加入"仁庙"二字,反为伪误,此不可不辨者四也。

民国廿六年谷雨前二日陈垣

艺舟双楫与人海

教育科学研究会欢送毕业同学,要我说几句话,我想不出新鲜题目来,今年我看见候补学士们的毕业论文,写作俱佳者很多,五光十色,精彩夺目,尤其是女学士们,有的装潢异常讲究,我就想到爱美是人类的天性,利用这天性去学一样东西,没有学不好的。诸君今日学成而归,快要到社会上去了,我除了向诸君道喜外,想同诸君说说人海中的艺舟双楫。

第一楫就是文。孔子说:"言之无文,行之不远。"(《左》襄廿五)文的重要，人人皆知。但是老先生说，学校兴后，经书无人读了，学生皆作白话文，古文无人能作了。长嗟短叹，都以为今不如古。其实社会是进化的，那有今不如古的道理。不过现在所流传的古文，都是当时选手所作的，拿现在的寻常人同古时选手比较，自然是不如；拿现在的选手同古时选手比较，又何多让？且时代关系，各有所长，古不如今的恒有。我们固然不可傲慢古人，亦不必妄自菲薄。我们今日有种种科学要学，不能如老辈单学作文；但老辈所学的，多半是应科举的八股文，费去无谓心力亦不少，我辈今日无此等缚束限制，放手为文，如果真能用功，应比从前事半功倍。诸君今日毕业了，毕业后正好学文。学文只有一法，曰：

择选本、专书各一，先求可解，后求烂熟。

何谓选本？如《文选》、《古文辞类纂》之属，各家文、各体文都有，读之可得各家各体及各朝代的大概。专书，经如《易经》、《礼记》、《孟子》、《左传》，史如《国策》、《前四史》，子如《庄子》、《荀子》，集如唐宋八大家；就其性之所近、所好，任择一种读之，可得专家一生之抱负，及其文之胎息气味。择定之后，有暇则诵读，作为消遣，作为娱乐，读之烂熟，积一二年，那有不能文之理？好些人误会，以为《孟子》等我已读过，可以不读；不知饭是我们天天食的，何以还要食。苏东坡诗说：好书不厌百回读，熟读深思子自知。这是个最简便之法，如果不熟读，一个字一个字去讲文法，去讲文言翻白话，总是不得要领，毋怪老先生看不起了。愿诸君一雪此耻，毋使人谓学校出身的，文多不亨。这就是艺舟双楫的第一楫。

第二楫就是字。字，古时为六艺之一。"子以四教，文行忠信"，文是第一；"子所雅言，诗书执礼"，书是第二。这个书是"书同文"的书，"子张书诸绅"的书，不是指《书经》。孔子平日所雅言的，就是教学生写字。俗语说得好，字乃文之衣冠，又说先敬罗衣后敬人，可知一文到手，字先入眼，字好是最要紧的。老先生又说，近日学生写字，都用铅笔钢笔，将来没有人会写字了。其实大大不然，琉璃厂各项买卖不如前，唯笔铺有增无减，且忙到了不得，尤其是二三毫钱小学生所用的小笔,常常缺货。这是甚么缘故?就是读书写字人多的缘故。你看今年毕业的同学便知了,从前念书的只是男子,女子是裹了脚不许出门的,那有许多女学士?今日男子读书既比从前多,又添上女子一半,因此虽有铅笔钢笔,毛笔仍然是不够用的。

况且近来学字的机会,比从前大进步了。从前要得一个好法帖,多么费力;今日有石印,有珂罗版,什么好帖,都可以见着。从前法帖是刻石的,剥落漫漶,翻刻又翻刻,找一本定武《兰亭》,就了不得;今日有唐摹本《兰亭》好几种,影印出来,去真迹只是一间,其他唐宋人真迹墨迹,不知凡几。从前认为无上之宝的,今日可以数元钱得到,真是千古所无的机会了,如果要学好字,那有学不好的。

但是写字与作文有些不同,作文只是要"可解后多读",写字就要"多看多临"。单是多写是不够的,有时多写反为有害,因为字不怕幼稚,至怕恶俗。幼稚如树木未长成,将来可望长成;恶俗是树已枯槁生虫,不易挽救了。好在诸君皆是青年,不会有恶俗的毛病;如果有这毛病,要矫正过来,就很费事了。古人所以有"十年不写字,使忘其本领,然后从新再学"的法子。今人不用这样,只要变换过原来执笔的习惯,多看名迹,就可以从新再学了。

我见今日学生,不论男女,好字的很多,劣字的,只系未得名师指授,且见名迹太少,须知今日出版的名迹,到处皆有,费数十元就可看之无尽。字体之外,应注意行款,我见学生写信,或行仅一字,或页仅一行,或署款太低,都是不合格式的。我考试监场时候,常注意同学写字的工具,往往有墨盒太大或太小,用笔太硬或太软的。又如俗字减笔字,可以不用,就不要用,如果贪图省时便利,应学行书,不应用减笔俗字。能写得一手好字,就是艺舟双楫的第二楫了。

"艺舟双楫"四个字,是百年前包慎伯先生论文论字的书名。今天的题目,本想叫做"文字与人生",因为今天语文学会同时开会,"文字"两字容易相混,就拿包慎伯先生的书名来替代这"文字"两个字,既然叫做艺舟双楫,就一气把人生改为人海。诸君毕业后,要进人海里去,如果有此双楫,就不怕有风浪了。

但我末了要声明一句,诸君是学教育、学哲学、学心理学的,各有各的专门,我今天所论,并不是要诸君为文学家、为书家,不过爱美既为人类的天性,我希望我们的文与字,都能与毕业论文的装潢同一样美。孔子曰:"行有余力,则以学文",又曰"游于艺",我们只是以余力作为游艺就是最好的娱乐了。今日市上有专论写字的书,名《书镜》,是五十年前康长素先生所著的,当初本名《广艺舟双楫》,有人问曰:还有一楫那里去了?先生笑曰:单楫就可作双楫用了。这虽是一时的戏言,但在人海中,有时字比文更为切用,你看包康两家共同推许的邓完白山人,他就是一生以字遨游人海了。请诸君多多注意。完了。

广东光华医学院故校长郑君纪念碑

郑君名豪,字杰臣,粤之中山人。幼随叔父往檀香山,弱冠入美国加省大学医科,一九〇四年毕业,开业于三藩市者二年。归国后任南京中西医院院长,旋代表中国政府出席菲律宾万国医学会。返广州,任陆军军医学校教务长。一九〇八年应留学生考试,授医科举人、内阁中书。于时广州适有光华医学院之倡,乃共推君为校长。光华医学院者,合全粤医师之力而成,谋"学术自立"之先锋队也。学术贵自立,不能恒赖于人。广州濒海,得风气最先。近代医学之入广州百年矣,然迄无一粤人自办之医事教育机关,有之自光华始。君既长校,擘画经营,不遗余力。一九〇九年出席挪威万国麻风会议,更感学术自立之必要,而吾国富于疾病矿,待学人之发掘及发明者无限,固大有可为之地也。卒以扼于物力,未能尽如其志,此君终身之恨也。然君主持光华二十余年,中间复任中山大学内科主任、教授,又被推为广州医学会及中西医学会会长,培植人才甚众。今粤中名医,大半出君门下,此君稍可自慰者也。一九四二年六月十九日，以避寇，卒于广西贵县，得年六十有五。越三年余始闻其讣，恸哭者久之。君性笃厚，和易近人，热心社会事业。光华之成，余忝为创办人之一，复从而就学焉，故余于光华诸师，皆先友而后师，君又余在校时之校长也。同人为君立纪念碑，不摈余于校友之外，属为之辞，因述其所知所感者如此。愿同人善继君志，毋忘学术自立之本旨也。

中华民国三十七年十一月新会陈垣撰

乱世与学术

我们今天在炮火声中作学术的讲演，真像梁武帝在困城中讲经，陆秀夫在厓山舟中讲《大学》了。他们当国破家亡的时候，不忘学术的讲演，世人莫不笑他迂阔，骂他不知时务，他何尝不知。但国破家亡的因素很多，并不因为讲经讲《大学》，国家若要破亡的时候，虽不讲经、讲《大学》，也一样破亡的。我们今天当然与梁武帝、陆秀夫的时候不同，但不能不算是乱世了。

今天我讲的题目是《乱世与学术》，系从中国历史讲起的。中国历史有记载的约三千年，这三千年中，一治一乱，相间下来，多者数百年，少者数十年。

怎样叫做治乱？照中国历史习惯说，一个政府能够统治全国，而不致有人反抗，或被外国侵侮的时候，就叫做治世；一个政府失去他统治的能力，或分立两个以上的政府，或被外国侵略的时候，就叫做乱世。

乱不一定是一个坏名词。不有乱，那有治，治之极就会乱，乱之极就会治，不过治乱如寒暑的迭更，昼夜的运转，是自然的，是不能避免的,是不必害怕的。

人类的本能,有应付乱的适宜性,犹如有应付寒暑的适宜性。在动乱社会中,人类进化,并不停止。因为学术系人类嗜好的一种,很像饮食男女不能禁止的,也不用提倡的,自然而然就会向上。有时在这一方面看是退步,但在另一方面看,仍是进步。况且在所谓乱的时候,统治的权力失了,专制的势力薄了,人民思想正可以自由,学术自然进步。中国历史上,战国时算是乱世了,但战国时学术最盛,所谓百家竞起,异说争鸣。在儒家一方面说,自然觉得不好,所以孟子要辟异端,距杨、墨。但在整个社会来说,万物并育而不相害,道并行而不相悖,又何尝不好,何必要统于一尊?

汉武帝时,儒术曾一度统一了,但只养成一班儒生,替少数有势力的人捧捧场,粉饰一些太平景象便了,也未见得有甚么意思。

到三国时天下又大乱了,乾纲解纽,思想自然解放。三国人才之盛,人所共知的。在后南北分裂,二三百年,五胡十六国,不断打仗,在历史上都称他是乱世,但南北朝学术并不落后。他们不能统一,就因为他势均力敌,谁都不能打倒谁的原故。

说到梁、唐、晋、汉、周五代,更是人看不起的朝代,都以为他无文化学术的可言,但印刷术就起于五代。更从另一方面看,禅宗有所谓五家宗派,什么临济宗、曹洞宗、云门宗等等,都成立在五代纷乱的时候。唐末虽曾禁止佛教,焚毁经典,沙汰僧尼,但禅宗初起时,并不靠经典来做他学术的工具,徒众往往数千人,深山穷谷,无不有他的庙宇。北宋时有一部书叫做《景德传灯录》,专载唐末五代时禅宗的活动,可惜普通历史对此等事并未注意。

又五代时有一个住在汉中的和尚,名叫可洪,撰一部《藏经音义随函》,从唐长兴二年(西九三一)起,至晋天祐五年(西九四〇)止,总共十个年头,将一千七十六部五千四十八卷的藏经所有难字,都替他造成音义。这是学术上多么大的工作,但他的成就即在所谓纷乱之时。因普通历史上没有提到,这等工作遂为人所忽略。

我从前曾根据《开元释教录》的记载,制成一表,从汉明帝永平十年(西六七)起,至唐开元十八年(西七三〇)止,凡六百六十四年,中间包括三国、东西晋、十六国、南北朝,共十九个朝代,所译佛经的详细数目,都记载很清楚。每朝代注明他的年数、译经人数、译经部数及卷数,中间除后汉、西晋、隋、唐四朝算系统一的朝代以外,其他十五朝都是分立的朝代。结果统一的年数三百五十七年,译经的部数,九百九十部,卷数三千四百五十六卷;分立的年数三百零七年,译经的部数一千二百八十八部,卷数三千五百九十卷。这个明白的数字,足以证明分立时代的译经事业,并不减于统一时代,而且超过。这虽然是单指翻译佛经一事,但因为别样的学术,难得有确实的数字可以比较,现在单从这一点来说,这么多的外国经典,能够在纷乱中从容翻译,其他的学术,自然也可以在纷乱中从容研究。这个表里头最可惊异的就是姚秦、西秦两个朝代,他得国不过数十年,且僻在西北一隅,边境不时有事,乃所译经典六个人中,平均每个人都在百卷以上,照寻常想象,这岂是乱世的事情,但乱世竟然有此成绩,岂非奇事。我现在就拿这个比例证明乱世学术并未停止,或更有特殊的进步。古人说:"风雨如晦,鸡鸣不已。"又说:"长安虽乱,吾国晏然。"也是这个意思。

带来《汉魏南北朝隋唐译经数目表》,诸君可以取阅。完了。

杨太师母乐太夫人八十寿序

垣家新会石头乡之西北有白云书楼,中有李大崖碑记。垣幼时嬉戏其下,即识之。大崖,楚人也,博综坟典。家贫,徒步走新会,游于白沙。以母在,往返嘉鱼、新会者凡四次。与兄东崝同举孝廉,将上公车,母叹曰:"今夕二子在,明夕当何如?"大崖即弃公车不赴,劝兄就道。兄成进士,而大崖则以白沙之学传江汉间。吾师沔阳杨少麓先生生近大崖之居,境遇多与大崖相若。起家贫约若,昆仲若,科名若,太夫人在堂若,昆仲之或出或处为奉母也若。新会为大崖旧游之地,先生适宰是邦,亦无不若。先生之宰新会也,值戊戌政变、庚子拳乱之后,官吏咸避党祸,噤口不敢讲学。先生甫下车,即诏士以旧学植根柢,以新学通时变,屏顽固守旧之论,黜空疏无本之习,新会士气为之复振。垣以为先生有得于白沙、大崖之训,而未知其得于节母之教与白沙同也。比居京师,与楚人士游,询大崖遗泽并先生起居,始知沔阳杨氏有贤母,令闻播闾里,楚人士类能言其大略,且有为先生昆仲自述所未及者。可见太夫人节义感人之深,而先生昆仲之力学成名又足以显之也。昔白沙先生之母二十四而寡,遗腹生白沙,贫贱无聊,卒抚白沙兄弟以至成立,寿九十余。吴康斋先生为白沙书《孝思之碑》曰:"番禺陈生献章,方娠而严亲弃世,赖三迁之教,中戊辰乙榜进士,复淹吾馆。每痛鲤庭之永隔,感孟机之多违,余为大书孝思,题其白沙之堂曰慈颜无恙。伯氏综家,正自求多福之日也。伯氏为我申其说于定省之余,亦足少慰倚门之况。"由此观之,先生所遇,不独与大崖若,其孤而苦也,尤与白沙若。先生仲氏久宦于康斋之乡,亦尝迎养太夫人于粤赣之间,读康斋此文,应有无穷之感哉!今太夫人年登大耋,宗族里鄙特为称觞,所以庆大年兼以慰苦节也。垣曩以文字所知门下,遭兹嘉会,岂可无词?顾闻大崖之在新会,曾为白沙母寿。其《寿白沙六十诗》序有曰:"太夫人进寿八十有四,箕尝再拜为礼,太夫人不以其疏远而拒我也。诸孙肃然衣冠,长者在前,少者在后,轻清纡徐,抑抑扬扬,歌古之诗以侑觞。先生喜形于色,太夫人在高堂,康健和悦,气静而志闲。子孙皆恂恂寡过。懿欤休哉!"此大崖寿白沙母时所见之景象也,今杨氏之堂亦当同此景象。垣虽不敢儗于大崖,而太夫人之苦节高寿正与白沙母相若,敢即以大崖所称道为太夫人寿。十年后将更登贞节之堂为期颐之祝,固可以白沙母比例而得之也。

门下晚学生新会陈垣顿首拜撰　中华民国八年十月谷旦

毛革杂志缘起

毛革之用,其来远矣,大抵起于人兽竞争之世。《礼运》曰:"昔者先王未有火化,食鸟兽之肉,饮其血,茹其毛;未有麻丝,衣其羽皮。"此毛革之用之最古者。《尧典》定四时成岁,取准则于鸟兽之希革及鸟兽之毛毨。正义曰:夏时毛羽希少,秋则毛羽复生,岁一周而皮脱毛谓之革。故革有更革改革变革之义。《易》曰"天地革而四时成",又曰"革君子以治历明时"是也。越仲秋而毛更生谓之毨,毨读曰选。《说文》曰"仲秋鸟兽毛盛,可选取以为器用"是也。此毛革之义之最古者。自时厥后,毛革之用愈宏。《禹贡》扬州、荆州之贡,有羽毛齿革,梁州之贡,有熊罴狐狸织皮。《周礼·春官》,更有专掌:"司裘"掌为大裘,并掌邦之皮事;"掌皮"掌秋敛皮,冬敛革,以式法颁皮革于百工,供其毳毛为毡。此皮革制度之最古者。《考工记》有攻皮之工五,曰函、鲍、韗、韦、裘。韦氏、裘氏佚矣,然函人、鲍人之事,其文尚详。曰:"革欲其荼白也。进而握之,欲其柔而滑也;卷而搏之,欲其无迤也。卷而搏之而不迤,则厚薄序也。察其线欲其藏,则虽敝不甐,引而伸之欲其直,则取材正。伸之而枉,则是一方缓一方急也。苟一方缓一方急,则必自急者先裂。"此皮革工业之最古者。凡此皆足为吾国古代毛革事业发达之佐证。泊乎汉世,外国交通渐盛,毛革制品之输入,亦渐频繁。《史记》安息之俗,画革旁行,以为书记。《后汉书》天竺国有好氍毹毛席,哀牢夷知染采罽㲪,乌桓妇人能刺韦织氍毹,冉駹夷能作旄毡班罽氆氌羊羖之属。《异物志》:大秦国氍毹,以群兽五色毛杂之,为鸟兽人物,草木云气,千奇万变。此毛革制品输入之最古者。夫以吾国毛革事业发达之早,加以外国毛革制品输入之众,观摩仿效,垂二千年，其进步当不可以道里计。而夷考其实，古代之毛革制品，今虽不可得见，然二千年来无大进步，可断言也。何者？毛革事业，技术与牧畜并重，而吾国工业向无专书，农家者流，亦寥寥可数。以言技术，仅后魏《齐民要术》有作毡法；以言牧畜，仅宋陈敷有《养牛论》，其他均委之不学之农工，听其自生自灭。如是虽再二千年，岂能望其进步哉！本会有鉴乎此，特以同人研究所及，形之楮墨，为海内有志者先引。冀直接间接，传播编民，以厚生而利用，亦犹《周礼》掌皮之司云尔。

黄钧选先生暨罗夫人七十双寿序

垣游京师十年，父事者二人，曰丹徒马先生相伯，曰梅县黄先生钧选。二先生者皆不以垣为不敏，而乐与为忘年之交者也。马先生不常居京师，或往或来，来则谈谦竟日。黄先生居京师久，与垣居比邻，晨夕过从，较马先生为密。今年夏历八月，为黄先生夫妇七十双寿，知旧均摛辞摘藻，以祝无疆。垣谊不能无言，谨序乎日所以倾服先生者为先生寿。京师，势利薮、征逐场也。以垣寡陋，学行无似，孑身处此，而无严师益友，提撕警觉，其不为此等环境所熏染者几希。今之少年，喜谤前辈者，谬也。昆山朱氏有曰："屈志老成，急则可相依。"窃取斯义，故垣之于先生，有疑则问，有不知则问，凡所莫决，辄以先生一言为断，不啻父兄师保之在目前也。虽然，方今世变日亟，学术思想，焕然一新。老成之人，苟无容纳此潮流之识量，则亦无以饮青年之望。先生深识世变，目光如炬，爱知之念，逾于青年。居则手不释卷，出则必以报章杂志相随。有所得则提要钩玄，丹铅满纸。垣从先生治事久，深叹其精力绝伦也。用能学随年进，识与时俱，口无陈腐之谈，行无夸毗之习。然且宅心仁厚，襟度冲远，栽植后进，日昃不遑，宏奖风流，后生翕服。生平不吸烟,不饮酒,博弈之游,一无所好。日入而息,日出而作。自奉甚约,而交游之费必丰;处家极廉,而赒恤之金不吝。是虽小德,求之今日,亦足为青年劝。若罗夫人者,则又与先生志同道合,夫唱妇随。米盐之细,必躬必亲;井臼之劳,无间寒暑。垣每晨出,辄见夫人自菜市归。曷浣曷否,犹是嫁时之衣;采蘩采蘋,不忘田家之苦。此则女仪可法,足以挽薄俗而息浇风者矣。宜其同享大年,为国人□□□□

瞿宣颖北京历史风土丛书序

瞿子撰《北京历史风土丛书》,征序于余。余于此无专门研究,何足以益瞿子。顾有一事为自来言都门掌故者所未注意,或亦瞿子所乐闻也。清宫城之制沿于明,明沿于元。今人徒叹北京宫阙之宏丽,而不知其始建筑者阿剌伯回回教徒也黑迭儿也。也黑迭儿为建筑专家。元至元三年定都燕京,诏张柔、段天祐、也黑迭儿同行工部,修筑宫城。元制,工部尚书三员。张柔,武人,为镌功奇石张弘范之父,翌年即卒,未与其谋;段天祐,亦武人,不谙工事,曾任大都留守,其职掌犹卫戍司令;而也黑迭儿则兼领茶迭儿局。茶迭儿,华言庐帐,犹土木工程局也。此事详载欧阳《圭斋集·马合马沙碑》。而《元史·世祖纪》书修筑宫城事,独遗也黑迭儿之名,仅言其中统、至元间修琼花岛而已。陶宗仪《辍耕录》言元宫阙制度甚备,亦不言计画建筑者为谁。孙承泽、朱彝尊诸书更无论矣。此吾国士夫从来轻视异教徒及工程学者之过也。愿因瞿子书一表彰之。

民国十四年二月新会陈垣书于北京西安门外励耘书屋

日本文学博士那珂通世传序

日本文学博士那珂通世,生明治维新之际,为日本教育界及学术界巨子,殁后八年(民国四年),其老友三宅米吉博士为作一传,载那珂通世遗书卷首。传甚详密,吾人读此,可知那珂氏一生之学术功绩,其荦荦者约有十端,即那珂氏为日本女子教育之振兴者,为日本小学教科书假名注音之先觉者,为日语文法之始作者,为英文日译法之修正者,为日本历史编纂体裁之革新者,为日本上古年代考证之启发者,为日本之支那史教科书改造者,为日本之东洋史学科创设者,为日本之元史研究倡导者,为日本之蒙古文翻译前驱者,那珂氏之学术功绩如是,宜乎日人至今尚追慕而乐道之也。予读其传,辄服其刻苦专精,而对于东洋史学科之创设与蒙古文之翻译,尤有感焉。吾国自古与东洋诸国,关系致密,史不绝书,然从来学者多仅守一隅,罕闻有东洋史学科之综合研究,乃那珂氏独创设之,其说明此科之要领有曰:"东洋历史应以支那为中心,而并述东洋诸国之治乱兴亡,以及支那种、突厥种、女真种、蒙古种之盛衰消长。"谅哉言乎!自是之后,日人对吾国历史研究之进步,一日千里,然吾人对于日本历史,尚多漠然视之,奇也!又清代以来,专攻元史者辈出,然能以汉文翻译蒙古史籍者,殆不数见。今那珂氏乃以日文译蒙古史籍,成绩卓著,因蒙古文属阿勒泰语系,与日本文法相同,一语一语直译,无须增减,即可成文,此秘自那珂氏发之,故日人研究蒙古文者渐多。吾人若不急起直追,将来势必借日文以考蒙古文献,宁非学界之耻?今北平师范大学有志史学诸子,将发行《史学丛刊》,征文于予,予以那珂氏东洋史学成绩之巨,而又从事师范教育垂二十年,特介绍吾友黄君孝可所译此传,俾资观感。此传著者三宅博士前年冬间已化去,老成凋谢,益用怆然!

中华民国二十年二月新会陈垣序

广韵声系序

  此书之编纂,经始于民国二十二年之秋,初以《广韵》之字分韵排比,凡同从一声者皆依次系联之,然后综合参校,并其所同,以声为纲,而依四十一声类之次第叙列之。稿凡三易,历时十载,始克成编。盖虽为排比之作,然磨砻切磋,考订是非,旁衍周洽,非融贯全书不足以为之。今观此书,于古今文字蕃衍变易之迹,均已彰示无遗,即形声音义相关之理,亦可缘类而求,其有功于小学者匪浅。好学深思之士,当能明其用心之所在,进而追琢其章,恢弘其义,则善矣。是编杀青既竟,久未印就,今方幸观厥成,且将流布宇内,故喜而为之序。

中华民国三十三年八月新会陈垣

马相伯先生文集序

  民国丙寅冬,杭州有天主教修士方杰人函索新刻明末清初教会遗书,余以修院之戒綦严,不敢与屡通款曲,而心实喜其英年好学也。杭州昔有元也里可温寺,且为明季金四表、阳演西辈遗墓所在,乡贤李我存、杨淇园又为教中柱石,余因以勖修士。其后修士果以格于成规,不通音问者凡十载。迨乙亥秋，修士以晋升司铎闻矣，又时时来函质疑问难；未几渐见其为文披露于报章杂志，且见称于并世学人矣。及浙西沦敌，司铎走滇南，先后应浙江、复旦二大学之聘，驰驱黔、蜀间，与长儿乐素亦有共难共事之雅。维时余方困居故都，系念西南诸友，尝撰《明季滇黔佛教考》以寄意。自胜利初奠，司铎忽由南京北上，长上智编译馆，应田聘三枢机邀也，乃亟约其讲学辅仁大学。逾半载，一日以《马相伯先生文集》辑成告余，并索一言为序，谓并世可作序者莫余若也。余悚然久之！盖相伯先生长余四十，余又长司铎三十，而司铎所获先生遗文，颇多曩所未见，其用力之勤，实足惊人！虽然，余有不能已于言者，凡人为文，逾若干时，辄不惬于衷，此求进之心则然。故凡生前所为文，未经最后订定，卒后由他人代为裒集者，未必悉符本人之意。惟《相伯先生集》稍异乎是，余曾略读一过，知杰人司铎于凡先生已刊诸稿，必择其曾经先生手校者收之；未刊稿必择其亲笔者传之；其为先生口述，他人笔录者，必注明之。司铎之意，盖谓先生毕生研精中西学术，兴办高等教育，复躬与逊清及民国两代大政，一身系中国近百年文教者至巨。况去世之岁，寿臻期颐，阅世之久，世罕其俦，故其论议，虽吉光片羽，亦足资后人圭臬。且先生遗文散佚已多，若并此劫余仅存者，而不为之珍惜，不将云消烟散乎？顾余乐见此集之刊行，其意实别有所在。盖余自民元北上，即与先生暨英敛之先生过从甚密。余素主信仰自由，而独服膺基督，英、马二先生则固笃信天主教者。惟自雍、乾以后，教会文风凌替，外国教士中，求如利西泰、艾思及之能与士大夫晋接自如者，固不可多得；即中国教徒教士求能如徐玄扈、李我存或吴渔山之以学术见称于世者，亦不可多得。二先生目击心伤，久以文艺复兴为己任，乃先有香山辅仁社之创设，继复联名上书教廷，声请办学。时则二先生有所计议，余往往得首先闻之；二先生有所刊布，余亦得先睹为快。乃公教大学（辅仁大学旧名）甫成国学一部，而英先生下世矣！国土未复，胜利在望，而马先生又以卒于南交闻矣！悲夫！惟兹编收相伯先生致敛之先生手札数十通，二公素志，当益为世人所察见。况马公一生行谊，在教会则其治学从政之成绩，每为卫道译经之功所掩；在教外则其敬德修持之精诣,亦每为其雄辩闳论所蔽。兹集一出,庶几蓄道德能文章,两可充分见之矣。是为序。

中华民国三十六年一月新会陈垣识于北平兴化寺街励耘书屋

余嘉锡论学杂著序

中华书局编辑余季豫先生论文集,既成,先生哲嗣让之世兄要我为文集写一篇序文:作为季豫先生的老友,我是义不容辞的。

季豫先生湖南常德人。一九二七年入京,不久他就来看我,我们谈起彼此治学的经过,各有甘苦,颇能契合。后来他到辅仁大学中文系任教,见面的机会较多,研史论学,互有启发,每谈至深夜,不知疲倦。

抗日战争期间,论学诸友纷纷离京南下,能谈者渐少。余与先生同在一校工作,又同住一街为邻,早晚相见,来往就更多了一些。这时先生以种种关系,未能离京,虽然当时生活比较艰苦,仍能不亏操守,淡泊自持,惟以读书教学为事。

今观集中所收的论文,很多都是抗战前后我们曾经商讨过的,今天重读,记忆犹新,看到他散在杂志报章的文章,得以编辑出版,非常高兴,同时也不能不增加对老友的怀念。

先生以目录学著称,在辅仁的时候,曾讲过"目录学"、"古籍校读法"、"《世说新语》研究"等课程,并编写过讲义,前二种都有排印。他曾经和我说过,他的学问是从《书目答问》入手。他十七岁时开始读《四库提要》,后来继续钻研了五十多年,著有《四库提要辨证》二十四卷,一九五八年科学出版社印行。他在这部书的《序录》里说:"余之略知学问门径,实受《提要》之赐。"可以看出他学术的渊源,实得力于目录学,而他终生所从事的学问,也是以目录学为主,几十年以考索《四库提要》为恒业。他并不仅仅限于鉴别版本,校雠文字,而是由《提要》上溯目录学的源流,旁及校勘学的方法,并且能研讨学术发展过程,熟悉历代官制、地理和史学。他平日博览群籍,为文则取精用宏,非清代目录学家之专治版本、校勘者所能及。

季豫先生的治学精神有很多值得学习的地方:

他治学的特点之一,就是读书博,经史子集无不浏览,从《提要辨证》一书就可以证明。子部图书众多,内容复杂,他对这方面很感兴趣,他从医书里找出资料,从小说中发现问题,如《寒食散考》、《杨家将故事考信录》、《宋江三十六人考实》等文章,都是证据充足,实事求是,有许多新的论断。他记忆力很强,读书又多,并且能运用目录学的知识,善于辨别书籍的好坏真伪。他曾自题书斋名为"读已见书斋",因为有些人专以读人间未见书相标榜,人间未见之书虽然有些是珍贵的,但这样的书究竟是极少数,如果专以垄断奇书相夸耀,而对普通常见常用的书反不读不知,这是舍本逐末、无根之学。他针对这个情况,所以用"读已见书"为自己的书斋名。但是读已见书又谈何容易,汗牛充栋的书,既要多读善记,又要懂得读书的门径,如果不知门径乱读,或读过便忘,虽博何用! 季豫先生能博学约取,这是他成功的一个方面。

其次,他用功勤。数十年间手不释卷,有些书是他很熟的,但他还是经常阅读。他在《提要辨证》序录里引用董遇"读书百遍,而义自见"的话,说"百遍纵或未能,三复必不可少",这话也正是他自己的诺言。凡读书博的人,常常不能深入;凡记忆力强的人,往往不肯勤查书。季豫先生读书博,而又能用功勤。看他每天在书斋中搬书查书,不厌其烦,因甲书而牵涉乙书,因一句话而检查大部头的书,他总是乐此不疲,持之以恒。他还有一种很好的习惯,凡是读过查过的书,马上归还书架,因此他的案头从不见有零乱堆积的现象,进入他的书斋,一架一架的书籍都是整整齐齐,而且都是他手写的书根。这也是很多人做不到的。

此外，他做学问下笔不苟，这也是他的一种严格的锻炼。他引用史料一定要穷原竟委，找到可靠的根据，才写在论文里。引书一定注明卷数，核对文字，凡是他所引用的材料，总是比较精确的。他平生不作草书，无论是著作手稿，友朋函札，一律楷书。我曾看见过他手录的各家批校本《书目答问》，用四五种颜色的墨，密密麻麻，写满了书头，每个字都是一笔一画，端端正正。尽管我们今天并不一定要提倡人人写楷书，可是他这种丝毫不苟的认真精神，还是值得学习的。

不幸季豫先生在一九五五年春节因病逝世，现已将近八年，但是他留下的这些学术论文，对学术界来说，是可宝贵的。学术文化事业，后胜于前，尤其是生长在新时代的人，超过前人，更无问题。不过，要继承前辈学者的成绩，还要学习前辈学者踏踏实实的治学精神，并吸取其精华，发扬光大。我想这部论文集的出版，对于学术研究必然会有一定的影响。

一九六二年十一月陈垣

景教三威蒙度赞跋

　　右唐人手写《大秦景教赞》一卷，又《尊经》及法王名号、诸经目录并案语共一卷，出甘肃敦煌县东南三十里之鸣沙山石室中，为前清两江总督端方氏所得，上海存古学会用珂罗板印于《石室秘宝》乙集者。卷中译圣父为阿罗诃，译圣子为弥施诃，与《景教碑》同。案语言贞观九年(六三五年)阿罗本至中夏传经。宣译者为房玄龄，亦与碑同。末言本教大德僧景某，字残阙不可辨，疑即述《景教碑》之僧景净也。

　　瑜罕难法王疑即约翰，卢伽疑即路加，摩矩辞疑即马可，明泰疑即马太，牟世疑即摩西，多惠疑即大卫，宝路疑即保罗，此则《景教碑》所未曾有者也。

闻此种写经系西夏兵革时所藏,千百年来莫有知者。光绪庚子,壁破书见,始渐流播人间。丁未冬,法人伯希和游安西,得一帙,审知为唐写本,先后购去约全藏三分之一,移庋巴黎图书馆,余则由甘肃大吏赍送京师,即今京师图书馆所藏之八千卷是也。未识巴黎所藏其中有景教经否?据今京师所藏之八千卷中,则绝无一景教经,仅有摩尼教经一卷,首尾亦不完具,余悉佛经而已。然则此二卷殆希世之品,可与《景教碑》同其宝贵者矣。谨以就正于绍禹会长。

一九一七年二月后学陈垣跋

跋何其厚重修晏公神庙碑记

余居广州外城之晏公街敷世矣。去年夏间里人以晏公庙来历邮书相质,因忆《陔余丛考》曾有晏公考证,然与吾里之晏公庙历史无关。求之《广州》及《南海志》中,无所获也。近在《岭南文献》发见有何其厚《重修晏公神庙碑记》,此乃吾里晏公庙之碑记,大足供吾人之考究。原碑犹存在否,须在粤就近调查。今即碑文研究之,亦可推知数事也。一,碑称庙建于省城西南隅水浒,可知此庙本在水旁,南向,与今绝异。二,著者何其厚,南海人,明嘉靖十九年举人,官户部郎中,碑称稚年即见此庙,又云岁代殊远,可知此庙之建当在嘉靖以前。三,碑称庙貌巍焉,可知嘉靖以前,庙极宏伟。四,广州外城之筑,在嘉靖四十二年,碑称城郭变迁,庙鞠于荒烟茂草,可知嘉靖筑城后,庙遂零落,庙前且为城墙所堵也。五,碑称著者领荐北上,见凡江河祷赛者,莫不有晏公,此语诚然。今所知者,上海周泾有晏公庙,见《上海志》;常州白云渡有晏公庙,见《陔余丛考》;江西清江镇有晏公庙,见《续通考》。六,碑所引晏公救舟掣鼍二事,见《七修类稿》。惟《明一统志》及《重增搜神记》,亦有关于晏公之记载。晏公名戌仔,宋元间江西清江县人。七,碑称重修之役,始于癸酉,成于甲戌,癸酉甲戌,为万历元二年,即建筑新城后之十年也。八,碑称重修之后,丹青炳焕,灯烛荧煌,可知万历元年之修,庙亦宏伟。九,碑称初以此为乡民漫设,又云耆英联集,里社祈禳,宜有一定之所,又云动无妨众,财不费公,可知此庙为里人所公建,既非私有,亦非官有。凡此皆万历以前此庙之历史也,万历以后之变迁,应俟考。抑有言者,碑称本乡父老常称其俗能相友助扶持,可封比屋,然则四百年前吾里风俗之厚,可见一斑矣。《岭南文献》三十二卷,万历四十四年广东按察司佥事蕲阳张邦翼辑。今所据者,万历原本也,因录碑文一通寄里中老,并为跋之如右。

民国九年五月里人陈垣寄自北京

跋文渊阁四库全书排架图

阁仿明范氏天一阁制,外观如二层,其下层内又分一中层。上下各六楹,其西小楹为登楼处。盖取天一生水,地六成之之义。下层中三楹两旁储《图书集成》十二架,左右二楹储经部二十架。中层储史部三十三架,其第十七架正对阁门。上层中储子部二十二架,两旁储集部二十八架。经、史架高七尺四寸,广四尺,深二尺,每架十二函,四格四十八函。子、集架上增加半截,多二格,高十尺八寸,六格七十二函。全书百有三架,六千一百四十四函。

民国十年四月陈垣识

跋魏建功家书

贾人子弟，自昔为文士所轻，其能奋自磨濯者，亦多讳其所出。起家寒素，宁托之农，而不愿承之商，亦中国社会一怪现象也。唯施国祁以布铺掌柜，专门《金史》，杨守敬以米店少东，精研《水经》，而施为自序，杨自为年谱，对此并未尝少讳。近年风气大变，学者兼营商业，尤为故常。吾友魏公子建功，英年卓荦，博学能文。日者以家书一卷相视，君固商之孙子也。有此贤父兄，有此资力，且生当今世，其所成就，何止施杨，公子勉之矣。

中华民国十四年十一月六日新会陈垣谨跋

謇斋剩墨跋

燕市有高士曰英先生，其为人也，不戚戚于贫贱，不役役于富贵，海内贤豪长者无不识也。然未尝与俗浮沉，一介不以取诸人，而赒恤穷乏则恒视其所有。其为学也，博闻强记，贯穿四部，能见其大，不流于破碎，躬行实践，不涉于迂谈。其为文也，浩瀚汪洋，滔滔而不竭，所谓气盛，则言之长短，声之高下，皆宜也。生平服膺基利斯督，好利西泰、汤道未之言，慕徐子先、李振之之风，慨雍乾以后，教学陵替，隐然以文艺复兴为己任。曾于香山静宜园倡辅仁社，四方来游者众。犹以为日尚浅,成效未大睹,乃复著书劝学,名曰《罪言》。卒之诚动教廷,声闻邻国,于时有公教大学之设。公教大学者,以阐发文明,保存旧学为标帜,造端弘大,未能即成,今甫成国学一部,而先生已赍志以没矣,悲夫!十年前,余识先生,得读万松野人《言善录》。以为其命名所在言善,则千里之外应之也。近先生病废,为余言曩录名言善,已自谓将死,今又十年,复何憾哉。呜呼!生死久置先生度外矣。《寒斋剩墨》一卷,为先生病废时所口述,街谈巷议,必有可观,小说卮言,犹贤乎已。盖《山居新语》、《萍洲可谈》之属,非先生精意所在也,先生精意所在,仍为《言善录》。

一九二六年一月三十日新会陈垣谨跋

跋元苌振兴温泉颂

元苌《振兴温泉颂》,在临潼县灵泉观。《水经注·渭水》条下,渭水右迳新丰县故城北,东与鱼池水会,水出丽山东北,水之西南有温泉,世以疗疾,即此泉也。《注》又引《三秦记》云:丽山西北有温泉,祭则得人,不祭则烂人肉。俗云始皇与神女游而忤其旨,神女唾之生疮,始皇谢之,神女为出泉水,后人因以洗疮云。碑所以有高唐巫山云雨句也。碑无年月,《关中金石记》谓当作于宣武时,《金石萃编》则以此碑附于世宗之末。考《水经注·比水》条下曾述延昌四年事,延昌四年为世宗宣武帝最后之一年;《沭水》条下并述正光中事,是《水经注》之成在正光以后。而《渭水》条下不载此碑,又不言泉侧有元苌新建馆宇,是此碑之立,必在《水经注》既成后,至早亦在正光末。今《金石萃编》乃列此碑于熙平、神龟、正光之前,实为未考。颂末"控鹄来思,俟我于堂而",而与思为韵,语意已完,严可均辑《后魏文》,注曰"下阙",

亦未考。

碑立后一千四百有余年，丙寅元月，新会陈垣跋

寿尹文书札跋

庚午冬，硕公先生生日，同人谋所以寿之。适有客以傅青主手札求寿，问何以知为青主，曰有傅山印。审之，则王如金与硕公书，而青主所收藏者也。如金字子坚。硕公，曹伟号。皆晋人，与青主同出袁袁山继咸之门。袁山崇祯七年提学山西，后总督江西湖广军务。九江陷，被执至北，不屈，时顺治二年三月也。书中云云，殆即作于是年。如金事迹见青主撰《汾二子传》。二子者，其一薛宗周，字文伯。《霜红龛集》有《雪夜同文伯子坚木公伯浑驴背偶成诗》，又有《硕公五十生日诗》，又有《硕公六十寿序》。诸子皆青主挚友也。又一通为申涵光书，无上款。中称及宁人、公他、伯岩。公他，青主别号。伯岩，殷宗山岳，《聪山集》有《殷宗山行状》。此书盖申凫盟寄戴枫仲廷栻。自称年五十八，则康熙十五年作也。枫仲亦袁山门人。康熙十四年宁人至山西，即主于其家。书中所谓宁人兄有卜邻之约，即指此也。余曰异哉！吾友尹硕公名与宁人同，而此二札，一则隐藏硕公之姓与名，一则明著硕公之号，是非还之硕公不可。乃重付装池，以为硕公寿，因青主固尝数寿硕公也。

小雪日新会陈垣

跋王南陔先生遗札

颉刚先生新得王南陔遗札一通,蠹蚀数处,可据《重论文斋笔录》补之。其行间小注,均为《重论文斋》所未录,至可宝也。

壬申秋分后一日新会陈垣识

王西庄窥园图记跋

《史记·儒林传》言董仲舒为博士,三年不观于舍园;又言仲舒相胶西王,疾免居家,至卒不治产业。《汉书》因之。不窥园与不治产本是二事。《法言》言董仲舒之才之邵,李轨以拔园葵、不窥园分注之,未尝以不窥园为不治产也。《潜夫论》言董仲舒家富,终身不问家事,未尝言董仲舒家富故能不窥园也。章先生混而一之,偶未检耳。余旧藏有钱竹汀先生隶书《题费君窥园图》三绝句,与西庄此记同时作。其一、二首已见《潜研堂诗续集》,其三云:"古易家风溯漠儒,九师秘旨启榛芜,元亭寂寞书成后,曾有侯芭问字无。"时竹汀主讲紫阳书院,西庄瞽目复明,亦是年秋初事也。附识于此,以报兼士先生。

壬申大雪前三日,新会陈垣

跋汪容甫陈庆笙手札卷子

陈庆笙与梁星海论昏礼书,去年粤中刻庆笙集,曾录寄憼吾老伯,刻入补遗。顷希文学长函示吉期,并索一言为赠,因忆前事,成一联云:敢效庆笙谈古礼,喜闻容甫续昏书。汪容甫续昏在乾隆卅八年癸巳。其致大宾启,垣曩得之宝应刘氏,珍藏箧衍者久之。启中仿魏,刘端临父;步辛,端临伯父也。今谨与陈书合装一卷,寄赠希文学长吉席。

甲戌冬至前二日新会陈垣识于旧都励耘书屋

跋钞本申范

一八九二年光绪壬辰,广州菊坡精舍刻《东塾集》,其封面题曰"《东塾集》六卷附《申范》一卷",是《申范》与集同时刻成者也。然其后所印之《东塾集》则往往只有集而无《申范》。民国初元上海《国粹学报》社排印《古学汇刊》,曾将《申范》收入第二集,目称"稿本未刊",盖未见菊坡精舍本耳。一九五七年岁暮,尹石公先生北来访书,求《东塾集》附刻此卷,一时不可得,乃取余所藏菊坡本照原行款重写一帙为赠。此本卷首有同治六年东塾自序,亦《古学汇刊》本所无也。

新会陈垣

跋王羲之小楷曹娥碑真迹

余童年在粤,见《筠清馆法帖》中有晋人小楷《曹娥碑》,吴荣光不定为王羲之书,仅附右军之末。但黄伯思《东观余论》有《跋逸少升平帖后》,谓:"此帖为逸少暮年迹,非遇真赏,未易遽识。"伯思精鉴别,见魏晋人书至夥,其言当可信据。此帖在宋代摹刻,有两种本子,一为群玉堂有楣题本,一为越州石氏无楣题本,各家集帖重刻,不绝于世,于是刻本之肥瘦,拓本之早晚,点画之同异,辨论纷如。今此帖绢本墨迹复出人间,如太阳丽空,群雾消失,一切刻本均可束之高阁矣。

考《孝女曹娥碑》事,当时传播甚速而又甚广。唐以后载籍无论,最早虞预《会稽典录》载之,袁宏《后汉纪》载之,项原《列女传》载之,范晔《后汉书·列女传》又载之,刘义庆《世说新语》、刘敬叔《异苑》均载之,皆晋宋间人也。郦道元《水经注·浦阳江》条亦载之,则已传播到北土矣。邯郸淳所撰碑文虽佳,究其原因,非有蔡邕题字称扬,恐不能传播如是之速,所以王羲之重写此碑时,并将蔡邕题字写入。至于原碑在会稽,魏武未尝过江一节,刘孝标注《世说》时已提出疑问,后来《三国演义》改为壁间悬一碑文,遂将《世说》注文轻轻解答,著者可谓聪明。《宋史》卷四二五《谢枋得传》:枋得被系北来,因病迁悯忠寺,犹见壁间有《曹娥碑》,则又何必过江然后得见此碑也。

此帖写于升平二年(三五八),时羲之年五十六,故黄伯思以为暮年,据钱竹汀《疑年录》,则羲之当时才三十八岁。《晋书》卷八十《王羲之传》,只云年五十九卒,而不著何年。陶弘景《真诰》卷十六、张怀瓘《书断》卷中,均云逸少升平五年辛酉岁卒。《东观余论》卷下因之,云:王逸少以晋惠帝太安二年(三○二)癸亥岁生,至穆帝升平五年(三六一)辛酉岁卒。据此,则永和九年书《兰亭序》时,羲之年正五十一,钱先生乃信王羲之三十三岁书《兰亭序》之说,断定羲之生大兴四年(三二一),卒太元四年(三七九),而反谓《东观余论》为误。此钱先生之误也。

此卷最有趣者,题记中名字不乏少数民族,如巎巎、边鲁、契玉立、忽都鲁弥实、纥石烈希元、雅琥等,皆少数民族而并有书名,此至可宝贵者。巎号子山,康里人,《元史》一四三有传,称"其书得晋人笔意,单牍片纸,人争宝之,不翅金玉",陶宗仪《书史会要》谓"国朝以书名世者,自赵魏公后便及公",故有北巎南赵之目。今观康里巎、边鲁曾同观于柯氏玉文堂一行,足与怀素藏真草字一行相媲美,而《三希堂法帖》竟未刻入,盖不识其可贵也。

此卷屡入内府,为统治者所占据。元时曾在郭天锡家,赵孟頫为跋之,天锡又转录《东观余论》中跋逸少升平帖一段以为重,其后辗转归柯九思,泰定五年(一三二八)正月虞集有长跋。二月改元致和,九月文宗改元天历,故普通年表泰定无五年,天历元年即泰定五年也。天历二年(一三二九)二月,立奎章阁学士院,此卷又入内府,四月又以赐柯九思,仍命虞集记之,此次在内府仅月余。天历三年(一三三〇)正月,又赐九思以子敬《鸭头丸帖》真迹,亦命虞集记之。董其昌题云:"元文宗命柯九思鉴定法书名画,赐以《鸭头丸帖》与《曹娥碑》真迹,《曹娥碑》卷有赵孟頫跋,此卷止虞集记耳。二卷右军父子烜赫有名之迹也。"今《鸭头丸帖》私有已变为公有,由上海人民美术出版社精印传世,《曹娥碑帖》几沦异域,竟得辽鹤归来,最近亦由文物出版社影印出版。摩挲双璧,老眼增明,乃考镜群书,欣然为书其后。

一九六一年七月,陈垣识于北京

跋陈鹏年自书诗卷

湖南省博物馆王同志寄来陈鹏年自书诗卷。按陈鹏年，湘潭人，是有清一代清官，善化唐鉴辑《学案小识》，平江李元度辑《先正事略》，叙鹏年学行治迹甚详，湘阴李桓辑《耆献类征》载鹏年传状凡十二篇，诸书著者皆湘人，湘人之于鹏年，宜倍熟悉。

鹏年为人刚直不阿，为治务抑豪强、伸民隐，有包龙图、海忠介之风，故亦有"陈青天"之目。康熙四十九年（一七一〇）两江总督噶礼与江苏巡抚张伯行不睦，互相参评，鹏年以苏州知府署理江苏布政，站在张伯行一边，大为噶礼所忌，因劾罢之，并曲解其诗词，谓鹏年"得民无君必反"，欲置之死地。

鹏年善书能诗，有诗集传世，惟书法不多见。此卷作于辛卯初冬，辛卯为康熙五十年，即鹏年被劾第二次罢官之明年，故诗有"投闲经匝岁"之句，印章又自号"楚南田舍翁"，田用古文，舍用籀文，不易识。诗见《沧州诗钞》卷五及补遗，字句稍有不同，大体无异。封建时代，清官难得，近日人民文学出版社出版《不怕鬼的故事》，中有袁枚撰"陈鹏年吹气退缢鬼"一则，可见鹏年刚直之气在当时已传为神话，其遗墨至足珍贵，自当好好保存。

跋西凉户籍残卷

西凉户籍残卷，出自敦煌，今藏英伦博物馆。一九六一年中华书局出版《敦煌资料第一辑》，第一篇即此卷。卷首尾中间均有残阙，计得户十，皆建初十二年（四一六）正月籍。汉章帝及姚苌均尝改元建初，然均只有八年，改元建初而有十二年者惟西凉李暠，故定此为西凉户籍。

古来户籍传世者极少，《隋书·经籍志》有晋元康六年（二九六）《户口簿记》三卷，强置（《史部·地理》类），亦以同类书少故也。今此辑所载敦煌户籍，乃有数十卷，至可宝贵。数十卷中关于地亩者多，关于户口者寡，属于唐代者多，属于唐以前者只二卷，则此卷尤可宝贵。

据《西凉录》，建初元年（四〇五）李暠迁都酒泉，以宋繇为右将军，领敦煌护军，以次子让为敦煌太守镇敦煌。建初三年，暠奉表于晋，犹称让为敦煌太守，是建初初年治敦煌者让也。让以何年去职，其治敦煌政绩若何，无可考。

嘉兴四年（四二〇）李歆为沮渠蒙逊所杀，时为敦煌太守者暠第六子恂。恂以何年继让，亦莫可考。惟嘉兴四年去建初十二年甚近，则建初末年治敦煌者恂也（《后凉录》）。称恂在郡有惠政，疑此户籍为恂在郡时所为。

宋繇初领敦煌护军，至李歆立，始以繇为广夏太守，是建初末年宋繇亦在敦煌。《魏书·繇传》称繇雅好儒学，虽在兵难，讲诵不废。疑此户籍为恂与繇同在郡时所为，故能条理若此。

自汉以来，敦煌文化极盛，其地为西域与京洛出入必经之孔道，实中西文化交流之枢纽。其人民又多由中州所移徙，故《后汉》、《晋》、

《魏》三书敦煌人士实繁有徒。据此残卷，十户五姓，又有妇女之姓七，皆中州旧姓，或宦于此，或戍于此，或避乱于此者也。

裴氏，二户。裴本河东巨族，《唐书·宰相世系表》言：光武时有裴遵者曾为敦煌太守，又有裴岑者，亦后汉永和间敦煌太守，今所传裴岑纪功刻石，即其人也。《旧唐书·经籍志》有裴守贞撰《裴氏家牒》二十卷。《唐书·宰相世系表》并言裴氏有五房，其一曰西眷裴。西眷裴者，出自后汉末阳吉平侯茂，以其子孙多仕西凉，故号西眷，此二户应为其族。

阴氏，一户。阴为敦煌著姓，《晋书》载记：张轨威著西州，以阴克、阴澹为谋主，又有阴浚、阴预、阴鉴等为其将，又有阴据者为其从事。《索袭索纨传》言：张茂时阴澹为敦煌太守。《后凉录》言：轨保凉州，阴澹之力，及骏嗣位，澹弟鉴为镇军将军，骏以阴氏宗门强盛，遂忌害之。《晋书·宋纤传》：纤敦煌人，明究经纬，与阴颙、齐好友善。《西凉录》：李焉始据凉州，以阴亮为西安太守。《魏书·刘昞传》：昞敦煌人，李暠征为儒林祭酒，时同郡索敞、阴兴为助教，并以文学见举。《索敞传》：敞在州之日，与乡人阴世隆文才相友。据此，则敦煌阴氏，材备文武，盛极一时。

吕氏，二户。当为吕光族姓，《后凉录》：光僭位之前年，群议以高昌虽在西垂，地居形势，易生翻覆，宜遣子弟镇之。光以子覆为使持节镇西将军，都督玉门已西诸军事，镇高昌，命大臣子弟随之。吕氏据河右凡十三年，其族姓之留遗敦煌已西者，当必不少。

随氏，二户。随氏为晋大夫随武子之后。晋有随会仕于秦，汉有随何说九江王黥布归汉。随氏不甚著，此残卷竟有二随，是古姓之仅存者。自隋文帝去"辶"为隋，后世遂只有隋氏无随氏矣。

唐氏，一户。李暠之霸西凉，实由于北凉晋昌太守唐瑶(《魏书》作繇)之推戴。《西凉录》言：李氏亡后，瑶子和与兄契携外甥李宝避难伊吾，后归于魏。宝，李暠少子翻之子也。《唐书·宰相世系表》，唐彬子熙娶凉州刺史张轨女，永嘉末(三一二)遂居凉州，熙子辉仕前凉陵江将军，弘西凉武兴太守。凉土之有唐氏，其来远矣。此卷唐有娶吕氏，吕亦有娶唐氏者,可见当时里鄢中,固互为婚娶也。

五姓外尚有赵、冯、高、袁、张、苏、曹等七姓,赵三人,张二人。《唐书·宰相世系表》有敦煌赵氏。李暠大夏太守有赵开。《前凉录》有敦煌人张谘,仕轨为著作郎,撰《凉记》八卷;张斌作《蒲萄酒赋》,文致甚美,张冲家财巨万,悉以济贫。《北凉录》有敦煌人张穆,博通经史,才藻清赡,蒙逊擢为中书侍郎。《魏书》有敦煌人张湛,好学能文,仕蒙逊为兵部尚书。《旧唐书·经籍志》有张太素撰《敦煌张氏家传》二十卷。《北凉录》又有吕绍美人张氏,敦煌人,姿色庄严,清辨有操行。《后汉书·张奂传》:奂子芝与弟昶,并善草书,世称草圣,亦敦煌人也。

卷首一户户主姓名均阙,然其人子三,孙一,命名为道、德、仙、宫,实受道教之影响。其他各户命名,如魄、如金、如嵩、如寿等,亦辄有修炼长生之意。自敦煌石室发见写经,释典而外,道经亦不少,《老子化胡经》其最著者。《化胡经》为晋道士王浮所著,当时已流布敦煌,可见河西道教之盛。又观其女子命名,如华、如媚、如皇。华通作花,皇通作凰,其寄托亦有深致。由此又可见当时敦煌文化之一斑。

《晋书·食货志》:武帝平吴之后,制户调之式,男女年十六已上至六十为正丁;十五已下至十三,六十一已上至六十五为次丁;十二已下六十六已上为老小不事。本卷阴怀年十五,照晋武之制应为次男,而此已称丁男,六裴保年六十六,照晋武之制应为老男,而此仍称次男。可见当时户制已与晋初不同,其不得不多用民力者,户口稀少也。

敦煌户口何以稀少? 则以李暠东迁之际,曾徙二万余户于酒泉。《晋书·凉武昭王传》:苻坚建元之末(三八四),徙江汉之人万余户于敦煌,中州之人有田畴不辟者亦徙七千余户。郭䴿之寇武威,武威、张掖已东人西奔敦煌、晋昌者数千户。及暠东迁,皆徙之于酒泉,分南人五千户,中州人五千户,余万三千户,分置三郡,筑城于敦煌南子亭,以威南虏。敦煌户口之稀少,此实原因之一。

此卷著籍者兵三户,大府吏一户,散四户。大府即太府,掌财赋之所,太府吏者给事财赋所者也。散者,无常职,《周礼》所谓"闲民无常职,转移执事"者也。谓此为散居非土著者,非是。各户均注居赵羽坞。坞,备战守之地,《后汉书·安帝纪》"元初元年(一一四)遣兵屯河内冲要皆作坞壁",是也。《晋书·沮渠蒙逊载记》"蒙逊之叛,段业先壁于侯坞,傅檀来伐,蒙逊败之于若原坞北",其类也。

始余得见此卷显微胶片在一九一九年,与今中华书局印本颇有异文。如开卷第一行"驿子",系当时力士之称,《北齐书·神武纪》有"梗杨驿子,以力闻",是也。户口簿附注驿子者,系预备有力役时调用,今印本作"释子",则是和尚矣。又吕沾一户,今印本作吕沾石,据全卷体例,人名无二字者,犹是汉以来旧俗,以常识判断,印本"石"字当是衍文。又裴保一户,隆妻年廿二,隆才四岁,据余所见胶片"四"上原有一字模糊,不是"廿"即是"卅",今印本"四"字,上并不空格,亦可以常识判其有误。其他异文不备举。谨附录吾所见原文于篇末,可以与印本相对证。

一九六三年三月

跋董述夫自书诗

董述夫自书诗一册,十五首,十四开。末署"万历己丑仲夏吴门董良史漫稿",有董良史述夫印。述夫名良史,能诗工书,其行迹不概见。先是洪武间有董纪者,字良史,上海人,词翰兼美,有《西郊笑端集》,清《四库》著录。两人相距二百余年,《明诗综》混为一人,而云"董纪字良史,以字行,更字述夫",《樵李诗系》亦混为一人,而云"董良史名纪,以字行,初字述夫",《列朝诗集》董纪传实无是说。

余初得此册,爱其书法有林泉之致,以为述夫即董纪,既而见其自署万历纪年,始恍然《明诗综》等有误。董纪根本不字述夫,字述夫者万历间之董良史也。《四库》《西郊笑端集》提要乃不调查研究,遽袭

《明诗综》之说,混二人为一人,《明诗纪事》复因之,众喙一词,万历间之董良史遂为洪武间之董良史所掩。使无此册之发见,又孰证其误哉!

"董狐古之良史也。"语出《左传》宣二年,故董姓恒易以良史为名字。《四库总目·艺术类》有《书录》三卷,云:"宋董史撰。史字更良,不详其里贯,自称闲中老叟,盖未登仕版者也。"然粤刻聚珍版丛书《四库总目·书录》提要乃作"宋董更撰,更字良史",此又在董纪之前字良史者,并录之以待深考。

一九六三年十一月

跋陈鹏年书秋泛洞庭诗册

此陈鹏年录其祖父郭金台之诗也。金台本姓陈,幼避难中表郭氏,遂从郭姓。明崇祯副贡,隆武举人,以气节文章著。《沅湘耆旧集二编》卷廿七录其诗,有《和郭些庵洞庭秋》三首,即此册三十首中之三首也。些庵郭都贤,益阳人,明天启壬戌进士,国变后为僧,号顽石。《沅湘耆旧集二编》卷廿九录其诗,有《洞庭秋》卅五首,即郭金台所和原韵也。《耆旧集》称鹏年为金台冢孙,初金台无子,曾以从弟之子式谷为子,复陈姓,式谷即鹏年父,故鹏年家传及行状均称金台为鹏年祖也。

一九六五年三月新会陈垣

论登崖山观奇石诗

广州《真光杂志》廿四卷第三号,有《醉眠山人诗话》一则,谓"镌功奇石张弘范,不是胡儿是汉儿",系白沙先生吊玺诗,殆传闻之说也。此诗实晋江赵瑶作。瑶字德用,成化丙戌进士,曾为粤东提学佥事,访白沙先生于江门,登崖山观奇石作,今原刻在崖山慈元殿两庑,与白沙诗同刻一石,前二句为"忍夺中华与外夷,乾坤回首重堪悲",与醉眠山人所闻少异。白沙诗云:"长年碑读洗残潮,□□还□野火烧,来往不知亡国恨,只看□石□□□。"字已剥落不复成句,白沙本集亦未载,仅见于道光《新会县志·金石编》。赵诗所以误为白沙诗者,因白沙名较高耳。赵为白沙诤友,《白沙集》有《与赵提学论学三书》,又有《和赵提学诗》,云:"昨宵共对崖山雨,如此乾坤那得知。"疑即答赵前作也。赵作见于《闽书》,亦见《全闽诗话》。乾隆《泉州府志》亦称赵尝登崖山,有斥张弘范诗,当即指此。醉眠山人又以弘范为宋大将,亦误。弘范为易州定兴人,定兴久隶于金,本非宋地。其父柔,仕元以功封蔡国公,父子《元史》均有传。谓为汉儿则可,谓为宋大将,则彼固元世家也。幼学于郝经,郝经者,尝使宋,被留,不屈,元人比之苏武。弘范年少倜傥,恒以韩信、李广自许。予曾得其所著《淮阳集》,有《南征》二首,亦可见其意气之豪,好大喜功,不复知有胡儿汉儿之别矣!诗云:

> 百战归来气未松,紫泥又起作元戎。
> 楼船万艘三山外,塞马千群百粤中。
> 群目山川浑各异,伤心风景不相同。
> 明年事了朝天去,铜柱东边第一功。

离多会少古皆然,惟我平生苦太遍。
已是十年驱战马,又还万里驾征船。
相思回首南天角,独许倾心北阙边。
寄话故人知道否,戮鲸沈海在来年。

然则由闽至广,平宋于海隅,弘范胸中固早有成竹矣!赵瑶闽人,白沙粤人,对于亡宋,寄慨独深,有以哉!

题钓矶诗集

《钓矶诗集》四卷,宋遗民泉州邱葵撰。葵为吕大圭弟子。大圭死于蒲寿庚之难,而本集卷三有与寿庚兄心泉倡和诗二首,卷四又有《挽心泉居士》诗,是葵对于心泉始终无异词。然则"水声禽语皆时事,莫道山翁总不知"之说何自来乎?疑亦《春秋》责备贤者之意云尔。敢以质诸桑原骘藏先生。

甲子一月陈垣敬赠

哈珊碑拓本识语

哈珊《元史》无传,据碑,其大父为写云赤笃忽璘,父八儋,知其为

《元史·小云石脱忽怜传》之阿散八丹第四子也。《常山贞石志》考之甚详，不复赘。碑之撰书人为赡思，赡思何许人？大食国人也。哈珊墓右有善众寺，寺有《创建方丈记》，亦赡思撰，记末犹自署大食赡思也。赡思行谊撰述具《元史·儒学传》，元时西域人汉文著述之众未有若赡思者也。去年夏余获善众寺《方丈记》拓本，如获瑰宝，然仍以未得见赡思法书为憾。今蔚西丈以哈珊碑拓本相示，乃知赡思非独能文而已，其书法用力亦至深也。陶宗仪《书史会要》述元代西域书家至二十余人而不及赡思，可知元时西域人善书者尚不止《书史会要》所载也。

民国十三年五月新会陈垣识

关于谚语赵老送灯台

"赵老送灯台"二语，北宋初已流行，欧阳修《归田录》卷二云：

> 俚谚云："赵老送灯台，一去更不来。"（《学津》本"不"作"乃"，今据《欧集》）不知是何等语，虽士大夫亦往往道之。天圣中，有尚书郎赵世长者，常以滑稽自负。其老也，求为西京留台御史，有轻薄子送以诗云："此回真是送灯台。"世长深恶之，亦以不能酬酢为恨，其后竟卒于留台也。

据此，则天圣中（西一〇二三—一〇三二）已有以此语为谑者，可知此语早流行于北宋以前，至欧公时已不知所出。元杨文奎《儿女团圆杂剧》有云："每日家问春梅无信息，哎，他也恰便似赵呆送曾哀。"翟晴江谓"赵呆送曾哀"为"赵老送灯台"音之讹（《通俗编》卷二六）。然安知

"赵老送灯台"非"赵杲送曾哀"之讹耶？则赵杲、曾哀何人，正可一并研究也。

陈垣　九月廿四日

题新刊吴评唐诗鼓吹

元遗山《唐诗鼓吹》本为其弟子郝天挺所传，今所存赵、姚各序皆郝注序也。郝出朵鲁别族，父名和尚拔都鲁。朵鲁别，《辍耕录》作秃鲁八歹，为色目三十一种之一。拔都鲁，清译巴图鲁，勇武之称也。姚序见《牧庵集》，谓"公将种也，父兄数世皆长万夫，于鼓吹军乐似已饫闻。晚乃同文人词士"云云。即谓其父兄以武力佐元平中国，而彼乃笃嗜中国文学也。郝注《唐诗鼓吹》外，尚修有《云南实录》五卷。其诗传者仅有《元风雅》、《元文类》数篇。唯与郝经之祖同名，虽经《池北偶谈》、《元诗选》之辨正，然《全金诗》及《新元史》犹混而为一。岂知其一汉人、一色目人耶！溥泉先生出示邢氏新刊吴评《鼓吹》，为语其事如此。溥泉喜谈民族，属书其语于卷端。

民国十五年二月五日新会陈垣

奉军炸弹螺盖题记

丙寅寒食，有飞机掷炸弹于故宫南三所前，余与庄思缄、沈兼士、俞星枢、李玄伯、马叔平、胡文玉、吴稼农、吴景洲、李春圃诸君往观。拾铜螺盖、铁碎片各一。翌日植柏于其处。新会陈垣记。

写本集古梅花诗识语

余家旧藏写本《集古梅花诗》二卷,七言绝、律各五十首。书法秀美,有晋人笔意,先君子殊宝爱之,然不知为何人所书。前年在厂肆见有拓本《集古梅花诗》,为康熙五十三年罗景临王右军书,字体与此本全同,知为此本所自出,然仍不知其诗为何人所集。今年见一刻本,题曰"渔洋集古梅花诗",卷末又题曰"重订集古梅花诗"。五七律及七绝各百首,专咏红梅七律十首,共分四卷。卷首有姚茭霖序。以罗景所书校其七言绝律,十之九相同,唯次第不一,然均未有在五十首以后者,知原本只五十首也。罗书行草相间,初学不易认识,乃为楷书一本,以作释文,而以姚刻次第注题下,中惟七律第十三首为姚刻所无。其字句有异者,大抵姚刻为工,疑罗书在前,姚刻在后也。惜姚刻无年月,"玄"字亦不缺末笔,奇也。并录姚序于前,以备参考。

中华民国十九年二月十二日圆庵居士识

张星烺中西交通史料汇编题词

余与君尊甫蔚西先生(相文)交近二十年,与君交亦十二年。今君年仅四十余,而白发红颜,与蔚西先生相若。蔚西为地理学专家,中国地学会会长。君本留学德京柏林,习化学,得硕士学士。然君承家学,好史地,初治《马可孛罗游记》,专言元时一代中西交通,成《马可孛罗游记译注》若干卷。继更推演自元以前至上古,元以后至近代,成《中西交通史长编》,凡数十万言,集中西交通史料之大成,为前此言中西交通者所未有,真可谓百二十国宝书矣。

道咸以来,学者喜言西北地理,然自徐松(《汉书西域传注》)、张穆(《蒙古游牧记》)、魏源(《海国图志》)、何秋涛(《朔方备乘》),乃至吾乡之二李(光廷《汉西域图考》、文田《元秘史注》),并近代之丁谦(《诸史西域传考证》),皆不谙西文。洪钧著《元史译文证补》,屠寄著《蒙兀儿史记》,号称采译西书,然仍赖舌人,非能自译。西方学者又苦汉文难治,不能尽阅华书。以故不通西文者,既不能引西以证中,而不通中文者,又不能引中以证西:均为遗憾。张君乃合一炉以冶之,故能成其大。

君居青岛三年,厦门一年,常以书来问元朝事。余就所知告之,自谓无裨百一,而君自叙乃极称得余之助者为最多,殊令人愧报也。

忆民国六年丁巳,君养病于香山静宜园之见心斋,余亦时游香山。香山主人为辅仁社社长万松野人英敛之,介余与君相见。月夜无灯,相与攀谈于岩石湖边之下,甚乐也。今万松作古,而万松手创之辅仁社已展拓为辅仁大学,余与君亦共事其中。晨夕相依,商量旧学,不可谓偶然也。

《通鉴胡注表微》小引

频年变乱,藏书渐以易粟,唯胡氏覆刻元本《通鉴》,尚是少时读本,不忍弃去,且喜其字大,虽夹注亦与近代三号字型无异,颇便老眼。

杜门无事，辄以此自遣。一日，读《后晋纪》开运三年胡《注》有曰："臣妾之辱，唯晋宋为然，呜呼痛哉！"又曰："亡国之耻，言之者痛心，矧见之者乎！此程正叔所谓真知者也，天乎人乎！"读竟不禁凄然者久之。因念胡身之为文、谢、陆三公同年进士，宋亡隐居二十余年而后卒，顾《宋史》无传，其著述亦多不传。所传仅《鉴注》及《释文辨误》，世以是为音训之学，不之注意。故言浙东学术者，多举深宁、东发，而不及身之。自考据学兴，身之始以擅长地理称于世。然身之岂独长于地理已哉，其忠爱之忱见于《鉴注》者不一而足也。今特辑其精语七百数十条，为二十篇，前十篇言史法，后十篇言史事，其有微旨，并表而出之，都二十余万言。庶几身之生平抱负，及治学精神，均可察见，不徒考据而已。《鉴注》成于临安陷后之九年，为至元二十二年乙酉，《表微》之成，相距六百六十年，亦在乙酉，此则偶合者耳！

一九四五年七月　新会陈垣识于北平兴化寺街寓庐

《释氏疑年录》小引

往阅僧传，见有卒年可纪者辄记之，阅他书有僧家年腊亦记之，积久遂盈卷帙。顾同一僧也，而有记载之殊，同一传也，而有版本之异，达摩卒年有五说，玄奘年岁有四说，所见愈广，纠纷愈烦，悔不株守一编为省事也。然既见之，则不能置之，故又每以考证其异同为乐，同则取其古，异则求其是，讹者订之，疑者辨之，辨论既定，遇有佳证，仍复易之，如是一人恒用三四出处，不敢冀无误，亦冀少误云尔。始于康僧会，会以前至者无确年可纪也，终于清初，以生于明者为限也。按生年编录，无生年或年过一百三十未可遽信者，则略以卒年为次，生卒年俱阙者，虽有岁数弗录也。凡得二千八百人，分十二卷，颜曰《释氏疑年录》。今年三月,丹徒尹石公居士见而善之,谓可流布,并赠我影印金山诸旧志,乃量为采掇,以付剞劂。惜寒斋藏书本少,释典尤阙,变乱以后,半束高阁,甚或以易米煤,平时瓻借往还,人事既迁,此乐亦不可复得,今欲从事覆勘,已感困难,遑言补益,网罗不尽,良用慊然,然子不云乎:"举尔所知,尔所不知,人其舍诸",本此雅言,可以藏吾拙矣。

一九三八年十月,新会陈垣识于北平励耘书屋。

《中国佛教史籍概论》缘起

  中国佛教史籍,恒与列朝史事有关,不参稽而旁考之,则每有窒碍难通之史迹。此论即将六朝以来史学必需参考之佛教史籍,分类述其大意,以为史学研究之助,非敢言佛教史也。

  本论所及,大抵为士人所常读,考史所常用,及《四库》所录存而为世所习见之书。先取其与中国史事有关者,故以《出三藏记集》、《高僧传》等为首,而《释迦氏谱》、《释迦方志》等略焉。

  尤所注意者,《四库》著录及存目之书,因《四库提要》于学术上有高名,而成书仓猝,纰缪百出,易播其误于众。如著录《宋高僧传》而不著录《梁高僧传》、《续高僧传》,犹之载《后汉书》而不载《史记》、《汉书》也。又著录《开元释教录》而不著录《出三藏记集》及《历代三宝记》,犹之载《唐书·经籍志》而不载《汉志》及《隋志》也。

  其弊盖由于撰释家类提要时,非按目求书,而惟因书著目,故疏漏至此。今特为之补正,冀初学者于此略得读佛教书之门径云尔。

  中国佛教史籍之范围,略依《阅藏知津》,将此土撰述中之目录、传记、护教、纂集、音义等各类,顺撰著时代,每书条举其名目、略名、异名、卷数异同、板本源流、撰人略历及本书内容体制,并与史学有关诸点。初学习此,不啻得一新园地也。

一九四二年九月二十三日新会陈垣。

《中国佛教史籍概论》后记

此稿为余十数年前讲课旧稿,继"史学要籍解题"之后辄讲授此课,以介绍同学研究历史时如何掌握及运用有关材料。稿成于抗日战争时期,时北京沦陷,故其中论断,多有为而发,看法与今不尽同。因曾费过一番工夫,其内容或尚有足资参考之处,特印出以为研究历史及佛教史者之助,并借此就正识者,以便将来之修改也。

陈垣 一九五五年十月

《明季滇黔佛教考》重印后记

此书作于抗日战争时,所言虽系明季滇黔佛教之盛,遗民逃禅之众,及僧徒拓殖本领,其实所欲表彰者乃明末遗民之爱国精神、民族气节,不徒佛教史迹而已。

本书特出者系资料方面多采自僧家语录,以语录入史,尚是作者初次尝试,为前此所未有。惜搜采未为赅备,遗漏尚多,又因限于当时思想认识,过于重视知识分子,看不见人民大众,致立论时有偏颇,此则有赖于高明之指正者也。

《新纂云南通志》对此编采取甚众,其宗教考关于滇僧史迹,几全部收入;其艺文金石诸考《旧志》有错误,经此编纠正者,《新志》亦多已改正。惟卷七九艺文记载滇事之书仍列周达观"滇腊纪闻",滇腊为真腊之讹,真腊即今之柬埔寨国,与滇无涉,应削去而未削,盖偶遗之耳。

一九五七年六月　陈垣

《清初僧诤记》小引

《潜研堂金石跋尾》八《杨岐山禅师广公碑跋》云:"广公者,乘广也。古人称僧曰某公,皆以名下一字,故支道林曰林公,佛图澄曰澄公。宋元人称僧,或名字兼举,若洪觉范、妙高峰之类,亦取名下一字,今世知之者鲜矣。"《清诗别裁集》辑于乾隆中,其卷卅二僧人小传,属笔多误,如戒显字晦山,误悔堂,南潜字月函,误月岩,正嵒误止嵒,又误为徐继恩,皆开卷前三名也。然徐继恩止嵒之误,《渔洋诗话》已然。又清初僧派,密云、天隐下,为通、行、超、明四辈,而乾嘉以来总集,僧诗一类,每将通字行字列超、明字后,祖孙父子倒置。可见宗门掌故,注意者鲜,钱先生之言,非无因而发也。不佞少读儒书,不娴内典,年来老境侵寻,读书不能久视,闲阅僧家语录,以消永昼,觉其中遗闻佚事,颇足补史乘之阙,时复默而识之。去岁撰《明季滇黔佛教考》,本有法门纷争一篇,以限于滇黔,未能论及东南各省,兹特扩为此篇,以竟其说。《南雷文定后集》三《周子佩墓志》谓:"子佩留心二氏,好与其徒往来,是时天童、三峰两家,纷挐不解,青原、南岳,又争其派数之多寡,子佩以调人为之骑邮,不辞劳攘。"兹篇所记,即天童、三峰纷挐之余波,青原、南岳斗诤之往史也。凡十章,三卷,卷首冠派系年表,卷末以遗民僧之被诤者附焉。每诤必有一二士大夫点缀其间,酒后茶前,足资谈助。以云知宗门掌故,则吾岂敢!

一九四一年一月新会陈垣识于北平励耘书屋

《南宋初河北新道教考》重印后记

  此书继《明季滇黔佛教考》而作,但材料则早已蓄之三十年前,一九二三、二四年间,作者曾辑有关道教碑文千余通,自汉迄明,按朝代编纂《道家金石略》百卷,以为道教史料之一部分,藏之箧衍久矣。卢沟桥变起,河北各地相继沦陷,作者亦备受迫害,有感于宋金及宋元时事,觉此所谓道家者类皆抗节不仕之遗民,岂可以其为道教而忽之也。因发愤为著此书,阐明其隐,而前此所搜金元二代道教碑文,正可供此文利用,一展卷而材料略备矣。诸人之所以值得表扬者,不仅消极方面有不甘事敌之操,其积极方面复有济人利物之行,固与明季遗民之逃禅者异曲同工也。此书刊行后,不久即告罄,今因研究宋金元史者之需要,特重印以请教国人。

一九五七年七月　陈垣

一校之长

为北京孤儿工读园所撰对联

无私蓄,无私器,同惜公物
或劳心,或劳力,勿作游民

北京私立平民中学立案申请

为立案事。窃查平民教育系—为有志无力之向学儿童而设。近年京师一隅平民学校已达数十,实属良好现象。惜只限于国民、高小两部分,而中学部分尚无所闻,致使高小毕业、家贫无力升学者有向隅之感,而人才淹没尤为可惜。垣默查斯意,特约合同志创设平民中学,专收此项贫苦学生,不收学费。所有学科及教授时间均遵照部规办理。所有创办平民中学各缘由理合附填表式二分,具文呈请贵局鉴核立案存转,实为德便。谨呈
京师学务局局长

陈垣

中华民国十一年二月

平民中学同学录序

古之学者，多从一师，否则亦守一先生之说，故有门籍。汉儒则重师承，宋言道学，恪抱师说尤谨。因是同受业者，恒互称同门。此不得不谓为我国之学有系统。然而墨守之习，门户之见，由是生焉。丧失怀疑之精神，而自悟自明之理鲜。虽大群，仍一小己，无益也。科举兴，以侥幸猎取之名，结合道不同学不同地不同之人，强为一团，名曰同年，谱录甚重。是所谓禄利之道耳，第其体甚坚，往往相助。学校既立，前蔽尽袪，顾仍不能无学录之记载姓氏里居。其迹即近泥，而学者以为记忆作用，可以变化增大吾人之意识。质言，实吾人精神之长此寄托。是则同学录者，大言之，亦此旨也。我平民中学，凡类是阀阅性质者，均无取。诸生自编订此录成，问言于予。予惟宗记忆作用说，以发其真义而已。世每举司马氏为仲尼弟子立传，以炫其说，则亦阀阅之见未除也，愿诸生进而研讨之。

中华民国十一年二月新会陈垣

私立北平辅仁大学缘起

民国元年，丹徒马相伯、北平英敛之二君，为振兴公教教育，上书罗马教廷，请派高才硕德之教士来华，创设公教大学，发展中国固有之文化，介绍世界科学新知识，以示公教之公。旋经欧战，事遂停顿。民国八年罗马教宗派员来华，巡视各省公教状况，报告中亦以公教高等教育机关，尚属缺乏，因是教廷始确悉中国公教设立大学，为刻不容缓之事。次年，美国公教司铎奥图尔博士来华调查教育，审查社会所需要与人民所缺乏，乃商之英敛之君，二人所谈，对于公教兴学一事，极相契合。奥博士乃赴罗马谒教宗，陈述情形，并谒传教部长胪列利害，又晤全球本笃会总长斐德理氏，请求设法完成此举，奔走鼓吹，不遗余力。于十年十二月，罗马教廷始谕斐总长商议在华兴学事，均以此等责任委之美国本笃会为最宜，以其筹经费较易也。旋教宗本笃十五殂落，今教宗比约十一继位，注意中华，有加无已，更以恳切之词鼓舞会众，急起赴此事功，并亲捐义币十万，以为之倡。迄十二年八月七日，全美本笃会开大会议，而北平建学之事始行成立，将北平创办大学之全权，委诸美国攀西卧尼省圣文森院院长司泰来氏，他院皆以人才及款项辅助之，北平建立公教大学之事至此始定。司泰来氏遂要发起人奥博士为本校校长，于十四年一月来华，至七月以华币十六万元永租前涛贝勒府旧址，鸠工修葺，为公教大学校址，着手筹备，乃先招学生一班，以为升入大学本科之预备，取名辅仁社，以英君为之长。英君自创办以来，尽瘁鞠躬，不意奖掖后进之志愿稍遂，社甫成立，竟以劳瘁过度，十五年一月十日逝世，临终以校务付托于前教育次长陈垣君。陈君任事数月后，基金已甚巩固，校中设备，亦渐次完全，学生益形增加，乃遵照前教育部部章，组织董事会，设正副校长，推选奥图尔博士为正校长，陈垣君为副校长，更名辅仁大学，开办文科。十六年六月呈部立案，派员视察，批准试办。十八年六月，本原定计划，遵照国民政府教育部部颁大学组织法，添办理学、教育学二院，合之已成立之文科共为三院，暂分十二学系，附设医预科，及美术专修科，改组董事会，推选张继先生为董事长，马相伯先生等为董事，呈部批准立案，改推陈垣君为校长，奥图尔博士为校务长，刘复博士为教务长。并依部令停止预科，改办高中，采用三三制，添设初中，以期培植大学良好基础。因于本校南院增设楼房一所，以为大学部，除实验室、图书室外，教室、宿舍各可容学生五百余人,礼堂可容千人,十九年九月即可竣工。其原有校舍即以分设初高中两部,一切课程悉依据部章,以介绍西欧新科学,发展中国旧文化为主旨。此本校成立之缘起也。

为辅仁大学题词

孔子曰:"君子以文会友,以友辅仁。"孟子曰:"一乡之善士斯友一乡之善士,一国之善士斯友一国之善士,天下之善士斯友天下之善士。以友天下之善士为未足,又尚友古之人。"乙亥立夏,陈垣。

辅仁大学应勉进者三事

英敛之先生悯中西之隔膜,正教之难行,而怀想从前利玛窦汤若望之成绩,徐光启李之藻之事功,特著《劝学罪言》以见志。幸而教廷有北平辅仁大学之设立。余继任校事,推阐先辈遗志,以为吾校应勉进者三事:

一、采取西学新方法以谋中国旧史之整理。

二、编译各种工具书以谋中外学者之便利。

三、传达华学新研究以谋世界合作之进行。

三者并重,而互助合作为尤要。英儒雷格译诸经,王韬氏助之而成功。法儒沙畹译《史记》,仅成四十七卷,至今尚无人继续,非未得互助合作之效欤。

  三者皆所以去中西之隔膜而利正教之推行，不难超过利汤徐李往日之成绩。区区之志，甚愿能得中外学者之赞助也。

一九三五年七月陈垣

辅仁年刊序

  聚东西南北之士，罔寒暑昏昼，切磋砥砺，阅数载以蕲通乎一艺，一旦毕业，把袂分别，风流云散，历时稍久，则居里莫相忆，姓氏或相忘，甚且面目不相识，历年滋久，相忘滋深，以砚席之亲，而视同路人，曷可伤也。是以刊行兹册，订车笠之盟，结久要之好，留踪迹，联感情，异日者，或显或晦，或穷或通，皆得于斯刊以为之印证。夫自昔登科题名之录众矣，而宋绍兴十八年、宝祐四年登科诸录独重于世，岂非以其中有令人可景仰之人哉！今吾同学百数十人，志趣虽殊，为学以求用于世则一，若能守之以弘毅，持之以贞固，秉忠直之气，为士民之倡，易俗移风，利泽施乎社会，则物亦可借人而传，吾于斯刊觇之矣。苟其行违忠直，驰逐声势，同流而合污，后之人展兹刊曰：是非某校之徒欤，何其行之若是也？则是刊系于吾校之誉者甚大，吾同学可不自警自惕勉学而慎行哉！中华民国二十五年六月新会陈垣。

一九三七年为辅仁毕业同学录题词

益者三友,损者三友。友直、友谅、友多闻,益矣。友便辟、友善柔、友便佞,损矣。

一九三九年为辅仁年刊题词

毋事浮嚣,毋失礼于人,毋徒顾目前,毋见利忘义,永保汝令名。

一九四〇年辅仁校友返校节题词

规矩严,功课紧,教授认真,学生在校时每不甚愿意也,及至毕业出世,所知所能者少,则又每咎学校规矩之不严、功课之不紧、教授之不认真。何也?语曰"书到用时方恨少",又曰"闲时不学临时悔"。诸君皆过来人,能一告在校同学使毋贻后悔乎?

中华民国廿九年五月十八日

一九四〇年为辅仁年刊题词

子张问行,子曰:言忠信,行笃敬,虽蛮貊之邦行矣;言不忠信,行不笃敬,虽州里行乎哉!今诸君毕业将行,谨书此为赠。

一九四一年对返校校友赠言

孔子曰:益者三友,友直、友谅、友多闻。谅,信实也。谨赠三十年返校校友　陈垣

一九四一年为辅仁年刊题词

品行第一:人之生也直,罔之生也幸而免。身体第二:父母唯其疾之忧。学问第三:不患无位,患所以立。近来同学颇知向学,是佳现象,但每轻重倒置,故以此告之。

一九四二年为辅仁年刊题词

《孝经》曰：士有诤友，则身不离于令名；父有诤子，则身不陷于不义。交友之道在切磋之益，毋徒事佚游宴乐，是谓之辅仁。

一九四五年九月三日在辅仁大学开学典礼上的讲话

"民国二十六年以来，我们学校已有八年不行开学典礼，因我们处在沦陷区域，国旗拿不出来，国歌亦唱不响亮，甚至连说话都要受限制，为了避免一切不必要的麻烦，以往的八年是由不动声色的黑暗世界中渡过来的。从昨天日本投降签字起，世界的永久和平已经产生，光明的新时代已经开始，所以八年来解放后之第一次开学典礼，是特别值得庆贺的。"

"在民国二十八年的时候，我们学校演映世运会影片，忽然显出我国国旗，在场同学皆起立鼓掌，致特务巡官所长等连次来校责难，但是此种力量系由每个人的内心发生出来，并非外力所能限制。可怜给人服务二年后的警察，已经忘了我们国旗的本来面目，从此辅大竟被人注意为抗日大本营，虽然未免过奖。"

"在徐州陷落时，我们学校接到被强迫庆祝的命令，本来国土的沦陷，是我们最悲痛的事，可是偏偏要我们庆贺，悬起冒牌的青天白日满地红旗,使人一见,感领土之沦亡致为泪下。我们认为悬起冒牌的国旗,是最大的耻辱,以后学校返校节等集会,皆以校旗代国旗,但是以后每逢八九日仍须挂冒牌国旗,使人痛心。"

一九四六年辅仁返校节题词

卅五年返校节诵诗二章以表欢迎。陈垣

菁菁者莪,在彼中阿。既见君子,乐且有仪。

久别之后,见校友之归来,乐而有节也。

泛泛扬舟,载沉载浮。既见君子,我心则休。

丧乱之后,见校友之平安,中心为之喜慰也。

私立辅仁大学致北平市教育局公函

案查自抗战军兴以来,本校处敌伪嫉视压迫之下,惟持有不屈不挠精神,努力奋斗,以完成建国储才之使命。二十七年五月,本校因拒绝庆祝徐州陷落,附属中学曾遭封闭。二十八年八月,训育主任伏开鹏因遣送学生南下而遭缧绁。于是敌人遂指本校为抗日大学，嫉视摧残变本加厉，宪兵特务眈眈环伺，过事吹求，师生之被检举者遂层见叠出。二十九年六月，伏开鹏复被捕。三十一年十二月，文学院长沈兼士南下，秘书长英千里亦被检举。三十三年三月，代理文学院长董洗凡、教育学院院长张怀等为抵制敌伪奴化教育，秘密组织文教协会，奠定地下工作，又与英千里及教授并附中教员等三十余人被捕，迨三十四年七月始次第开释。窃念本校在八年长期抗战之中，全校同人备受艰辛，所以委曲求全者，无非为保存沦陷区教育之一线。自二十九年以后，伪教育总署曾屡向本校索取学生名册及各项表件，不得不略为敷衍。又自欧战勃发后，本校经费奇绌，曾向各方捐募；伪组织极愿每月有所补助，嘱为呈请，经本校婉词拒绝，不得已，仅接受地方公益奖券余款两次，以资接济。此为本校八年间委曲求全之实在情形，理合据实陈述，函请查核。

一九四六年七月二十六日

辅仁运动会开会词

辅仁大中小学男女及幼稚园联合运动会，以前未有举办过。这算是第一次，参加的七百人。这也是实现"辅仁一家"的初步。

查运动会的宗旨，志在提倡体育，互相切磋，我有一句对同学常说的话，就是"身体第一"。

竞赛虽限于一时，但是练习在乎平日，深望同学们都要注意身体的锻炼，成一个智育德育体育完全的人。况且青年是负有建国的重任的，更应当有强健的身体。

盼望各同学以此次的运动会为始基，养成运动的兴趣，随时作健身的活动,总期各展所长,努力表现,遵守规则,服从裁判,使大会得一圆满结果,才不负这次大会的宗旨。记得民国卅一年我说过孔夫子开运动会的故事,古时的运动会,大概与"乡饮酒礼"同时举行。运动的种类,就是"射箭",当时是很重视的。孔夫子说过:"君子无所争,必也射乎。"就是说一个君子,平日不与人竞争,但到开运动会的时候,就不客气了。但竞争又有一个条件,他说:"其争也君子。"就是说虽然竞争,仍须守着君子的态度。这句话对我们今日运动会说,是最好不过的。

在辅仁大学欢送考取华北革命军政大学及南下工作团大会上的讲话

今天我来参加这个庆祝会并欢送会,感到非常高兴。跟着北平的解放,我们学校也在活跃起来了。以前学校虽然落后,但青年都是一样的有作为、有能力、热心的青年。现在我们同学有的考上了三大学,有的参加南下工作团。三大学主要的是学习,南下团主要的是去工作(当然也不是完全不学习),但是你们的最终的目的,都是为了加紧进行各种准备工作,为了健全自己和自己所学的理论与实践结合,为解放全中国而效力,或作改革及建设新中国的准备。

诸君离开学校,并不就是放弃学习,因为参加革命工作是个最好的学习机会,并且可以把学到的东西,直接用之于服务人民,这是历史所赋予诸君的重大任务。

诸君都是辅仁的好学生,希望你们得到革命的培养与深造后,不要忘了我们的学校和同学,因为学校现在也正是向改革的途中迈进。希望诸君用你们的所学,随时来扶助学校,随时提供意见来作学校改革的参考,来帮助学校的长成。今天我用最大的热忱,送诸君迈出学校的大门,一方面虽然依依不舍,但一方面却非常兴奋、非常欣慰,谨祝诸君健康。

明年今日或是返校节日,我们在校的同人,预备开盛大的欢迎会,欢迎你们革命工作完成,解放全中国,胜利归来。

在五一五四纪念会上的讲话

今日系北平解放后第一次举行五一、五四的纪念。这个纪念,在我们的辅仁是特别可纪念的。如果北平未解放,恐怕辅仁今日还没有这个纪念。辅仁的作风近日改变了,前进了,不同往日的保守、往日的落后了。同学们、教授们都活活泼泼的活动起来,连我这七十老翁也变成三岁孩童。如果大家肯向前迈进,前途是一定光明的。讲到五四纪念,论日子靠紧在五一劳动节后,论年,靠紧在苏联十月革命后,越两年中国共产党就成立了。所以这个纪念,意义是非常重大的。俗语说"夕阳无限好,只是近黄昏",这是可惜我们觉悟太迟的意思。但我觉得没要紧,今日虽然黄昏,过了一夜,又是黎明了。辅仁往日虽然落后,今日加紧学习,便可迎头赶上了。希望大家努力。

在辅仁大学新校委会筹备会上的讲话

一

我们学校自二月中旬,外国人愿交出行政权后,我们即由教职员、学生、工友与学校旧行政人员,共同组织一临时校政会议,已经有两个多月,校务照常进行,并未停顿。

但辅仁缺点,向来只知注重学术,不与政治发生关系。当初以为学术与政治可以分开的,在八年抗战中,更提倡一种埋头读书,不问政治的消极态度,胜利后仍然这样,不知这种态度是错误的。解放后才感觉出来,开始重新学习。幸同人及同学尚能努力,但难免有幼稚的地方,很想与文管会取得联络,将学校在新民主主义下办好。今日得周、张两同志(指华北文管会负责人周扬、张宗麟)肯来校指示一切,至为荣幸。月前张同志曾在本校讲演,但不是专为本校说话,今天才是正式的来校,给我们的指示,同人无限欢迎。

二

我是旧人,我的思想在这三个月内已全盘粉碎,好像西直门城根一带已拆去的房屋,但新思想尚未建立起来。改造自己,已是不易,领导学校尤其困难。这个责任恐非本人所能胜任,因思想尚可改变,精力不能加强。这一节且在学校改进就绪时再想办法。

在辅仁大学校务委员会成立大会上的讲话

今天是校务委员会成立的一天,这是从矛盾斗争中得来的,现在我把组织的经过说一下。北平解放时我们还没有开学,二月十八日我报告外国朋友愿意退出行政机构。三月三日我们组织了临时校政会议,那时我正病着,人选是教员六人、讲助五人、学生三人、职工二人和我共十七人。至现在正三个半月,都是临时校政会议主持校政。其中没有甚么大的错误,大家表现的都很好。不过临时校政会议与政府教育当局没有正式联系,直至四月廿八日晚文管会周扬、张宗麟二同志约我去谈话,才对教育施政有一个概念。五月五日,我们开始组织校务委员会,这个校务委员会和临时校政会议不同处就是教会代表可以参加,职工职员顺利退出。拟定校委会组织大纲九条,各位想已见过。教授由师生推举,五月底讲助、学生名单都出来。根据各方意见,推出校务委员十二人,教会代表二人,讲助二人,同学二人。我把名单念一下:

顾随先生、杜任之先生、徐侍峰先生、张重一先生、赵光贤先生五位为委员兼常委,欧阳湘先生、余嘉锡先生、魏重庆先生、张星烺先生、杨成章先生、刘景芳先生、赵锡禹先生七位为委员。教会代表为芮歌尼司铎、芦修女。讲助代表为赵东征先生、贾世仪先生。同学代表为纵瑞堂先生、金永龄先生。教会芮歌尼司铎、讲助赵东征先生、同学纵瑞堂先生为常委。

行政人员,秘书长张重一先生,教务长徐侍峰先生,副教务长赵光贤先生。文学院院长余嘉锡先生,理学院院长芮歌尼司铎,原拟请陈光熙先生,因陈先生同时为高工校长,所以商议请芮司铎担任,教育学院院长为徐侍峰先生。此外还要有好些委员会,开会后才能决定。

我们辅仁有二十多年的历史,中间经过种种困难及抗战八年的奋斗,校友们服务各地的很多,去解放区的也不少,图书设备等都比较丰富,是很可爱很有希望的一个学校。解放前因新闻封锁和旧的歪曲宣传,与新社会隔断,因之对学校之措施往往有许多错误,尤其在政治上是落后的,无可讳言。又因中外之间言语风俗习惯不同,常有误会,解放后学校有不稳的状态,这是应有的波折,当然的结果,必经的过程,主要的在我们彼此了解,克服困难。好在我们要把辅仁做好的目的是相同的,最近又经教育当局的调护和指示,矛盾得以调解。今天校务委员会成立,我是非常高兴的。以后如何,要看大家努力。

对北平各界代表会议的感想

我们对北平各界代表会议的情况已有了认识。我们一定就会想到,在解放以前,我们是不是看见过这样的会议呢?别人我先不说,就拿我自己说吧,这样的会议,我是从来没看见过的。因为在中国以往的无论是什么政权下,只有封建的专制,或者是假的民主,就没有一个政府是真正替老百姓办过一点事的。很多人都知道,我从前对于政治不愿闻问。为什么呢?就是因为所有我看见的政治,没有一次是使我满意的,没有一个政府不黑暗,不令人灰心的。我以前没看见过好的政治,就以为凡是办政治的就办不好,就令人失望,于是只好用消极的办法,对政治不闻不问,当然这种态度现在应从新批判,不过从前我看过的都是肮脏的政府,有什么法子呢?现在不同了,从解放以后,我静心的观察政府的一切措施,一切法令,真是基本上和从前不同了。不用说别的,就看他们提倡艰苦朴素的作风,没有一点奢华享受的习气,已经是从前所没见过的。政府所有工作的人员,除去原机关留用的不算外,都是不领薪水只办事的人,的确是历史上最省钱、最廉洁的政府。他们对自己的要求尽量降低,对人民的生活则逐渐设法改善。难道说他们都是生来就愿意吃苦的吗?不是的,就是因为他们肯"对人民负责"。他们眼光看得远,他们是为了全中国,以至于全世界的劳苦人民着想的。抱着这种态度的人,来替我们老百姓办事,还到那里去找贪污的官吏,那里去找黑暗的政治呢?我们在这样的政府之下生活,还有什么理由能对政治灰心、对政治不闻不问呢?

前些时,有人问我,北平解放后,你看见些什么和以前不同,我告诉他,看见的先不说,我告诉你看不见的。解放后的北平,看不见打人的兵,看不见打洋车夫的警察,街上看不见乞丐,看不见整天花天酒地的政府官吏,看不见托人情送官礼的事情,更看不见有所谓"新贵"在琉璃厂买古董,这些虽只是表面的现象,但这表面的现象,说明了政府实质上已有了根本的不同。这不同于以前的改朝换代,的确是历史上空前的、翻天覆地的大变革。既然是翻天覆地,既然认清了政府的本质,那我们必须要爱护这个政府,而且要督促这个政府、协助政府,来用我们自己的力量,配合实际的工作,去推动政府的施政纲领。我们应该进一步的团结,不再把困难完全依靠政府来解决。应当把这次各界代表会议的决议,贯彻到自己的具体工作中去。比如像决议所说的精简节约、肃清特务分子等等,从会议结束以后,各工厂、各学校、各企业部门都已经开始用行动来执行大会决议,我们学校也应该赶紧执行,各单位、教职员会、学生会、职工会等,都要赶快分别开会,分别讨论:一、怎样把大会决议,来配合实际工作;二、应当把会议上的施政工作报告和决议作为学习材料来讨论,作更深一步的了解。我们要紧密团结,在支援前线、建设新北平的双重任务下,实行精简节约,克服一切困难,每个人都应该以最大的力量,和政府共同努力,完成这个中心的工作。

新辅仁发刊词

《新辅仁》经过多日的筹备,经过大家的努力,在北京解放整整一年的今天,已和大家第一次见面了。

我们辅仁大学,在过去,有他的历史条件,因为种种的关系,比较保守、落后,是不可讳言的。自从北京解放以来,我们全校师生,已开始走上了新的道路,已经有了新的认识,经过我们自己不断的学习、奋斗,和社会的协助,已与全中国的人民,一起站起来了。现在的辅仁,已今非昔比,当我们看见新的辅仁,无论是先生,无论是同学,是校务的进行,是工作的推动,是政治理论的学习,是日常生活的态度,是学术趋向,是思想方法,渐渐在改变,渐渐在进步的时候,我们的心里,真是有说不出的欣慰和兴奋。的确,整个的辅仁,呈现了年青、茁壮、活泼、跃进的空气,辅仁整个是在动,是在发展着,他已有了新生的力量,已有灿烂的前途。当然,他还有很多的缺点,还有更多的困难,但是这缺点和困难,我们一定要去设法纠正和克服,这是每一个辅仁的人,和爱护辅仁的人所应当而且必须继续争取和努力的。我们一定要这样做,去推动新的辅仁,不但使他站得稳,并且使他往前迈进,也就是说不仅仅让他要站起,而且要让他走,使他在新中国的建设事业上,使他在新中国的文化事业上,使他在新民主主义的教育事业上,能与其他战士们并肩作战,共同负担起全中国人民所给予我们的希望和使命。

我们的《新辅仁》,是我们自己的刊物,过去辅仁所出的校刊,没有真正的掌握在先生和同学们自己的手里,而且也没有真正的和生活联在一起。《新辅仁》已和以往不同,是我们校委会、教学委员会、工会、学生会戮力合办的,是我们全校教职学工自己培养起来的。它将是我们实际的生活与斗争真实的纪录，他将是使我们进步的有力武器，所以，我们的《新辅仁》一定要本着新民主主义的教育方针，来推动我们师生的学习，反映我们的实际生活。要有计划的配合我们工作的进行，使我们在思想上、业务上，在实践中不断的进步与提高。《新辅仁》是新辅仁的力量，《新辅仁》是新辅仁的象征，《新辅仁》将告诉我们新辅仁的前途，《新辅仁》将指出新辅仁的方向。我们一定要把辅仁办好，一定要把《新辅仁》办好，因为我们有决心，有勇气，我们要以实际的行动来保证任务的完成。

现在创刊号已与大家见面，但是我们还没有达到应有的水准，希望大家共同协助，负责认真的提出具体意见，使我们一步步的补充和改进。

在辅仁大学教职学工大会上的讲话

各位同仁、各位同学：

我们学校的问题已经拖得很长的时候了，从七月三十一日我们全体开过一次大会以后，到今天整整两个月。这两个月之中，教会方面和我们断绝经济关系。我很感谢我们自己的政府，不让我们全校三千多人失业失学，为我们垫发经费，使同仁可以安心工作，同学可以安心学习，一切招新生、开学、上课，照常进行，不受丝毫影响。这两个月之中，我们没有开过一回口向教会要钱，这一点我要特别声明的，我们当时希望教会代表方面，能够多多了解人民政府的政策法令，能够改变那种以为钱就可以压倒一切的态度，真心诚意来共同办好辅仁。

中间经过一个月，中央人民政府颁布了高等学校暂行规程和私立高等学校管理暂行办法。我在八月底正式送一份给芮歌尼司铎，我于九月四日又写信问他："教会从八月一日起不付经费，是不是就是教会从此不办辅仁的意思,希望他给一个明确答覆,我好正式报告中央人民政府教育部。"他九月六日的回信,说明没有不办的意思,并说愿意遵照私立高等学校管理暂行办法办理。至于经费一节,已打电报给教会当局请求从长商议,相信在一切校务重新纳入正轨之后,是不会再有甚么重大问题的。

我接到他的回信以后,觉得不很明白,九月十二日又问他两点。第一点关于五位教员续聘问题,他没有再提,是否已经撤销了这项要求,第二点问他"校务重新纳入正轨"是否就指遵照政府新颁布的法令办理。第二天芮司铎回信,说:"重新纳入正轨,是指依据部颁私立高等学校管理暂行办法,改组校董会,重行立案,以次革新校务而言。一俟走上新的正轨之后,不论学校经费,与教员聘任,当都可再无问题。"

从这封信中,他提出要改组校董会,重行立案,这倒是应该做的事情。但辅仁不是一个要办未办的学校,而是办有二十多年的学校,有几千教职学工天天在这里工作学习,如果要停办或变更,也应该先几个月呈报政府核准,那能马上就停止经费来等待校董会改组。

到了九月十九日,忽然又接到以芮司铎名义发表的告本校同仁同学书,已在《新辅仁》登过,想大家都已看见。

到了九月廿五日,教育部马部长约芮司铎到教育部,给他一份书面谈话。这谈话是因为芮歌尼司铎八月廿七和九月十九两次上书周总理,周总理交给教育部答覆的。谈话的内容分两部分,第一部分五条,是关于原则性的,第二部分九条,是关于辅大的具体问题,见《新辅仁》十六期。马部长的谈话最后一条,是要芮司铎在九月底以前把辅仁的事件解决清楚。本来我们这两个月的经费,是向政府借的,不能算为正规的办法,现在学校已经开学上课,应该安定学习情绪,为学习预备条件,政府这一个措施,完全为了辅仁师生员工的利益,完全正确,我们大家都期望着有一个适当的办法。

到了昨天晚上,我们正在开庆祝国庆的晚会,忽然教育部来电话,说教会代表已经报告教育部,并没有遵照马部长的指示,他们决定停止辅大的补助费。他既然决定停止补助费,当然不必再谈甚么。中央人民政府教育部对辅仁这次事件,始终表示支持,决不让同仁同学失业失学,政府一定要想办法的。我们从马部长的书面谈话中看到:"你们倘若不愿意这样做,政府即决心采取最适当的办法,以保障辅仁大学的工作得以顺利进行。"老实说,我们不能被十四万四千美金压倒的,如果教会一定停止补助费的话,我们政府自然会接办。

各位同仁,各位同学,现在,我要向大家提出几点要求,希望大家注意:

(一)我们学校办下去,不成问题。我们教职学工要各守岗位,加紧工作,加紧学习,不可放松一步。

(二)我们要把帝国主义行为和教会分开,和信教自由分开,我们要团结教徒与非教徒,我们都是中国人,大家团结起来,一切为新辅仁而奋斗。

(三)我们要爱护公共财物,不能一丝一毫被人破坏。关于事务方面,一切要问秘书长,教务方面,一切要问教务长,重要的事情自然要问校长,不应有无组织无纪律的现象发生。

今天是国庆日的前夕,我们辅仁两三个月的斗争,今天可以告一段落,愿我们大家努力把辅仁办好,使辅仁的前途,和中华人民共和国的前途一样光明,这样才对得起人民政府对我们的支持,才对得起中国人民。

中央人民政府教育部接收辅仁大学时的讲话

诸位首长、诸位同仁、诸位同学、诸位教友:

辅仁大学由教会创办二十五年,今日由人民政府接办。接办的理由,刚才马部长(马叙伦)已明白宣示。我为这件事,在七月廿九日以前,已向教会代表芮歌尼司铎谈过多少次,可惜他们根本不了解新中国的形势,又不肯虚心考察,加以平日怀疑共产主义的心理,所以造成这个结果。

又因为他们帝国主义的色彩太浓厚,始终认金钱为万能,以为掌握着金钱,就可以操纵一切。谁知今日的中国,已不是旧日的中国,今日中国的人民,已不是能被金钱屈服的人民了。

这次的事件,近因虽因为要解聘几位教员,远因实因为他们平日的态度,一贯是帝国主义对待殖民地人民的态度,与同仁处得不好,发展到现在的阶段,是必然的,不是偶然的。如果他们肯虚心考察,了解新中国的形势,检讨他们的优越感,改变他们的态度,全心全意和我们合作,事情的发展,或者不会这么快。

这次的事件,不是政府要接收辅仁,而是教会自己要放弃辅仁。从八月一日起,教会已实行停止拨付经费,中间经过两个多月。诸位同仁同学和教友们,试回忆一下,如果不是中央人民政府的支持,我们这两个多月怎么办?是否要辅仁关门让几千教职学工失业失学?如果不关门,是否要我们向帝国主义者面前屈服?这是不可能的,所以我们政府才接收过来自办。

我是一个七十多岁的老人,认识天主教狠深的朋友。一个人年纪大,就会比较稳重的,比较能容忍的。至到我都不能容忍,就可想到帝国主义的气焰厉害到甚么程度了。我今日最高兴的,是能够得到与帝国主义者作现实的斗争,这是我最感兴奋的。今后要把辅仁大学办好,除遵守人民政府的指示外,就是要倚靠群众的力量。这一节盼望大家共同努力。现在我要喊几句口号来结束我的话。

我们要尊重信教自由!我们要打倒帝国主义!我们要把宗教与帝国主义分开,我们不能让帝国主义者利用宗教!

辅仁大学反帝斗争的经过

辅仁大学是天主教设立的，创办人是马相伯、英敛之。英敛之生平创办过两件事业，一是北京辅仁大学，一是天津《大公报》。现在《大公报》是属于人民的了，辅仁也是人民的辅仁了。辅仁有廿五年的历史，有将近四千人的毕业生，最初由罗马派本笃会办理，一九三三年由圣言会接办。这个大学是在抗战时期壮大起来的，经过许多困苦艰难，中国同仁是有相当努力的。那时彼此团结，老老实实地研究学问，努力教书，曾连续出刊《辅仁学志》到十五年之久，毕业生功课很扎实，做事很认真，这都是中国同仁对辅仁的贡献。同仁中多数不是奉教的，与外籍司铎往还很少，又因为他们常有帝国主义对待殖民地人民的态度，惹得大家不愉快。学生和司铎、修女之间，也不断有摩擦。到了解放以后，同仁同学认清了辅仁的性质，对外籍司铎的态度更不像从前那样温和了。

教会代表芮歌尼司铎当人民解放军初入城时，也曾宣布校产与教产划分，学校主权归中国人，行政方面，教会不再负责，经费照常供给。但后来他们知道人民政府不会没收教会学校的，他们的态度又强硬起来了，行政上的事情仍然想干涉。为了芮歌尼的校务长名义引起许多争执，最后决定他的身份是教会驻校代表，可以出席校务委员会。去年暑假为了四九年度的经费问题，经过许多次的交涉，由每年廿二万美元降为十六万美元。这一年中，为了政治课，为了个别人的态度和感情，小摩擦又不断发生。今年五六月间，全校师生员工要求下年度经费早日决定，大家可以安心工作与学习。我为此事和芮歌尼谈话至十数次，他总没有确定的回答，而牢骚和不满却每次都发作。我总希望他们了解新中国的形势和人民政府的政策法令，改变从前那种看不起中国人的心理，大家合作，办好辅仁。可是到了七月十四日，芮歌尼给我一封信，说经费有了办法了，每年可给十四万四千美元，但必须实行四个条件。

这次斗争的开端，七月十四日那封信就是导火线。我们认为要我们承认条件他才拿经费，不是友好合作的态度，何况条件中有不续聘五位教员的一条，是侵犯我国教育主权，绝对不能答应的。他就声明从八月一日起不给钱了，还发有威吓性煽动性的传单。因此，七月三十一日全校开一个大会，反对帝国主义行为的斗争正面接触了。中间经人民政府教育部的支持，借垫八九两月的经费，学校一切工作照常进行。但是帝国主义者并不死心，却上书周总理，企图越过教育部，又偷偷地在校外另组织董事会，企图撤换校长。这些阴谋，为政府所揭破，九月廿五日邀他在教育部谈话，辅仁事件限月内解决。到九月三十日，他们答覆决定停止补助费了。假定九月廿五日谈话后，他们以一个电话通知我们秘书长，说："今后学校经费，无条件的仍由教会支付，这两个月教育部借垫之款，即日归还。"这样，政府就可以许他们继续办下去。但他们因为自己阶级的限制，不这样做，也不可能这样做，政府才决定接办。所以这次辅仁的接办，完全是教会自己放弃的，政府不能坐视三千多师生员工的失学失业，政府的措施是完全正确的。就学校来说，辅仁从此可以脱离帝国主义的羁绊，得到解放，就中国教育史上来说，帝国主义在半殖民地的文化教育侵略的一环首先攻破了，这是中国人民的胜利，值得大家庆祝的。

这次事情，他们始终认金钱为万能，以为学校的存在，全靠金钱，而将我们同仁平日的劳力一笔抹杀，又以为有出钱的义务，就要有发言的权利，而不知许他在中国继续办学校，并许他在学校内得设宗教选修课程，就是他们莫大的权利。又以为我政府现在决无力接办这个学校，又存有第三次大战的幻想，所以造成这个结果。我们同仁认清了帝国主义的面目，受不了他们动辄以金钱相要挟的压迫，这回不论是教徒非教徒都站在一条战线上，像接办大会上说话的徐希德，他是英敛之的老门生,报载他是奉教三十二年的天主教徒,其实他是奉教四十二年的老教徒,他年近六十,在辅仁大学任文牍课长等职已二十余年,他是诚实而进步的教徒,他在教会戴庄师范教过书,好些神甫修士都是他的学生,连他也感觉政府如不接办,学校简直没有法子维持,愿意大家团结起来,办好新辅仁。我们非教徒和教徒之间,所以能团结一致,最重要的一点,就是开诚布公的说明:我们要保护教育主权,我们要反对帝国主义行为,我们不能让教会做帝国主义者的巢穴,也不能让帝国主义者利用宗教,要严格把宗教与帝国主义分开,我们并不是反对宗教,我们拥护共同纲领,尊重信仰自由,大家认清了这点,就团结得更紧密了。今后辅仁由政府接办,我们仍然是这个态度,我们要团结一切信教的朋友,在办好人民的辅仁大学的目的下,努力前进。

一九五〇年十月十九日

对辅仁大学的天主教徒讲话

我们传达北京市第三届各界人民代表会议完毕,趁这个机会,对我们辅仁的天主教徒说几句话。彭真同志的报告里,政治方面特别着重抗美援朝运动和镇压反革命分子两项。抗美援朝运动,我们学校曾相当努力,今后仍当继续不断努力。至于镇压反革命分子,我们做得还不够,我们学校里曾发现过几个残余的特务分子,但都是公安部门发现,不是我们学校检举出来的。今后我们要特别小心,特别防范,特别警惕。我们辅仁本来是一个教会学校,教职学工里,不少教徒,尤其是同学中有中国籍神甫七十多人,如果把这种力量加入爱国主义运动中,可以起很大的作用。但是北京市天主教徒自立革新运动宣言,至今还未发出,这是北京天主教徒的耻辱。我们辅仁既然拥有一部分知识分子的教徒,又有七十多位中国籍的神甫同学,我们就要负一部分责任。这宣言迟迟发不出来,中间一定是有阻力。阻力在哪里?就在背后有帝国主义分子把持、操纵、造谣、恐吓,说什么"天主教是超政治的、超国籍的"等等。大特务头子于斌,不是整天搞政治么?近日发现许多外籍神甫为美帝国主义作间谍,这不是搞政治是搞甚么?

近日又发现有不少的刊物,如"圣而公教会",如"学习参考",如"基本哲学问题"等等,说什么"三自运动就是背教,就是裂教"种种谰言,显见背后尚潜伏有操纵的人,又说"天主教会既不曾与任何帝国主义发生联系,如果承认斩断联系,就等于承认发生过联系"等等。这些话不是帝国主义分子想把持天主教、奴役中国人民,是甚么? 至于近来破获的"公教报国团"、"民众建国协进会"和大批借天主教为掩护的特务分子,更足以证明天主教超政治的话是蒙人的。

中国人民站起来了,这是帝国主义者不能忍受的。其实我们的天主教徒,未受过帝国主义者气的,恐怕很少,我们的中国籍神甫,未受过帝国主义者侮辱的,也恐怕很少。我们试闭着眼睛想一想,帝国主义者几时当我们是人,几时当我们中国籍的神甫是神甫。天津有个文主教,现在还活着,他说:"你们中国神甫,都不是神甫。"这句话我好些年前就听见,昨天(三月十三日)的光明日报也登出来了。"中国人愚蠢,没有升主教的资格。"这句话也是中国神甫们听见过的。"你们若作爱国运动,就把你们的神权暂搁起来。"这句话又有人听见过的。明明是他给的权,偏要说是神权,明明是帝国主义者所给的权,偏要说是神权,这不是大大的可笑吗?

以往的天主教,常为帝国主义分子所利用,现在的天主教,仍不免有一小部分为帝国主义分子所控制和把持。我们爱国的天主教徒们,爱国的中国籍天主教神甫们,一定要大大的觉悟,与广大群众团结起来,认清自己是中国人,热爱自己的祖国,不要受帝国主义者的恐吓和私恩小惠的麻醉,要独立不惧。我们辅仁的创办人马相伯、英敛之,就是因为要作天主教的革新运动,受过他们的神长很严重的警告。这是光荣，不是耻辱。你们站起来吧！你们如果为爱国主义运动而受到帝国主义者的处罚，全国人民一定支持你们的。你愿意作帝国主义者的走狗像于斌之流，还是愿意作一个爱国的天主教徒像徐光启那样呢？就请你们自己选择了。我很担心你们之中的个别分子会被帝国主义者所利用，要受到人民的制裁和镇压，所以借这个机会为诸君一谈。

我们的共同纲领已明确规定宗教信仰自由，中国人民一定会保障你们的宗教信仰自由的。教徒里受帝国主义者所利用的，只是教会里极少的一部分，我们大多数的教徒，都是热爱祖国的，都是反对帝国主义的侵略的，是和中国全体人民的政治要求一致的，和我们辅仁全体非教徒的目标也是一致的。希望你们不要轻信谣言，不可误信帝国主义者和其走狗们的荒谬言论，要站稳人民立场，共同协助人民政府肃清反革命分子，为抗美援朝爱国主义运动而努力，为建设我们幸福美好的新中国而努力！

自我检讨

一、我与辅仁的关系

（一）解放前在辅仁工作的态度

辅仁大学是天主教设立的，创办人是马相伯、英敛之。我和他们两人是老朋友，我因研究宗教史的关系，常到英敛之那里找天主教史材料，时有往来。

一九二六年英敛之病了，在他临死前，把我介绍到辅仁，有些像托孤的意思，让我作辅仁社社长，后来就改为辅仁大学。

我没到辅仁前曾任国会议员，参加过曹锟贿选，又曾任教育次长，代理过部务，深感到当时政治的污浊，就脱离政治舞台，在北大、燕京教书。但都是兼任，到辅仁才是专任。自一九二六年一月到一九四九年二月北京解放，我在辅仁整整二十三年。这二十三年里，天主教会由本笃会改为圣言会，虽然经过抗日战争，经过解放战争，但是我在辅仁的态度二十三年一直是一样。是一个什么样的态度呢？一个总的基本精神，就是除文史两系和例行公事外，一切校务都不甚过问。

当时辅仁是帝国主义分子掌持校政，学校的主要事务，他们自然不愿意我过问，我就作一个傀儡校长，什么事情不告我的，我就不闻不问，只空有一个校长名义而已。

既是有名无实，我为什么愿作这个校长呢？

第一，我那时不晓得帝国主义是在披着宗教外衣进行文化侵略，还错误地以为他们在中国设立了一个大学，是对中国有好处的，这是一个根本的错误看法。我以为做校长可以教几点钟书，可以拿出大部时间从事研究工作，又可以利用辅仁这个图书馆读书方便，又清闲。所谓清闲，就是如果作一个当时的国立大学校长，就真正要管事，作一个教会大学校长，他们不让我管事，我正乐得清闲，正想埋头念书。我当时还想，这是一个很好的读书处所，于是就读起书来。这三十年中我发表的论文，大约有八十六种，其中的七十四种都是到辅仁以后作的，这并不是夸耀，是说明我在辅仁主要工作就是读书。

我当时自以为是一个"清高"的学者，在政治上我已是退隐山林，淡泊自守，自以为决不和反动统治同流合污。在学校里，名义是个校长，等于前清的书院山长，又可以不管事，正合夙愿，当时还自以为是不坏的。

因为抱着这样的态度，就造成我老老实实、俯首帖耳地为帝国主义服务了二十三年。

（二）解放前对教会的看法

我是研究过宗教史的，但并不是只研究天主教，像回回教、道教、基督教、佛教等都研究过，因此，从前对于宗教有一个看法，认为在人烦恼的时候，失意的时候，信仰宗教可以得到安慰，因此对任何宗教都有好感，对天主教也是这样的看法，虽然我自己并不是一个天主教徒。

这里我也简略地说一下，我研究历史的一个大缺点：

我研究历史，不但立场、观点、方法是错误的，而且因为我自己想"不问政治"，也就不研究近代史，因为近代史与当时政治关系密切，牵涉太多，为的是"脱离政治"（当时自以为是脱离政治），所以不很研究近代史。因此对于近百年的国际变化，完全认识不清楚，认不清中国社会的性质，当然也认不清帝国主义国家的侵略本质，又加上对于宗教有好感，因此就错误地认为中国自己办的大学不多，教会来到中国办大学，可以帮助我们办教育，是对我们有利的。

这个错误思想一直影响到解放后，等一会我还要谈。

有这样一个错误的看法，所以就"自以为是"的甘心作着帝国主义的傀儡。

帝国主义者为了实行他们的侵略，用军舰和枪炮，送来了宗教，以教会为其侵略工具，传教士掩盖在宗教下面，进行其经济上、政治上的侵略阴谋，并披着宗教的外衣开办学校，以进行其文化侵略，企图培养为帝国主义忠心服务的奴仆。而我为了个人利益，为了个人研究的便利，又因为我认不清帝国主义的本质，看不见中国人民，所以在辅仁做校长，基本上是与帝国主义站在一个立场，对校务不管，让他们随心所欲，为所欲为。而我当时实际上是俯首帖耳，唯命是从，因此得到帝国主义者的信任，得到帝国主义者的重视。

他们看出我是他们很得力的奴才，因此表面上客客气气，使我面子上过得去，让我心安理得，甘心情愿的为他们服务，以达到他们对中国人民奴役的目的。

我为了自己好名，为了自己"清高"，为了不愿沾染当时的政治气氛，就毅然离开政治舞台，自以为是找到一个理想的栖身之所，而实际毫没有人民立场，丧失了民族气节，驯顺安适的投到帝国主义的怀抱。二十三年来，作了帝国主义者的俘虏，忠实的替帝国主义者奴役和麻醉青年，帝国主义者就通过我，稳扎稳打来在学校里作着"太上皇"。

二十三年来,通过我给青年灌输奴化教育,培养出为他们服务的人才,贻误了多少青年子弟,还自以为"超阶级"、"超政治",还自以为"清高",其实就是做了几十年污浊、卑鄙的买办和帮凶,而不自觉。

帝国主义的文化侵略行为,是比杀人更厉害,更毒狠的。后面操持着的人,固然是帝国主义分子,而拿着武器,在最前线冲锋陷阵的人,却是自以为"清高"的我。

这二十三年里,尤其是最后三年多,解放战争时期,我的态度更看得明显。

当学生运动澎湃,民主力量高涨的时候,我以辅仁是"不罢(不罢课)的大学"为光荣,就拿出我一贯的主张,就是帝国主义者所赞成拥护的主张,告诉同学们"要好好读书,不要参加政治活动",阻止三青团贴壁报,同时也不赞成同学们参加学生运动,表面上好像是中间路线,当时自以为是不偏不倚,而事实上正是与敌人打成一片,阻碍了争自由、争民主、反饥饿、反迫害的学生运动,使得进步力量在辅仁不能发展。

我这样坚定不移地为帝国主义服务,为反动统治服务的立场,一直到临解放前,在一九四八年十二月北大五十周年纪念日的时候,我还准备讲"乱世与学术"。这个演讲虽然由于别的原因没有讲成,但这已充分说明我当时的思想情况了。

二十三年来,我就是以这样"不问政治"的态度,在死心塌地的忠实的为帝国主义者效劳,替反动统治来维持社会秩序,危害了人民,贻误了青年,丧失了教育主权,背叛了民族利益。

我认清了自己在当时所起的作用,认清了我自己所站的立场,才明了临解放前,国民党反动派这样对我不忍放手,一次二次三次的派飞机来接我离开北京的原因是什么了。幸亏我当时稍稍接近了些进步力量,没有离开北京,有了向人民赎罪、为人民服务的机会,不然我就会永远作了人民的罪人,背叛人民到底了。

二、反帝斗争中我的思想转变

(一) 解放后对帝国主义者的看法

解放以后，我的思想开始在变化。我的政治学习是毫无基础的，解放后才读《新民主主义论》，才逐渐明了中国的社会性质，才开始得到真理的研究，但是非常粗浅、非常幼稚的。学校里成立了临时校政会议来管校务，解放前的校务长帝国主义分子芮歌尼作为教会驻校代表参加校政会，同时成立了临时教务委员会、中国教员会等，学校的大部分教职学工已开始和帝国主义分子作斗争。当时帝国主义分子以芮歌尼为代表，在想尽阴谋处处刁难，自一九四九年他们就为了课程上添社会发展史、历史唯物论等，为了图书馆买政治理论书，为了我们展览"从猿到人"的图片，为了同学们的暑假实习等，他们屡次用类似警告的信件来提出他们的无理要求。帝国主义者自从解放后，就处心积虑的不放松任何事情，处处想钻空子，时时在进攻，以图在辅仁巩固他们的权利。我们全校师生很多人已站在人民立场，用各种不同的办法和他们斗争。

但是我自己呢？当时我主观的看法是这样的，我想：中国人民革命，自然是要反帝、反封建，但是教会来中国办学校，尤其是解放以后，在人民政府领导之下，他们出钱我们办理，这样不是对人民有好处吗？因为有这样一个根本错误思想，所以使得我把帝国主义分子当作外国朋友，所以在各种事务措施上，在各种会议上，有人提出比较对教会不客气的话来，我就不明白。比如有一次开临时校政会议的时候，出席的人除学校行政负责人及教职学工代表外，还有教会驻校代表芮歌尼、卢修女。他们教会的规矩，修女出门必须要两人一起，芮歌尼又带了一个翻译，则教会代表本是两人，实际出席的成了四人。有人提出他们出席四人不应该，当时我就想：辅仁既要继续办下去，我们应当合作，应该在互相协商之下才能办下去。我很感到为难，我想教会要那样,大家要这样,学校的事以后怎样办呢?于是就大不高兴,拂袖而去,离开会场。我当时没考虑到,教会代表忽然偷偷地就增加了一倍,是对我们的危害,我却自以为是站在"公正"立场,而实际上是与帝国主义分子思想一致,为他们着想,而感到我自己是束手无策、满腹委屈,所以那次回家以后,就写了一封信向校政会辞职。后来经过大家的帮助,退还辞职信,我才继续干下去。

帝国主义分子是非常狡猾的,这次帝国主义的走狗中国神甫孙振之,还把我写的那封辞职信骗到他手里,说字写得好,要作为美术品收藏着,我也没注意就给他了。后来他们要改组董事会更换校长时,还拿这信给别人看,说"你看,校长曾要辞职"。这就说明我毫无警惕、毫无防备,没有拿他们看作敌人,因此严重影响了反帝斗争的展开,影响了反帝斗争的情绪。

当解放后不久,芮歌尼不作校务长以后,我怕他们不和我们合作,和我们闹决裂,我还提出来请芮歌尼作理学院院长。我当时的想法是:理学院院长由他来做,可以安定他们的心情,多筹些款办好辅仁理学院。就和教育部商议,结果决定了。

我就是这样无原则的迁就敌人,事事怕得罪那侵略我们的敌人,为他们想得无微不至,就好像是只怕他们不能随心所欲的来继续侵略一样,委曲求全,失去了中国人民的立场,向帝国主义者妥协、投降。

我在抗日战争时期,自以为是有民族立场的。著论骂日本帝国主义,骂汉奸卖国贼,但同时却在帝国主义分子所办的辅仁大学安心服务。这还不算,到了解放,在中国人民已经站起来的时候,我还不知不觉地为帝国主义效劳,现在才使我更清楚的认识我以前的民族立场是资产阶级狭隘的民族立场。如果没有人民立场,没有无产阶级立场,是不可能有正确的民族立场的。

(二)解放后对同仁的态度

我因为那时没有站在人民立场来处理校务,因此对于学校里的工作是非不明,对人事关系上敌我不分。我现在举几个例子,来说明此时思想情况。首先说一下我对杨荣春和魏重庆先生的看法。

我是一个旧思想旧习惯很深的人,从小就受着封建教育,因此培养了我的封建思想,讲究封建道德。

因为我认为杨、魏二先生,在解放前为了得到天主教会的帮助,或为了在天主教办的学校教书,就信奉了天主教,当时我觉得信教可以,但是为了自己的出路而信教是可耻的,因此就看不起这样的人。

解放以后,杨、魏二先生的觉悟提高了,认清了帝国主义分子利用宗教在进行文化侵略,毅然的脱离宗教,坚决的站在人民立场,表明自己的态度。这样的态度,作为一个中国人民,站在反帝的立场,我们是应当欢迎的。而我那时还没有这认识,我比他们进步慢,没有看到这一点。我却以为他们既已归教,而解放后又忽然反教,就觉得他们太反覆了,在封建道德来说,这是反覆可耻,所以对他们不满。当然我政治觉悟提高后,已逐渐认识到这是我自己的错误,不是他们的可耻。而是由于我自己过去对宗教的感情,由于封建道德的观念,更由于我还没有站稳人民的立场,所以同仁们已经在飞跃的进步,我却躲在阴暗的角落里,用帝国主义者的尺度去衡量他们,现在想起来实在是痛心的很。

其次,对于刘景芳先生,我的错误思想更看得明显。本来我和刘先生是并无隔阂的,在解放后,他作临时教务委员会主任委员(就相当于教务长)的时候,我总觉得他态度不好,对校务独断独行,不和我商议。刘先生站在反帝立场上和我争执,我却不明是非,一方面从个人出发,认为丧失了我的威严;另一方面更严重的是我常常不知不觉地从帝国主义立场考虑问题,觉得刘先生的主张,增加了我工作上的困难,而感到校务难办,因此对刘先生表示不满。别人和帝国主义作斗争,我以为是和我为难,别人维护中国人民教育主权,我以为是和我过意不去。我不去检查自己的错误思想,而却错怪了别人。我当时想,帝国主义统治学校时,他们还恭维着我,使我"面子"过得去,解放后我也是要求进步,为什么人民当了家的时候,我却受人打击呢?我完全认不清,不知道为什么这样,自己感到受逼太甚,有一次竟对刘先生说:"你简直是帝国主义!"我却完全想不到,就因为我重视"面子",客观上又被帝国主义者利用了。

我当时不但不能站在反帝行列去和敌人作斗争,反而分不清敌我,竟认敌为友,以友为敌,没有和敌人斗争的勇气,却与自己人争执。只怕得罪了敌人,怕斗争太激烈,怕他们不能继续办下去。我还错以为我这样做是维护人民利益。不了解我的表现是阻碍了反帝斗争。

我当时不但对同仁们的进步认识不清,而且缺乏政治警惕性,就在我们的临时校政会上,有特务分子李永佐,从解放后直到五〇年五月逮捕他时为止,他一直作着校政会议的记录,这是多么危险的事。

这种情况都可以很好地说明解放后,辅仁接办前我的思想情况,由于我的立场不稳,敌我不分,就给人民教育事业带来了不可弥补的损失。

(三)在反帝斗争中

一九五〇年六月初,为一九五〇年度的经费问题,我们和帝国主义分子的激烈斗争开始了。但我那时的思想仍是很模糊的,我当时还是想,中国刚刚解放不久,到处需要建设,需要用钱,教会出钱办学校,只要他们遵照我们的章程办事,有什么不可以呢?学校一样办,我们又可以省一笔钱,不是对中国人民有利吗?

我的政治觉悟不高,而且对政府的教育政策的精神体会不够,只理论上认识了中国人民革命要反帝反封建,理论上认识了不容许帝国主义侵犯我们的教育主权,实际上只是一个空洞的政治概念,并没有真正了解。因此,对站在面前的帝国主义分子就认识不清,自己的思想有时又和他们一致,所以就想:既有人民政府教育部给我们做主,当时政府也没有说"外国人"不许办学校,只要遵照我们的章程,还可以继续办下去。我们学校的外国人不一定是帝国主义分子,能够让他拿钱还继续办,是对我们有利的。学校的行政已由我们掌握,则政治上没有问题。只要经费问题能解决,使同仁同学不至于失业失学,就是交涉成功。我就抱着一个这样的看法,去同他们交涉。我为了一九五

○年度的经费早些解决,我和芮歌尼谈话至十几次,他总没有确定的回答,并且还时常发牢骚和表示不满。因他总不给肯定的答覆,我虽然对于他们已有些怀疑,但是对他们还是存在着幻想。

直到六月底,经费仍不定,聘书不能发出,我当时很急、很气,我想:为了我们同仁同学的利益,还是去和他们交涉,交涉成功,让他们拿出钱来,才算是胜利,闹决裂了,学校停办,就不能算是胜利。

到了七月十四日,芮歌尼给我一封信,说经费有办法了,每年可拿十四万四千美元,却提出四个条件作为拨给经费的要挟。四个条件里,有一条是"人事聘任教会代表有最后否决权",并根据这条,提出解聘五位教授。这时我才开始认识到:在我们学校里,在我们的面前的,原来就是最狡猾最毒狠的帝国主义分子。他们一手拿着钱,一手拿着条件,来要挟我们,运用否决权来侵犯中国人民的教育主权,这样的无理要求是我们所不能容忍的,要坚决反对的。

在七月二十二日,我还和他们作了最后的交涉,对他们所提出的四个条件,其中校产与教会财产划分和当时所谓"神甫花园"定时开放两项,认为可以答应。关于新董事会问题,认为由教会与校长选任,经教育部核准,即可成立,已经等于四个条件中答应了他两条半。但是帝国主义者仍然坚持最后否决权,作为继续津贴的条件。至七月二十九日,芮歌尼发表了一篇富有煽动性和恐吓性的所谓"告本校同仁同学书",声明自八月一日起教会不负辅仁经费责任,一切开支应归陈校长负责。一面又鼓动工友索薪。同时又要改组董事会,企图撤换校长。

到了这时候,他们不但侵犯了中国人民的利益,并且直接危害了我个人的利益,才使我如梦初醒,我才真正的觉得忍无可忍了。这时才使我进一步认清帝国主义者的狰狞面貌。我才把反对帝国主义的理论与实际斗争渐渐结合起来,才坚决的肯定的站在中国人民立场,在党和教育部领导之下,与我全校教职学工向侵犯中国人民教育主权的帝国主义分子展开斗争。

在起初,我看不清帝国主义者的面貌,是因为当时帝国主义的要求对我个人利害没有直接的危害和威胁。到了危害到个人利益,危害到个人名誉地位的时候,一方面因为有群众的正义要求,一方面又因为有政府的支持,才使我政治认识逐渐提高,才使我斗争意志逐渐坚定。

他们要改组董事会的意思,就是说:如果校长不听话,董事会就可以换校长。当然在他们看来,我这个校长一直是唯命是听的,现在已渐渐开始不听话了。由于这个改组董事会的事情,令我深刻的明白,以前他们利用我,允许我做校长是因为我能为他们效忠,是对他们有利的。这一件事不提出,我仍是糊里糊涂、立场不明确,而且对帝国主义者还始终存着幻想,虽然这可耻的可怜的幻想,在一次又一次的交涉中已经逐渐减少、消灭,以至于变为仇恨。但这仇恨的巩固,还是结合了个人的利益,个人的名誉地位在内的。

今天想起来,我当时以这样的思想去和帝国主义者作斗争,真是危险已极。如果不是共产党在领导,如果不是教育部在支持,如果不是我们全体教职员工正义的斗争,我就很可能作出丧权忍辱的事情,很可能倒在帝国主义的怀抱。

总起来说,在反帝斗争开始时,我的立场不稳定,是两面摇摆的,又想站在人民这边,又想拉住帝国主义分子。我当时是想,如果答应他们的要求,钱虽拿出来了,但学校仍然办不下去;如果不答应他们,他们不拿出钱来,是有人民政府支持的。我当时的思想关键就在此。又夹杂上个人利害,个人名誉地位,因此就坚决与他们斗争。

不但如此,我当时对于新民主主义教育政策也体会不够。我只有经济观点,没有政治观点,只从经费出发,没有深刻体会到教育政策。所以,后来教育部拨给了十万斤小米,我的胆子就壮了,斗争意志也坚定了。难道说没有这十万斤小米,我们就能丧失中国人民教育主权吗?这思想今日想来真是可耻,基本上是没有站在人民立场考虑问题,没有全面的从人民教育事业着想。

从"三反"运动中,认识了我那时思想的错误和自私自利,我这思想严重地影响了同仁们的思想,延迟了反帝斗争,阻碍了学校的进步,严重地损害了人民的利益。

检讨卅年前曹锟贿选事

　　一九二三年的曹锟贿选案，我是参加的。曹锟要做总统，因为旧国会议员欠薪，他就利用补发欠薪的名义，凡参预选举者就在出席时交给你五千元支票一张。

　　不出席的除非出京，不然，就有警察督促。无勇气离开北京的，就要出席。出席的得钱，不出席的得祸。

　　我是一个研究历史的人，材料靠公共图书馆之外，总要自己多备一些书。当时因为有书数百箱，舍不得离开北京，就同后来抗战时不肯离开北京一样，都系这几百箱书累了我。

　　又自己想，这是补发欠薪，受之何愧。且这是集体数百人的事情，又拘着"耻独为君子"的思想，谁知这样就上了大当。

　　平日说埋头念书，不问政治，参加国会贿选，还算不问政治吗？这是自欺欺人的话。后来标榜不问政治，就因为打过这回败仗，一失足成千古恨，真是痛心。所以自己曾任过国会议员一节，总不甚愿意提起。记得抗日时，敌人宪兵随便捕人，我当时曾有这样的信，给我在香港的儿子，说"如果我有不测，你们万不可作哀启送人"。这是甚么意思呢？就因为我曾任国会议员，哀启上如果不说，就漏了一段历史，有意埋没事实。如果说，就很容易令人联想到贿选。所以像遗嘱似的嘱儿子等不要作哀启送人，都是为这个原故。

　　每年学校举行毕业式的时候，我总拿操守二字来劝勉同学，又常常解释操守二字就是有机会拿钱不拿、有机会贪污不贪污。其实我自己对此事有经历、有隐痛，有不可告人的苦衷。有时子弟辈问到这事的原委，自己也有难言之隐。以一辈子骄傲而自负的人，历史上有了这一点污点，真正是"坐卧思之，何以为心，揽镜照影，何以为颜"了。

抗日时期，敌人常要我们填履历，我总说"二十年不问政治"。当时只可说二十年，二十年以前，是问过政治的。正因为曾问过政治，弄得一身污浊，不可洗濯，成了毕生的缺憾。不经过这次"三反"，更无法洗濯了。在"三反"运动前，我只认识这事为可耻。经过"三反"运动以后，我更知道这是为反动的北洋军阀服务，更为可耻。这应该感谢共产党和毛主席。

一月廿一日第一次检讨时，我已准备将这件事说出，后因同志们以为可以不提，就没有提。第二次检讨虽曾提到，但未详细批判。今同人提出这意见，我非常感谢，使得我有机会尽情暴露，如鲠在喉，吐之为快。

但是以此事为奇耻大辱，上当后悔，仍是从个人名誉地位出发。究竟此事在今日应该怎么样批判才合适，请大家给我一个指示，至为感幸。

思想改造在辅仁大学

"三反"运动是工人阶级思想和资产阶级思想之间的一场激烈的战斗，这一场斗争在高等学校里是完全必要的。

旧中国是半殖民地半封建的社会，在这样的社会里生长起来的所谓高级知识分子，接受的是殖民地和封建的教育，思想是相当复杂的，有洋奴买办思想，封建地主思想，最普遍的就是有着体系完整的资产阶级腐朽堕落思想。这样的思想在我们高等学校里，就是在解放以后，仍然是继续存在着，并且直接教导给青年学生们，严重地影响了他们的思想。教师们的思想不加以端正，不加以改造，而准备在高等学校里培养出全心全意建设祖国的人材，简直是很难想象的事情。

我们的国家，经过抗美援朝、土地改革和镇压反革命三大运动。三年准备即将过去，十年建设就要到来，在新中国的建设事业上需要大批才德兼备的建设人才，这些人材的培养，实在是刻不容缓的事情。因此负责培养青年干部的高等学校，直接负教育责任的高等学校的教师们，当前首要的任务就必须是思想改造，一定要以工人阶级思想来要求自己，然后才能教育青年，否则就很难担当起人民教师的光荣任务。在"三反"运动里，充分的证明了这一点。

我们辅仁大学过去是帝国主义利用天主教进行文化侵略的工具。解放前二十三年中，一直是为买办思想与封建思想所统治。解放以后，教师们参加了学习，参加各种爱国运动，敌人思想已经开始在教师思想中动摇起来。自从一九五〇年十月人民政府接办，我们自己收回了教育主权，学校已插上了工人阶级的旗帜，但是经过"三反"运动，揭露了辅仁的黑暗的丑陋的面貌，不但使我们认清教师的思想上很多人仍是插着资产阶级的旗帜，甚至于是反动的旗帜，而更严重的就是在我们人民的大学里，还潜藏着特务分子，这是很严重而且是很痛心的事情，也是不经过"三反"运动所一时看不清、一时不容易解决的问题。

在"三反"运动刚刚开始的时候，很多教师对于"三反"运动的认识是模糊的，有人认为学校"清高学府""清水衙门"，教师的工作是教学，既不会有贪污浪费，又不负行政责任，当然更没有什么官僚主义，因此对"三反"运动是采取旁观的漠不关心的态度。

自从一月中旬，把去年十月初开始的教师思想改造学习转入"三反"运动以后，又进一步的发动群众，贯彻领导精神，经过学习文件，漫谈讨论，各级首长带头，大家对"三反"运动的意义，才逐渐有了正确的认识。

在运动不断进展、认识不断提高中，我们教师首先是在从思想上划清敌我界限方面取得很大的胜利。在我们教师中间，不但过去有人有反动思想、反动言论，而且目前还有反动分子混在里面。化学系有一个副教授,他一贯披着宗教外衣,在系里经常散布反动言论,打击进步力量,挑拨离间,破坏团结,破坏爱国运动。又有生物系的一个教授,是个反动分子,他解放前参加特务组织,解放后拒不交代,装疯卖傻,污蔑政府,仇视党团,进行破坏活动。由于我们全校师生政治觉悟普遍提高,找出种种线索,揭穿了他们的反动阴谋,我们曾一次再一次给他们反省的机会,希望他们坦白认罪,向人民低头,但是他们仍旧百般狡猾,顽强抵赖,我们全体师生都非常愤恨,坚决不能容许他们再留在我们人民的大学,一致要求给他们以应得的处分。

在我们与敌人思想、敌人言论作斗争,取得第一步胜利之后,我们又进一步的清除了一个隐藏在学校里一年半的学生宋广仪,他是一个大汉奸大特务,抗日战争时期为日寇帮凶,奴役青年,残害老百姓。抗战胜利,他又摇身一变作了蒋匪的爪牙,一贯反共反人民,破坏革命,出卖祖国,血债累累,罪大恶极。解放以后,混进辅仁,平日伪装进步,蒙蔽同学,企图在辅仁进行他的特务活动。经过群众的揭发,我们终于认清他的政治面貌,在全校的斗争大会上,群众以无比愤怒的心情,揭穿了他的特务面目,控诉了他的反革命罪行。他的阴谋诡计,在群众猛烈炮火面前彻底粉碎了。全校教职学工纷纷表示意见,一致要求把这怙恶不悛的大特务当场逮捕,依法严办。市公安局接受了这正义要求,当场将他逮捕。当这个人民叛徒俯首就擒,被带出会场的时候,群众情绪高涨,共同为我们获得这辉煌的胜利而热烈欢呼。

这次斗争的胜利,使我们全校的教职学工每一个人都受到了非常深刻的教育,进一步划清了敌我界限,大大提高了政治觉悟,一致认为这次斗争是很好的现实的阶级教育。过去因为我们政治嗅觉迟钝,敌我不分,警惕性不够,有时甚至认敌为友,以友为敌,听到反动言论,认为没有什么,引不起仇恨,采取麻痹的自由主义态度。就是因为我们不关心政治,给敌人造成活动的机会,让这样罪恶滔天的反革命分子混进我们学校,潜伏在我们革命阵营内部。经过这次沉痛的教训,教育了大家,认清楚什么是反动言论和反动思想,划清了革命与反革命的思想界限。大家纷纷保证今后要加强政治学习,提高警惕,以胜利之师,继续向一切反动思想、言论和反动行为坚决斗争到底!

同时通过这样的斗争,也启发教育了其他一般存在着反动思想、或在个别问题上受到反动思想影响的人,进行自我检讨、反省、扔掉思想包袱、改造自己。对于自动坦白、检讨深刻、表示愿意进步的人,我们不究既往,欢迎他们的进步。

这就是"三反"运动里,我们思想战线上获得的重要战果。关于肃清资产阶级腐朽堕落思想方面,我们也同样取得了一定的胜利。春节前后,教师中就展开了清算资产阶级思想的斗争,号召教师们普遍下水洗澡、改造思想。同学们也积极的对教师提出严正的尖锐的意见,教师也逐渐减除了思想上种种顾虑,虚心的检查自己思想,在师生大会和系会上作了比较深刻的检讨,批评逐渐展开,运动迅速的推进。

经过群众的揭发,教师们自己的检讨,看出我们教师中间,思想问题是很多的。有些教师的教学内容充满了资产阶级腐朽思想,甚至是封建的买办的法西斯主义思想;讲民族史的歪曲民族政策,讲经济的说资本主义经济危机是由于工资过高,讲商业心理的内容是研究商人如何售货时设法迎合顾客心理,有的人把所教的德国完形心理学戴上辩证法的帽子,只在某些地方加上进步词句,而内容则原封不动,讲教育学的只讲美帝和蒋匪的教育方针,而不讲人民政府的教育方针,说到教师修养,则告诉同学作一个教师应以仪容、声音、情绪、品格、学识为标准;讲儿童心理则认为有钱人的孩子智力高,并且声称无产阶级过去受压迫是因为没有文化。这些教学内容,使得同学们的思想离革命事业越来越远,与社会发展背道而驰。

另有一部分教师则在"纯技术""超政治"的牌子下面,贩卖资产阶级的货色:讲企业管理,就毫无批判的把资本主义社会的私营企业管理方法教给同学;讲中国文学,则以颓废感伤的作品给同学介绍;讲到社会调查,有一位教授竟说"作调查研究工作不要戴有色眼镜,美国说苏联是铁幕,而苏联又说美国歪曲事实,这样就使人看不清事实的真相"。这些教师们以所谓"纯学术观点"教育同学,使同学们脱离政治,不重视政治学习。

教师中的资产阶级思想是极端严重的,主要表现为损人利己的个人主义、自高自大、脱离群众、对教育事业不负责任的混世态度。在这次教师检讨中就有人说"我一切为了饭碗,个人利益第一",因此在接管前,为了个人保持饭碗,宁肯牺牲同学们合理的利益而不肯得罪帝国主义分子。有的专任教授每周只来两个上午,自称"我是小孩子第一",对同学的课业、实验都不很注意。讲经济课程的教师告诉同学毕业后可做经理,鼓励同学用功时,就告诉他们说八十分以上毕业后可挣几百斤小米。同学们于是在先生的"教导"下,有人就去多考虑个人的问题,而有了毕业后不愿放弃个人利益,不服从统一分配的情况。

这些事实的揭露,使大家进一步看清了资产阶级思想的腐朽和丑恶,这种思想是在教师中间相当严重而且是相当普遍存在着的。教师们在认清自己的责任重大后,仔细检查自己思想,认识到以这些错误思想来领导同学学习,是对青年们的腐蚀,是对祖国的危害,直接影响了国家建设,并且阻碍了新中国工业化的前途。因此绝大多数的教师都对这样的思想建立起仇恨,与同学们一道向着这些丑恶肮脏思想进行猛攻,反覆检讨了自己的政治立场、学术观点和工作态度,获得了思想战线上的显著成绩,给今后经常学习和不断改造打下了很好的基础。但也有极少数教师,对自己认识不足,或是对过去的一套依依不舍,不敢向错误思想进攻,因而受到群众的严厉批评。

"三反"运动是这样一场激烈的尖锐的阶级斗争,使每一个人都受到很大教育。尤其是我,平日思想迟钝,对新鲜事物缺乏敏感,进步很慢,"三反"运动对于我就像吃一付提神剂,使得我头脑较前清醒,看到我以前一直没有看到的事情。

我因自幼受的封建教育很深,又长期为帝国主义服务,思想模糊,敌我不分,从来不知道什么是工人阶级,更谈不到什么工人阶级思想。解放以后,人民器重我,把这样一个光荣的人民大学校长的职务交给我,而我虽然主观上也在努力学习,但是旧思想旧影响很深,思想远落后于现实的发展。虽然解放已经三年,辅仁接管亦已一年多,而我对于一个人民大学的校长的任务,认识不够明确,解放后仍是分不清敌我界限，更是存在着严重的官僚主义作风，高高在上、脱离群众，对学校里一切旧传统及一切不合理的现象，就很少看出来，甚至根本看不出来。因为没有站稳人民立场，自然分析事物就是非不明、轻重倒置。在思想上不能领导，在行政事务上仍是因循旧制，很少兴革。对师生思想不够了解，对教学情况未能掌握，又不能虚心听取群众意见，行政领导与群众脱节，上级精神不能贯彻，使得各系各部门负责人失去领导方向，造成严重的自流状态。

"三反"运动以前，我看不见我自己的错误，当然更看不清学校里存在的种种问题。在这次运动里，由于党的正确领导，由于群众的觉悟提高，给行政上、给我自己提出很多宝贵的意见，大家帮助我分析研究，才使我进一步认清我自己，也才使我认清由于我过去的不负责任，给人民、给国家造成的严重损失。

解放以后，人民政府确定了新民主主义的教育方针，而学校里仍是资产阶级思想居领导地位。学校的主要任务，就是培养建设祖国的干部。祖国把教育青年的责任交给我们，要求青年们立志做一个劳动者，我们却教导他们剥削享乐；人民要求青年们将来能够全心全意的为人民服务，我们却灌输给他们自私自利的思想；人民要求青年们具有高度共产主义觉悟水平，我们却拿资产阶级思想来培养他们；青年们要求前进、要求更快的走向社会主义走向共产主义社会，我们却拖住他们的腿，恨不得教他们走资本主义社会的道路。青年是祖国的明天，是祖国的将来，而负责培养青年的高等学校，作为一个高等学校校长的我，却看不到我的责任是如此的重大，浪费了青年们学习的宝贵时间，直接影响了祖国的前进。

在这运动里，我才认清资产阶级思想在本质上是如何的反动、腐朽和丑恶，它并没有什么进步性、积极性，它决不能成为推动人民革命事业向前发展的力量，实际上是对于革命势力起着严重的销蚀和瓦解的作用，它与工人阶级思想是根本不能相容的，一定要认真的加以批判、加以肃清，不能容许它在我们高等学校的任何一个教师的思想里继续存在。思想改造是一个长期的工作，今天的收获只是我们进步的基础,今后我们要在毛主席、共产党的正确领导之下,在觉悟了的群众督促之下,进一步批判一切非工人阶级思想,改造自己,才能完成祖国交给我们的重大的、光荣的任务。

宣布辅仁与师大调整为新师大的大会上讲话

全体教职学工同志们:

关于辅仁大学和师范大学调整的事情,大家久已听说,今天由中央人民政府教育部韦悫副部长向我全校教职学工正式宣布。大家听到这个消息,非常高兴,非常欢迎。我现在首先郑重的、严肃的代表我全校教职学工对这一正确英明的措施,表示衷心的热烈的拥护。

刚才韦副部长已说明我们两校院系调整的重要性和政治意义,并且为我们解决了很多思想上的顾虑和思想上的问题,使我们大家对于政策的了解,对于应当拿甚么态度来对待院系调整,有了进一步的认识。

旧中国所遗留给我们的高等学校,原来是半殖民地半封建社会的产物,它是适合于帝国主义和反动统治阶级的需要的。各高等学校现有的院系情况,存在着严重的缺点,或因院设系,或因人设课,各校叠床架屋,分门别户,各自为政,诸多不合理,在人力物力方面造成凌乱和铺张浪费的现象,而且在今天已远远不能满足我们国家的建设需要和人民的要求。

祖国的建设事业,是我们每一个人的责任。毛主席在一九四九年人民政协开幕词上说:"随着经济建设的高潮到来,不可避免地将要出现一个文化建设的高潮。"无论是经济建设和文化建设,都需要大批建设干部。这些建设干部从那里来呢?就要靠我们有计划、有步骤的来培养。培养这些干部,就需要有大批的人民教师。现在我们祖国的人民教师,还是缺乏得很。

新的师范大学,就是培养人民教师的大学,人民教师就是要负责培养建设新民主主义社会,建设社会主义和共产主义社会的干部。新师大是对于祖国的前途,对于祖国的建设干部,负有很大责任的。今天祖国和人民把这个重大的责任交给我们,要求我们为培养各方面的建设人才而努力。我们全校师生就应当愉快的接受这个光荣的使命,把这个有历史意义的伟大任务担当起来。

我们辅仁大学经过"三反"运动,经过忠诚老实学习运动,全校师生员工政治思想已大大提高了。教师们批判了自己的错误思想,认识到资产阶级腐朽思想对祖国的危害性,明确了今天努力的方向再不是为了个人前途,而是为了千千万万翻了身的劳动人民,都坚决的改造自己,决心作一个全心全意为人民服务的人民教师。

同学们也都更进一步体会学代会的方针,绝大多数同学都拿这方针来作为自己行动的标准,大家都积极努力学习政治、时事和科学理论,并且锻炼身体,准备把自己培养成"为祖国服务"的干部。

职工们普遍要求学习政治,学习文化,发挥了积极性和创造性,表现了主人翁的态度。在"三反"运动和忠诚老实学习运动以后,一致的反映都说辅仁变了,辅仁一切都变了。我们全校教职学工在运动里,在战斗中,都成长起来,涌现出大批积极分子。我们学校里进步力量大大增多,政治成分显著改变,每一个人都感觉着自己的进步,歌颂着这两大运动的辉煌成就,和马克思列宁主义毛泽东思想的伟大胜利。

今天的辅仁已经改变了过去的面貌,它已经是真正的人民的大学,已经树立起工人阶级思想的旗帜,已经光荣的树立起马克思列宁主义毛泽东思想的红旗。今天的辅仁正要贡献出一切,正要忠诚的为祖国的伟大建设服务。

现在,在我们学校里,资产阶级自私自利的个人主义思想已经被摧毁,我们大家都认识到只有工人阶级思想,只有毛泽东思想才能领导我们的前进,才能领导我们走向胜利。一切为个人打算的腐化堕落思想，为个人的兴趣、个人的前途，为个人的享受、个人的名誉和地位等等思想，都已经被我们批判，被我们清除。同时，一切为了祖国，一切为了人民的思想，已经树立起来，而且已经成为我们行动的口号，成为我们奋斗的标帜。

这都说明了我们学校经过三反和忠诚老实两大运动后毛泽东思想的胜利。我们获得这些胜利，也就是今天院系调整的有力保证。

我们之中有人是有些思想顾虑的，但是我们全校师生都有一个共同的思想，就是我们"热爱祖国"，热爱祖国的美好前途。为了建设新民主主义社会，为了争取光明灿烂的无限美好的社会主义、共产主义社会早日到来，在我们已有的胜利基础上，我们会消除种种顾虑，克服一切困难的。

因此，我们不但热烈拥护中央教育部代表人民的需要，向我们提出这一决定，而且我们完全有条件，有信心来保证这个计划的彻底实现和胜利完成。

我现在再一次代表我全校师生员工热烈拥护政府这一正确措施，欢欣鼓舞的接受这一光荣任务，并向祖国人民保证，我们全校师生员工一定积极热情的拿实际行动来作好院系调整工作，为人民的教育事业奋斗到底！

在师大中文系师生纪念屈原晚会上讲话

诸位先生、诸位同学：

我们今天纪念屈原，因为屈原是我国古代一位最伟大的诗人。在他身上，不仅表现着我们民族优秀的文化在两千多年以前，已经达到光辉灿烂的高峰，而且在他的一生事迹中，可以体现出中国民族热爱祖国，热爱真理正义，热爱光明自由的光荣传统。屈原是战国时代楚国的一个贵族，但是，他反对当时楚国国王的昏庸腐败的政治，他忠实于自己的政治主张，不能和楚王以及楚国统治集团妥协，但他又不忍离弃楚国，终于以死来殉自己的政治态度和爱国心情。

他的不朽作品，写出他反对昏庸腐败的政治，写出他的不妥协精神和爱国心情。由于他热爱自己的祖国和人民，他的作品里流露出他的一片真诚。因此两千多年来，他一直得到人民的同情，人民一直在纪念他，并且他的作品也一直流传到现在，在中国文学史上，起了很大的影响。

他的作品的形式，主要是从民间歌谣里发展出来的。《诗经》十五国风，虽然没有楚风，但并不是孔子删去，只因当时没有流传。孔子有一次听到过楚国的民歌，他的门弟子就赶快把他记录起来，放在《论语·微子》篇上。现在所传的"凤兮，凤兮，何德之衰，往者不可谏，来者犹可追，已而已而，今之从政者殆而。"就是楚地的民歌，楚狂用来讽刺孔子的。屈原的作品就是这些民歌的风格。

在《汉书·艺文志》里，屈原赋廿五篇，就列在诗赋类的第一位。到《隋书·经籍志》，还特别开辟"楚辞"一类放在集部的最前面。一直到清朝的《四库全书总目》，他这种地位仍未变。历代对他的作品都非常重视，他的作品一直在中国的诗史里放射着永久的光芒。

他的文学遗产，不仅属于中国人民，而且是属于全人类的。现在保卫和平、保卫文化、保卫民族独立的全体进步人类，正在响应世界和平理事会的号召，纪念世界四大文化名人，这就是说明我们决不容许好战者来侮辱全人类的文化。

我们祖国的历史上有这样伟大的文化名人，我们引以为自豪。他的光辉的名字，美丽的诗篇，在漫长的两千多年以来，为中国人民所永志不忘。人民以他的不屈不挠的精神来教育自己。我们纪念他，正是我们爱国主义的具体表现。正因为我们生长的时代已经不再是屈原的时代，历史上长期的人民受压迫的日子已经一去不复返了，所以我们在今天纪念屈原，是更有意义的。

中文系的同学都是未来的教育工作者，也是未来的文学家，用正确的方法来认识并继承我们民族"优秀的文化遗产"，是我们今天应当努力的。希望大家在"进步文化"的基础上加以发展，将来好好教育我们的后一代。

我今天和大家一起来纪念我们的爱国诗人屈原，更重要的是在这会上来学习。我不但对屈原没有很好的研究，而且对于文学是外行。今天，在几位专家面前，更成了一无所知了。但是，我愿意和大家一起，正确的认识爱祖国、爱人民、爱真理的诗人屈原，从屈原对我们民族和对全人类的贡献中，吸取工作和战斗的力量，为保卫人类进步文化传统而斗争！

教师工作使我永远年青

人民教师的工作是非常崇高的工作，他不仅教授给青年文化知识，而且传播着真理和科学；他不但教给青年建设祖国的专业本领，而且指导着青年走向人类理想的未来。教师的工作关系着人类文化的继承与发展；教师的工作是为无产阶级政治服务的教育战线上的尖兵。正因为如此，所以我们说教育事业在祖国建设事业中，占着极为重要的地位，也正因为如此，所以党和政府非常重视培养教师的工作，指示我们要"发展师范教育"、"训练大量称职的师资"。

我们是一个拥有六亿多人口的大国，由于过去广大劳动人民被剥夺了受教育的权利，我们教育事业的底子是很薄弱的。几年以来，特别是去年这一年，我们的教育事业有了很大的发展，我们还要在现有的基础上，继续普及与提高。我们要在最近三五年内普及小学教育，要发展中等教育和高等教育，算一算，这需要有多少教师？再则，我们要建立一支成千万人的工人阶级知识分子队伍,这支队伍的建立,途径虽然很多,但其中主要还是靠学校来培养,这又需要有多少称职的教师?因此,我们一定要加速培养又红又专的教师,以适应教育事业发展的新形势,不然,就会影响到今后国家培养干部的计划,也就会影响到社会主义建设的进行。

在过去几年里,我们一直重视教师的培养,每年已有大批的优秀青年,陆续走上了教育战线,他们正在不断改进教学,提高教学质量,忘我的劳动着。现在又到了高中毕业班学期行将结束、升学考试即将来临的时候,据了解,毕业班中有很大一部分同学,认识到教育工作的重要意义,准备报考高等师范,立志做一个光荣的人民教师。毫无疑问,这志愿是符合祖国需要的,我作为教师队伍中的一员,热烈的欢迎即将入伍的教育新兵!

我在教育界工作,时间已很长。记得我第一次教书,是在六十年以前,那时我才十九岁。那时中国的教育,还极不发达,我开始去教书,也谈不到有什么从事教育工作的志愿。最初到几个地方教书,都是由于躲避清朝反动统治的搜捕,以教书为暂时栖身之所。开始时教蒙馆,后来教过小学、中学、大学,而在几十年教书的过程里,使我深深地爱上了这个工作,尤其是解放以后,教育工作更有了新的意义,更使我一天不愿离开教育工作岗位,一天不愿离开青年学生。我想,假如我现在还是青年,正在选择学习志愿的时候,我将会毫不犹疑的告诉我的老师:我仍要选择教师工作,作为我的终身事业。

提起教师的生活,使我不能不想起过去作教师的情景。

在旧社会,教师工作是被人看不起的,教师在社会上没有地位,得不到应有的重视。作教师的人,违背了反动统治的教育方针,就会被认为是政治犯,随时可以被解聘、停职、拘捕。言论、集会都无自由,甚至连爱国的自由都被剥夺,精神上受到极大迫害。有所觉悟的教师,陆续参加了革命工作,有的就直接去到解放区。也有少数人,则甘心为反动统治所驱使,在教育界倚势欺人。而大多数教师,有些人则仅仅是为谋生,是为了养家糊口,有些人则走上为教育而教育的道路,脱离实际的从事教学和研究工作。可以说,旧社会大多数教师,是为生活而教书,是为教育而教育。

由于当时的社会情况,使得一些教师,因为怕惹是非,抱着独善其身的态度,各人自扫门前雪,各不相扰,独自单干,也很少得到别人的帮助。由于在不合理的社会制度下,往往也造成教师彼此之间门户分歧、互相排斥的现象。

谈到教师的物质待遇,尤其是中小学教师的待遇,更是微薄得可怜,每月所得,不能维持一家温饱,有些教师不得不在几个学校兼大量课程,终年疲于奔命。有的教师下课后兼营副业,甚至有白天上课,晚上去蹬三轮,或作小生意沿街叫卖,以致教课时精神涣散,意志消沉。欠薪更是家常便饭,有时竟至拖欠至一年以上。兼任教师,暑假寒假不发工资。就是专任教师,每到寒暑假也是一个大关,不知自己下年能否接到聘书,担心被裁被减。解放前几年,由于物价一日三涨,而教师工资数字不变,生活困窘,难以名状。

旧社会的教师,就是处在这样精神上受压迫,生活上受折磨的境地,而在当时的金钱势力,人情冷暖的社会里,谁又会看得起清苦的教师,教师又还有什么社会地位可言呢?作教师虽然这样艰难,而在师范毕业后,想谋求一个教师的职位,也还并不是很容易的事情。那时的学生,毕业就是失业,师范毕业也不一定能找到工作,就是侥幸找到工作,也不一定能去教书,很多人都是"学非所用",很难发挥自己所长。

旧社会的教师,很多人都是有抱负的,他们也有一个美好的理想,他们想教好学生,希望他们的学生将来能对国家有所贡献,但是在那样的社会里,这些理想是难以实现的,只不过是一个善良愿望罢了。

解放以后,教育界的情况随着我们的国家、社会一样,已经起了根本的变化。轻视教师工作的社会制度已被推翻。轻视教师工作的社会根源已经清除。教师已经结束了过去的悲惨生活,得到了从来没有过的尊重。各级人民代表中,有很多中小学教师的代表,他们和其他代表一起讨论着国家大事,政治地位已得到提高,生活上有了永久的保障,物质待遇在逐渐改善。尤其重要的是党和人民给予教师以极大的信任,把建设祖国的青年一代交给教师来培养,这就意味着党和人民把自己的希望和未来,完全信赖的嘱托给从事教育工作的人,嘱托给教师。

教师之间,也是团结互助的。在中学里,教同一年级同样课程的教师对课程磋商研究,遇到较难讲的课程,还组织其他学校观摩教学,开评议会等。大家都在集体互助的精神下,克服困难,交流经验,彼此关心,一同进步。教书再也不是个体单干,独自摸索。而是在集体之中,又能发挥自己特长,大家是共同在党的领导下,为着共同的目的,为提高教学质量,为培养祖国所需要的人才而孜孜不倦的努力工作着。

教师工作的一个特点,就是永远和年轻人在一起。记得一九五六年在一次酒会上,周总理和我们几个作教育工作的同志说:"你们的工作,天天和青年接触,实在令人羡慕。"他这话给我印象很深,久久不能忘记。作教师实在是令人羡慕的工作。由于经常和青年在一起,所以教师虽然在教育着影响着青年,而同时青年也在教育着影响着教师。青年人富于理想,他们热情活泼、有朝气,他们对新事物有敏感,他们旧思想影响少,进步快。青年们求知欲很强,每遇到一个什么问题,他们常要挖根追底,问个究竟。我有时和他们在课外谈天,常常是在他们提出的问题里自己得到启发,有时在他们提出怀疑的地方,自己也从中有所领悟。

每当我讲课的时候,看到同学们注视的倾听着自己的讲授,想到他们渴望求得知识的心情,促使我这作教师的人,更加强自己的责任感,更加倍认真地把自己的文化知识传授给他们,下课后更加钻研的去准备课业,找参考资料。每当我在夜深人静、坐在灯下给同学们批改作业的时候,在课业中看到他们一天天地进步,自己也感到一个作教师的安慰和喜悦。我永远忘不了在学生的成绩簿上去登记一次比一次高的成绩分数时的那种快慰心情。我曾有数不清多少次的为看到学生的进步感到兴奋,也不知有多少次为他们在成长中的风波而担心。几十年来,自己年龄虽然一年一年的加长,而由于一直是在一代一代的青年中工作,所以时刻使我感到自己还很年轻。在过去困难的岁月里,是青年们给了我生活的勇气,解放后,他们更增加了我前进的力量。青年们充沛的青春活力,时刻激发着我不断向前的热情,青年们朝气蓬勃的精神,使我时常感到自己是青春常在,使我不知老之将至!

教师是塑造人的工作,它不可能很快就看到成效。古人说"十年树木,百年树人",教师就是作着"百年树人"的工作。一个人培育成长起来,不会是一朝一夕的力量。从开始上小学,到大学毕业,要用十六年或十七年的时间,再加上幼儿园,则时间就更长。教师虽然并不能马上把人培养出来,而他的功绩却将贯注在每一个学校出身的干部身上,将体现在成长起来的各种建设人才的身上。这些人材,在各项建设中对祖国的贡献,也都包含着一部分教师的劳动成绩。所以教师的工作,影响是深远的,而他的成绩往往是在若干年后布满在全国各地的各项工作之中的。教师就像园丁一样精心的殷勤的培育起幼苗,这些幼苗,若干年后,就会扶摇直上,就会绿树成荫,而教师的劳动,也就将在祖国遍地开花结果。教师工作就是终年愉快的在实验室里、在讲台桌旁,负担着既平凡而又伟大的培养人的工作。所以说,教师对祖国的建设是有很大贡献的。任何忽视了教师的作用,或认为教师对祖国没有多大贡献的看法,那都是对教师工作还没有足够的了解。

在我作教育工作的六十年中,使我亲眼看到有数不清的少年和青年在我身边成长起来。他们的少年或青年时代,曾经有一段时间是和我在一起学习的。如今他们已成为祖国的建设干部,正在党的教育下,为建设社会主义,发挥他们智慧与才能。他们之中有不少人还经常和我保持着联系,我们关心着彼此的生活和学习,关心着彼此的工作和进步。遍布在山南海北的同学们,不断来看我或来信问候。在敌人占领北京,我受到威胁的时候,他们关心着我的健康和安全,当学校反帝斗争胜利的时候,我收到祖国各地同学们的欢呼庆祝。直到现在还有几十年前的老学生,在工作中遇到困难,或学术研究上遇到问题的时候,仍然向他们的老师讨教。所以说,一直到现在,我的学生们还在不断和我切磋琢磨,督促着我前进。

今年年初,当我的学生们听到我入党的消息后,我更收到了他们从各地寄来祝贺的信件,这些信有的来自内地,有的来自东北、岭南,以及边远的内蒙古和新疆。他们在遥远的地方寄来了诚挚的心意和亲人般的问候,他们汇报着自己的工作成绩,并向曾经教过他们的老师提出今后的保证。他们有些是最近几年毕业的同学,也有三四十年前的老学生,看到他们的信,不由我想起他们在学校时的光景,想起他们儿童时的声音笑貌、言行举止,有些同学小孩时稚气的面容仍清楚的浮现在我的眼前。他们有的已成为光荣的共产党员,有的则在担负着各级领导工作,有人已成为建设社会主义的积极分子,也有人在科学研究上已有很大成就,他们有些还是青年,而有些却已是儿孙满堂的老人,有些刚刚开始得到人民教师的光荣称号,有的则早已是"桃李遍天下",至今仍坚持在教育工作岗位上殷勤的培育着青年。从和他们的会面以及从他们的来信中,我得到他们的很大激励和鼓舞,同时我也不禁感到一个作老师的喜悦和骄傲,深深地感到培养人的劳动是光荣的,是幸福的。是的,我想每一个教师,当在祖国各个战线传来自己曾经亲手培养过的学生,工作已取得成绩时,当看见他们在科学研究上有所创造发明时,都会感到作教育工作的无比光荣。当然,过去作教师是不能和现在的教师相比的,像我作教师,有半个世纪都是在旧社会,工作上往往是枉费了心力。而党和人民培养出来的新教师,将遵循着党的教育方针,按着建设的需要,为祖国培养出有用的人才。新教师的成就,将千百倍的超过以往,定会在我们祖国教育事业上,增添新的光彩,立下很大功勋!

祖国的建设正在飞跃前进,文教建设也在迅速发展,在这新的历史形势下,我更感到教师工作的重要,教师影响的深远,更感到教师的职务光荣,教师的事业崇高。我深深的热爱着教育工作,我也将以更大的革命干劲,和青年们一起担负起培养祖国的建设者、培养共产主义新人的重大任务!

和青年同学谈读书

目前有些学校正在讨论学习方法问题，我觉得这很好，因为学习方法不对头，往往会事倍功半，浪费了时间和精力，反而影响学习质量的提高。中国青年社的同志们问我对于在学习上搞集体互助和评比竞赛怎样看法，我的经验不多，现仅就读书问题，和青年同学们谈谈个人看法。

要想把书读好，首先要正确认识读书目的。

去年经过教育革命，学校里正确的贯彻执行了党的教育方针，经过整风运动，红专辩论，教师和同学都有很大提高，大家在思想上已更进一步明确了学校工作以教学为主，新的学风正在各校成长起来，这是非常可喜的现象。但是也有人对读书还有些不同的看法。听说有人不敢多读书，以为多读书就是走白专道路，有人不敢独立钻研，以为独立钻研就是个人主义。有的同学则认为，工作是党交给的任务，学习是个人的事情，所以在学习的要求上也并不迫切。我看这就要先搞清楚为什么读书，为谁读书，读书是为自己还是为党的事业？

我们过去曾批判了走白专道路的思想，我们反对的是那些资产阶级立场，唯心主义的研究方法，反对的是那些只为追求个人名利而钻到书本里的人，决不能因此就认为凡是读书就都是走白专道路，读书也可能走白专道路，但也完全可以走红专道路，如果说读书就是走白专道路，难道不读书反倒是走红专道路吗？是红专还是白专，界限并不在读书与否或读书多少，主要在立场、观点、方法是否正确。如果政治思想进步，有为共产主义事业学习的目的和奋斗到底的决心，但是却总不敢读书，那么最多是只红不专，何况如果没有为人民服务的专门本领，红也很难长久，迟早还是会褪色的。我们需要的人才是又红又专、德才兼备，政治思想也要好，读书也要好。固然不能只专不红，也决不能只红不专。固然不能有才无德，也决不能认为"无才便是德"。工作是党交给的任务，多做工作是对的，但是也应认清学习也是党交给的任务，也要在学校学习的时候，抓紧时间把学习搞好，多读点书。只有在思想和读书上都注意提高，才能使自己有高度的社会主义觉悟，又掌握最新的科学知识，才能成为永远忠实于党的有真才实学的劳动者，才能成为对党的事业有贡献的人。

其次，既要读书就要掌握读书的特点和规律。

在学校里学习书本知识，首先要向老师学习，学习的方式应以自学为主，不能以集体学习代替个人钻研。在校学习的特点，主要是通过教师的讲授、辅导，然后经过自己勤思苦学，多读多想，思维领悟，能够熟练的应用在作业习题和实验，所学的知识才能真正成为自己的东西，才能牢固的掌握。这个过程，必定要通过自己的脑力劳动，要自己深入思考，要自己透彻了解，要自己记忆和运用，是任何旁人所不能包办，也是别人所代替不了的。这和吃饭一样，吃饭一定要经过自己吃下去，经过自己的器官咀嚼、消化、吸收才行，他吃了你还是饿，我吃了你也是不会饱的。

有些学校则过分强调集体互助，把学习好的差的搭配在一组，好的要对差的包干负责，包教包学。甚至为了争取时间，各自温习一章一节，互助交换学习心得，各自演算几个习题，互相一抄，"集体""互助"一番，就算把功课全部温好作完。这都不是学习书本知识所应采取的办法。同学之间，彼此关心互助是应该有的，但是不能用这种"集体互助"来代替个人钻研。任何一种专业知识，都有其系统性和完整性，不能支离破碎枝枝节节的学习一点。读书一定要每一个学习的人，各自消化咀嚼，不能接力，也不能用流水作业的办法。我们在学习上的分工，表现在不同的专业上，如有人学航空，有人学历史，至于每一个专业课程，就必须要自己从头到尾、自始至终的把他学完，才有可能学好。

而且，一班中的程度总是不同的，至于不同的原因，情况也很复杂，有的同学不用功可能是思想问题，但也可能是种种条件不同。经过一定的努力，有些差别可以消灭，而有些则一时不易弥补。当然，我们的要求是每一个同学都学习好，那就是希望同学各自在不同基础上，都能力争上游，要求程度差些的赶上学习好的，也要求学习好的更进一步成为更好的。如果实行"包干"办法，程度好的负担过重，自己专长不能发展，限制了他求得更深造诣的机会，也妨碍了学习差的同学不能更好的锻炼自学思考能力。于好于差，皆非所宜。而且时间一久，就必然会形成向下拉平的现象。所以在学习上不能强求一律，要允许个人发挥自己特长。我们应当认识不平衡的现象是普遍的客观规律，世界上没有绝对的平衡发展的东西。希望完全拉平，是主观主义的愿望，而且为了追求指标，往往流于形式，造成为分数而分数的现象，这都是违背了学习的特点、欲益反损的作法。

第三，读书要有坚忍不拔的毅力，顽强不懈的精神，要刻苦钻研，循序渐进。

读书要注意它的长期性和艰苦性，不能妄想"一蹴即就"，也不能依靠评比竞赛或短期突击，企图做到"毕其功于一役"。有人问我读书有什么秘诀，我想读书并没有什么秘诀，如果说有秘诀的话，那就可以说是要有决心，有恒心，刻苦钻研，循序渐进。"天下无难事，有志者成之；天下无易事，有恒者得之。"任何学问，都是靠较长期的积累得来的，除了有些书是备查的，有些书是供参考外，而关于专业必要的书，就一定要认真仔细地读，不能浮光掠影，不假思索，更不能走马观花，匆匆一瞥，一定要下马看花，仔细揣摩，深入领会其含意，细致追究其底蕴，然后才能融会贯通，得心应手，左右逢源。在学习上并没有什么"捷径"可走，也不能采取任何粗暴的简单的方法。评比竞赛也可能暂时看来轰轰烈烈，表面上或可以达到所谓"多快好省"，而实际上却适得其反。古人说"欲速则不达，见小利则大事不成"，这话是很有道理的。要想学得好，学得快，就要循序渐进、踏踏实实地去学，这不是为了慢，而相反的正是为了快。

至于说评比竞赛可以造成声势，可以促进学习。事实上也不尽如此。学习上的跃进，并不体现在轰轰烈烈的声势上，有时千军万马，声势逼人，反倒妨碍了运用脑力，不能保持冷静的头脑，心浮意扬，踏不下心去，学习的力量就会分散，精神也不能很好地集中，学得必然不能深不能透。促进同学学习，主要是靠思想觉悟的提高，专靠声势，是不能持久的。毛主席在谈到学习语言的时候曾说过："语言这东西，不是随便可以学好的，非下苦功不可。"我想我们在学习任何专业时，都应深入体会毛主席的教导。学习任何科学、任何专业，都不是随便可以学好的，都非下苦功不可。那些不肯下苦功去学习的人，在学习上马马虎虎，粗枝大叶，或是不求甚解，临阵磨枪的人，其结果只有一个，就是"学不好"。青年人应该明确任何科学，都不是高不可攀的；但也应该明确，任何科学也都不是很容易就能学好的。一定要认真钻研，勤劳刻苦。正像马克思所说的："在科学上面是没有平坦的大路可走的，只有那在崎岖小路的攀登上不畏劳苦的人，有希望到达光辉的顶点。"相传李白年少时，读书遇到困难就不想学了，回家的路上遇一老妪正磨铁杵，李白问她为什么，她说要做针。李白笑她太笨，她说"功到自然成"。李白大为感动，于是继续学习，终至学有成就。所以俗语说"若要工夫深，铁杵磨成针"，意思就是勉励人学习要耐苦精进。当然现在我们作针也不必用铁杵去磨，不过是要我们记住无论做任何事，包括读书，总是要有这种坚忍不拔的精神，要认识读书的长期性和艰苦性，短期突击的办法，总会事与愿违的。

最后，希望青年同学们进一步认识今天的幸福，抓紧时机，认真读书，力争上游。今天的青年是生长在幸福的时代，我们不要说过去广大劳动人民的子女，都被剥夺了受教育的权利。更不要说在国家多难的年代，多少青年为了挽救国家民族的危亡，英勇地肩负起救国救民重任，甚至付出自己宝贵的青春和生命。就是那些有读书机会的人，又哪里能想象得到今天的幸福环境，哪里能有今天的美好条件呢？

今天党和人民给青年安排好极优良的学习环境，随时给青年们指出前进的方向，殷殷教导，无微不至的关怀，教你们如何向前、如何向上,教你们如何作人,如何学习,期望你们将来都能成为国家栋梁,成为国家有用的人才。在学校里,老师们在殷切的教课,职工们为学生能够学习好在努力的工作,有些学校图书馆里有几十万、几百万册图书,实验室有无数的精密仪器和珍贵药品。同学们思想上有些问题解不开,马上有人来帮你分析,功课上有些困难,很快就能得到辅导。体育文娱形式多种多样,同学们可以充分发挥自己才能。

想起我们念书的时候,根本谈不到什么培养,有时简直是摧残。从年岁很小就整天呆板地坐在书房,念着自己不懂连老师也不见得懂的《书经》、《易经》等书,枯燥的背诵着难以理解的字句,真是"周诰殷盘,佶屈聱牙"。背不下来,老师手拿硬木戒尺,向着头上狠狠地一阵乱打,打得头昏脑涨。思想被束缚着,精神被威胁着,什么儿童心理,什么聪明智慧,一概不得发展。到了自己懂得读书的时候,那时也没有图书馆,书都是自己买或向人借看,有用的书就自己抄下来。在我的家乡附近左右几百里内,连一部二十四史都没有,我还记得很清楚,有一本家从外地买来一部竹简斋廿四史,就轰动了一时,要看的人都要走很远路程去他家翻看,我常常是夜里提着纸灯笼,到他家借着看看。后来到北京,读书的条件虽然好了一些,但还是困难重重。有几年我住在宣武门,因为做研究工作,要到安定门当时的京师图书馆阅读《四库》,交通也不便,从北京的西南角到东北角,一去一来在路上就要费去二三个小时。后来各校都有了图书馆,而藏书也是有限,自己要些什么材料,往往是东借西抄,而且学习也没有人指导。不过应该说我当时的读书条件,还是较好的,更不知有多少人还更加困难。但是就在那样的困难条件下,有些人还是刻苦自励,在学术上或多或少的做了一点工作。

今天的青年,正处在无比光辉灿烂的伟大时代,党和国家为青年安排好无限美好的光明宽广的大道。青年们真是在享受着极大的幸福,我们这些不会再有青年时代的人,对你们有无限的羡慕之感,应当为你们庆幸,为你们祝贺。同时我也希望你们要认清,青年的时代,是人的精力充沛、才华焕发的时代,只要方向明确,只要方法对头,只要肯钻肯干，一定可以为党的事业，创造出功绩来。所以我希望青年同学们抓紧学习的机会，充分运用现在的学习条件，多动脑筋，多读些书，"机不可失，时不再来"，一个人到老年再学，就是用了极大的努力，而终是要受到身体精力的限制，古人说"时过然后学，则勤苦而难成"，又说"少壮真当努力，年一过往，何可攀缘"！希望青年们抓紧这宝贵的时刻，为使自己成为又红又专、德才兼备，而刻苦顽强的努力学习。毛主席亲切地和青年们说："世界是年青一代的"，"希望寄托在你们的身上"！希望青年们不要辜负党和毛主席的期望。

在历史研究所学术委员会扩大会议上的讲话

各位同志：

今天要讨论的问题很多，我只就几个方面谈一谈个人的看法，请大家指教。

今年元旦我偶然得一对联，是集《论语》句子的："欲寡过而未能，不知老之将至"。在新的一年开始的时候，想到时光过得真快，自己进步很慢，第一联因自己感到学习不够，思想改造还不彻底，欲寡过，但未能，还要继续学习。好在在新社会，希望无穷，虽然年过八十，在思想上、学术上还愿意和大家一起前进，因此得了第二联的"不知老之将至"。

学部委员开会时，谈到在学术战线上，党和非党的研究人员之间，青年力量和老科学家之间，要建立良好的密切的合作关系。我想这是很重要的。因为自己不能算是新生力量了，所以很自然地就常想到老知识分子、老专家的问题。

郭老在学部开会时，号召老专家多写作，他说不要以为自己老了，衰退了,要以精神年龄克服身体年龄。

俗话说:做到老,学到老,学到八十也不算巧。我就有深刻体会。不学习,还觉得自己已差不多了,越学习才越觉得不够,真是"学然后知不足"。

我们很多人都在高等学校工作,都教过书,不教书有时还不觉得,越和青年在一起,越教课,就感到今天青年真不得了,知道的比你多,所以也是"教然后知困",这两句话是古人经验的总结。

青年人政治热情高,敢想敢说敢干,顾虑少,干劲足,说错了,改正,重新研究,天不怕地不怕。上了年纪的人,当然大多数人积极性也很高,但也有极少数人就是话到唇边留半句,怕挨批评,怕丢面子,怕影响名誉地位,总之是顾虑重重。

我们师大的各系,老专家不多,这几年工作重、任务多,老专家们确实起了很大的作用。而学生有几千人,很多课程就是年轻老师担起来了,有些课还是水平很高的。看到他们的成长,不仅是后生可畏,实在是后生可爱。他们是学术界可靠的力量,老专家如不和他们密切合作,吸取他们的所长,真是要落在后面了。

当然也应当承认,他们的底子薄,基础知识不够,认真读书的风气,还要进一步加强。但是青年们在党的领导教育下,他们方向正确,我看这一条比什么都重要。方向正确,思想对头,学专业知识,只要有三五年,就要刮目相看。

我们过去就是吃亏没有领导,自己乱撞,没有正确方向。其实道路早有人指出,自己就是看不见,走了多少冤枉路,绕来绕去,才找到正确方向。

青年们从一入门,就是在正确道路上前进,就有马列主义作指导,今天底子薄,明天就会后来居上了。

学校里有些老教师,看不起青年教师,认为自己读书多,自命不凡,我常说我们谈起王子安《滕王阁序》,读起曹子建与杨德祖书时,摇摇摆摆,觉得他了不得,其实曹子建、王子安作这些文章时,都是十几二十岁的青年。对古时的青年就看得起,对今天的青年就觉得不行,这是什么道理呢？

当然老知识分子，不能把自己估计过高，狂妄自大是不好的，但也不能估计过低，妄自菲薄。自己缺少什么，就要奋起直追。如果我们的世界观还没改造好，就加紧改造，政治理论学习不够，就要采取有效措施，学习毛泽东思想，学习毛泽东著作，迎头赶上，以毛泽东思想更好的改造自己。自己有什么专长，也要正确的估计，把专长无保留地教给青年，无保留的贡献给社会主义建设事业。如果对专业有多年研究，只要立场对头了，积极性也就更大了，专长也就可以更好地发挥了。

今天在座的诸位，都是在史学研究工作上，下过苦功的，都各有专长，多专多能，谁都懂得做学问的甘苦。专家就是学术界的宝贝。在旧社会，我们做学问的人，没人过问，大多数都是自己挣扎，社会上就听你自生自灭。今天，我们的新社会，重视学术发展，重视研究学术的人，给我们种种方便，正是英雄用武之时，也正是英雄大有用武之地。所以我们不但要百家争鸣以推动史学的发展，而且也要百花齐放，要所有的花都尽情地开放，自己会什么就写什么，能什么就干什么，各尽所能，各自发挥特长。

史学研究的方面也是很宽广的，该做的事情很多。多少问题还没有统一看法，多少古籍还没有整理出版，我们一生所积累的，苦心钻研的心得，也还没有尽量地都传授给青年，没有传授给下一代，这些都有待于我们更进一步的努力。

我们老专家，要学习青年的所长，也要帮助他们补其所短，使我们自己的接班人，都能有坚定的立场，较高的理论，并能精通史学专业，使我们的接班人个个都胜过我们，我看能在这方面出一把力，就是我们老一辈的责任。

总之，在史学领域里，该作的事是多的，真是大有可为。旧社会留给我们的专家不是太多，而是太少。这少数的专家，一定要很好的发挥自己的作用，才对得起这个社会。究竟应该怎样发挥力量，怎样合理安排劳动力呢？这是值得很好研究的问题。总的怎样安排，自己怎样才合适，大家都可以考虑一下，大家献策。

新社会人人是主人，史学研究的推动，每一个史学工作者都有责任，我看谁都不能作旁观者，谁也都愿意在建设事业上尽一把力量。社会主义的史学，不单是党员和青年的事，要所有史学工作者团结合作，携手并进，取长补短，才能作好。

今天我国的学术水平，还不能达到国家对我们的要求，还要我们每一个科学家艰苦努力。党与非党，青年与老年，都要互相学习，共同担当起摆在我们面前的战斗任务。

今天我在诸位面前，年岁恐怕是最大的，如果说我是老年，可以说大家都还在青年有为之时。但我也不服老，希望我们互相勉励，互相督促，使马列主义的优良学风的树立，在我们这些人手里作出成绩来。

这是我要讲的第一部分，此外还有几点小小意见，是我的看法，可能是错误的，今天谈谈，和大家讨教。

现在有些学术性的论文，空论太多，闲话不少。有时看到报上的一些长文章，登了满满一整版，而细细分析一下，如果把重复的、空洞的话减去，就可以省掉一半。现在大家工作上都争分夺秒，言之无物的文章最好是少写，看起来太费眼力，更重要的是太费时间。如果一人费十分钟，一百个人就费一千分钟，就是十七小时，等于费去一个人两天的工作时间，这是多大的浪费！著书也是如此，有的书长达几百万字，如果减去重复的、空洞的话，至少也可以省去一半。毛主席称这种文章为"空话连篇、言之无物"，说这就是下决心不要群众看。

文章不怕长，但要有内容，没废话，能够让人懂。有一种文章，看起来洋洋大观，而一句话绕来绕去，看了半天看不懂，不知他说的是什么。前几天，我看到报上有一篇学术论文，文章太长，编者在前面写了一段内容提要，而提要也很长，文字也看不懂。我看写文章总要使人能看得懂才好。毛主席的文章，理论深，文字简练，通俗易懂，即所谓深入浅出。当然，写文章要学到毛主席那样炉火纯青的地步是不容易的，但总要使更多一点的人能看懂，才能达到应有的效果。就是所写的理论高，学问深，但至少也不能使大多数人看不懂。

还有批评的文章,也应做到以理服人。我们反对批评人采取简单粗暴的态度,不要对别人一笔抹杀。但也有人态度并不简单粗暴,就是不能服人。有些像毛主席所说的"装腔作势、借以吓人"。毛主席说:"无产阶级的最尖锐最有效的武器只有一个,那就是严肃的战斗的科学态度。共产党不靠吓人吃饭,而是靠马克思列宁主义的真理吃饭,靠实事求是吃饭,靠科学吃饭。"毛主席的这些话,我们还要很好地学习和宣传。

我认为,发表的文章,最低要求应当:(一)理要讲清楚,使人心里服;(二)话要讲明白,使人看得懂;(三)闲话不说,或者少说。

对科学研究工作来说,资料工作是很重要的。解放以来,已经出版了大批资料,但还远远不能满足工作需要,所以我们还要大搞资料工作。

有人认为,资料工作是为别人服务的,本身不是研究工作,所以就看不起,并且不愿做资料工作。我认为不管资料工作算不算科学研究,我们也不能不重视,看不起这种"服务行业"是错误的,我看至少是缺乏全局观点。学术理论是为人民服务,资料工作也是为人民服务。研究和著述,离不开资料,我们史学工作者提不出史实,就无法论证。我曾在《中西回史日历》一书序里谈到资料工作和工具书时说:"兹事甚细,智者不为,然不为终不能得其用。"资料工作总是要有人去做;不做,资料就不能很好地被利用。

依我看,理论是作战方针,资料好比弹药。只有弹药,作战方针错误,打枪没有方向,则不能取胜。但如果只有正确的方针指导,而枪炮没有弹药,作战也难以取得胜利。供应弹药,是后勤工作,是为作战有利。搞资料工作就是为编书,为写著作服务。认清这个明确的目的,就会知道任务的重要。但是要搞资料工作必须有毛泽东思想作指导,要政治挂帅。以正确的思想来指导资料工作,才能作为资料的主人,才能掌握资料,使资料为无产阶级的政治服务。不然,就会跟着资料跑,做了资料的仆人。

我认为前人搞过的资料、工具书等,其中一部分,我们可以在原有的基础上改编、修订。凡是还能暂时利用的，我们也可以先加以利用，等到行有余力，再作加工工作，再改编或重编，成为具有社会主义水平的资料书和工具书。

现在条件好，资料工作可以有领导、有计划地进行，可以集合群众力量、集体力量，可以互相协作。当然全国的统一领导和规划也是十分重要的，不然，就会浪费人力。

谈谈我的一些读书经验

我早就想和大家谈一谈，但是由于时间和身体的关系，今天才得如愿。你们毕业后是去作教育工作，又是学历史的，所以我和你们真正是同行。我从事教育工作几十年，研究历史也有几十年，时间很长，但是时间长，并不能说明问题。解放前在旧中国，由于当时历史条件的限制，和自己思想的局限，走了很多弯路，浪费了很多精力和时间，所以成功的经验不多，失败的经验却不少。不像你们处在这样好的时代。你们大多数人在全国解放时，不过才十二三岁，或者更小，是在党的教育下成长起来的，这是很大的不同。因为今天的社会处处都为青年着想，告诉你们应当怎样走，告诉你们为什么应当这样走。党和政府给你们尽量创造一切有利的条件，就看自己是不是努力了。只要努力，比起从前来就能事半功倍。

你们马上就要毕业了，本来我有很多话想说，但也不能一下都谈到，今天只谈谈有关读书的一些问题。这可能对你们毕业后在工作中自己进修时有所帮助。先谈一下我个人读书的经过。

十二岁以前，在学馆读四书五经，只是呆板地死背，不能背就挨打，只有用逃学一法来躲避。

十三岁发现张之洞的《书目答问》,书中列举很多书名,下面注着这书有多少卷,是谁所作,什么刻本好。我一看,觉得这是个门路,就渐渐学会按着目录买自己需要的书看。十五岁广州大疫,学馆解散,因此不用学习科举的八股文,所以有时间读自己喜欢读的书,在三年时间里看了读了不少书,打下初步基础。

十八岁入京应试,因八股不好,失败。误听同乡一老先生的劝告,十九岁一面教书,一面仍用心学八股。等到八股学好,科举也废了,白白糟蹋了两年时间。不过也得到一些读书的办法。有人问我当时读书是用什么办法,其实也没有什么别的办法,法子是很笨的,我当时就是"苦读",也就是我们现在所说的刻苦钻研,专心致志,逐渐养成了刻苦读书的习惯。

科举废后,不受八股文约束,倒可以一面教书,一面读书。当时读书,就是想研究史学。中间有几年还学过西医,办过报纸,但读书和教书从未间断,因此《四库全书总目提要》读过好几遍。可惜《四库提要》所著录的书,许多在广州找不到。

辛亥革命后重入北京,时热河文津阁《四库全书》移贮京师图书馆,因此可以补读从前在广州未见的书。如是者十年,渐渐有所著述。

我读书是自己摸索出来的,没有得到老师的指导,有两点经验,对研究和教书或者有些帮助:

一、从目录学入手,可以知道各书的大概情况。这就是涉猎,其中有大批的书可以"不求甚解"。

二、要专门读通一些书,这就是专精,也就是深入细致,"要求甚解"。经部如论、孟,史部如《史》、《汉》,子部如《庄》、《荀》,集部如韩、柳,清代史学家书如《日知录》、《十驾斋养新录》等,必须有几部是自己全部过目常翻常阅的书。一部《论语》才一万三千七百字,一部《孟子》才三万五千四百字,都不够一张报纸字多,可见我们专门读通一些书也并不难。这就是有博,有约,有涉猎,有专精,在广泛的历史知识的基础上,又对某些书下一些功夫,才能作进一步的研究。

我们研究历史科学,需要知道的知识幅度很大,要了解古今中外,还要有自己较专门的学问。如果样样都去深钻,势必由于时间、精力有限,反使得样样都不能深,不能透。但是也不能只有专精,孤立地去钻研自己的专业,连一般的基础知识都不去注意,没有广泛丰富的知识,专业的钻研也将受到影响。学习历史也是如此,中国不是孤立于世界之外的,不了解世界历史,学中国史就必然受到限制,就不能很好地懂得中国。研究宋史,不知道整个中国历史发展过程,则宋史也学不通。研究任何朝代的断代史,都不能没有通史的知识作基础,也不能没有其他必要的各方面的知识。

不管学什么专业,不博就不能全面,对这个专业阅读的范围不广,就很像以管窥天,往往会造成孤陋寡闻,得出片面褊狭的结论。只有得到了宽广的专业知识,才能融会贯通,举一反三,全面解决问题。不专则样样不深,不能得到学问的精华,就很难攀登到这门科学的顶峰,更不要说超过前人了。博和专是辩证的统一,是相辅相成的,二者要很好的结合,在广博的基础上才能求得专精,在专精的钻研中又能扩大自己的知识面。

中国历史资料丰富,浩如烟海,研究的人,不可能也不必要把所有的书都看完,但不能不知道书的概况。有些书只知道书名和作者就可以了,有些书要知道简单的内容,有些书则要认真钻研,有些书甚至要背诵,这就是有的要涉猎,有的要专精。世界上的书多得很,不能都求甚解,但是要在某一专业上有所成就,也一定要有"必求甚解"的书。

同学们毕业之后,当然首先要把书教好,这是你们主要的任务;另外,在自修的时候,可以翻阅一下过去的目录书,如《书目答问》、《四库提要》等。这些书都是前人所作,不尽合于现在使用,但如果要对中国历史作进一步的研究,看一看也还是有好处的。

懂得目录学,则对中国历史书籍,大体上能心中有数。目录学就是历史书籍的介绍,它使我们大概知道有什么书,也就是使我们知道究竟都有什么文化遗产,看看祖遗的历史著述仓库里有什么存货,要调查研究一下。如果连遗产都有什么全不知道,怎能批判?怎能继承呢?萧何入关,先收秦图籍,为的是可以了解其关梁厄塞、户口钱粮等,我们做学问也应如此,也要先知道这门学问的概况。目录学就好像一个账本,打开账本,前人留给我们的历史著作概况,可以了然,古人都有什么研究成果,要先摸摸底,到深入钻研时才能有门径,找自己所需要的资料,也就可以较容易地找到了。经常翻翻目录书,一来在历史书籍的领域中,可以扩大视野,二来因为书目熟,用起来得心应手,非常方便,并可以较充分地掌握前人研究成果,对自己的教学和研究工作都会有帮助。

现在青年,有很好的机会,就是有参加实际锻炼的机会。四年来,你们在党的教育下和实际锻炼里,坚定了社会主义方向,提高了政治觉悟,有了比较明确的观点,善于分析问题,可以更好地明辨是非,又得到书本上得不到的活的知识,这都是最重要不过的。

有人说,有些青年基础知识差,这当然也是一个重要的问题,你们在校四年虽已经打下一些基础,但我们要更高地要求自己,今后还要在这方面多多注意。基础知识好比盖房时的地基,地基不打结实,房子就会倒塌。我国各行各业都有注意基本训练的优良传统,拳术、武术,初学时要花很多时间练好一招一式;戏剧科班,先学唱做念打,先练基本功。读书更是如此,古人读书,先背诵一些基本书籍,写字先学会拿笔和写字姿势,讲究横平竖直,作诗先学作联句对句,学习诗韵。研究一门科学,基本知识更是起码条件,不打好基础,就好像树没有根。当然前人对基本知识的要求与我们现在不同,但尽管有不同,而基本知识总是应当注意的。如学习历史,就必须学会阅读古文,要至少学会一种外语,而且要有一定的写作能力,这就是必不可少的。大家在哪些方面还没学好,今后还要在这方面多多努力。

要想获得丰富的知识,必须经过自己钻研和努力,没有现成的。只要踏踏实实地念书,就会有成绩,不要以为学问高不可攀,望而生畏,但也不能有不劳而获的侥幸思想。

不管别人介绍多少念书经验,指出多少门径,但别人总不能替你念,别人念了你还不会,别人介绍了好的经验,你自己不钻研、不下功夫,还是得不到什么。而且别人的经验也不见得就适用于自己,过去的经验，也不一定就适用于今天，只能作为参考，主要还是靠自己的刻苦努力。

读书的时候，要做到脑勤、手勤、笔勤，多想、多翻、多写，遇见有心得或查找到什么资料时，就写下来，多动笔可以免得忘记，时间长了，就可以积累不少东西，有时把平日零碎心得和感想联系起来，就逐渐形成对某一问题的较系统的看法。收集的资料，到用的时候，就可以左右逢源，非常方便。

学习是不能间断的，更是不能停止的，要注意学习政治，学习经典著作、毛主席著作，并要经常学习党的政策。要不怕艰难困苦，做到吃苦在前，享乐在后。要谦虚，不要以为自己是北京师大毕业就看不起人；不要以为自己已经大学毕业，学习得就已经够了。毕业只是在学校学习阶段的结束，更长期的新的学习阶段，还是刚刚开始。我已八十二岁，越学习越觉得自己不够，你们连二十八岁还不到，应该学的东西还多得很呢！要趁着年富力强的时候，刻苦钻研，努力读书，时不待人，到了八十二岁再学，总是太晚了。古人传说梁灏八十二岁中状元，这毕竟是极个别的事情，你们不要等待、观望，要趁着年轻，脑力、体力都好的时候，抓紧时机。机不可失，时不待人。

春风桃李　百年树人
——北京师范大学六十周年校庆

北京师范大学在一九○二年即清光绪廿八年创办，到现在已整整六十年，六十年的时间不算很短，已是花甲之年，是一个老学校了；但是她获得自己的新生命，却还不过十三年，所以同时她也是一个新的学校。

我国的师范教育，是在清季兴办学校后，适应当时各校师资的需要开始的，我校也就是在这时建立的。她是我国最早的师范学校之一，在我国教育发展史上占着重要的位置。师范教育是发展教育事业必不可少的一个重要环节，没有专门培养师资的师范学校，各级学校教师就难以大量补充，学校教育的发展必然受到限制。师范教育虽然如此重要，但是，在旧社会文化教育事业根本不被重视，所以师范教育更有它的不幸遭遇。以我们北京师大来说，在旧社会四十七年的兴衰变化，就是一个非常典型的例子。

我校最初原是京师大学堂附设的师范馆，后改为优级师范科，六年后独立为京师优级师范学堂，到一九二三年改为北京师范大学。由于当时政局多变，而且反动统治阶级内部时有矛盾，又加以各派学阀的垄断跋扈，就常常波及到我校的安危，历代反动统治者都对北京师大异常歧视，屡加排挤，或者操纵把持。在解放前的四十七年中，忽而下令停办，忽而让我们停止招生，忽而改组，忽而合并，有时要隶属于其他大学，有时声言应废止师范教育，有时改为学院，抗战胜利后，又不准复校，种种刁难，百般打击。解放前学校校名就曾变动约十八次，校长撤换了近二十次，四十七年间几乎没有一天不是在艰难动荡之中。为了学校的存在，为了我国中等学校有专门培养教师的机构，为了我国高等师范教育的独立设置和整个教育事业的发展，我校师生，曾多次向当时统治者据理力争，展开辩论，不断地示威、请愿，在多少斗争中，北京师大才逐渐形成，逐渐完备。我校师生的斗争，维护了师范大学的独立，使我国高等师范制度在教育系统中肯定下来，为我国师范教育的奠定和发展，打下了良好的基础。

随着中国革命的历史进展，解放前的北京师大在政治运动中，也与全国人民一起进行了一系列的坚定顽强的斗争。早在五四时期，我校同学就站在政治斗争的前列，参加了反帝爱国运动。从这以后，学校中新旧势力展开了一系列的激战，师生们在当时新文化思想影响下，向封建文化和帝国主义文化猛攻，并配合着新文化运动，在学校里推行文字改革。经过"五卅"、"三一八"以后，进步力量锻炼得更加坚强。一九二七年大革命失败后，国民党反动派对进步势力的摧残迫害日甚一日，我校进步师生在中国共产党地下组织领导下，对黑暗势力的斗争始终没有停止过。一九三五年我校学生参加了"一二九"、"一二一六"爱国抗日运动，他们的思想觉悟更有了提高，许多同学加入了民族解放先锋队，逐渐走上革命的道路。一九四六年自反美军暴行示威游行开始，运动迅速展开，在"抢救教育危机"和"反迫害、反饥饿"的斗争中，师生们逐渐团结起来，反动派非常恐惧，乃在一九四八年四月九日对我校师生大规模的逮捕和屠杀，制造了"四九血案"和"四一一"暴行，激起我们对反动派更猛烈的抗击。总之，我校进步师生在党的领导下，向反动统治阶级进行了长期的前仆后继、英勇不屈的斗争，和全国的进步力量汇合在一起，在祖国的革命斗争的历史上写下了光辉的一页。

一九二九年我来到旧师大历史系任课。当时这个学校正是岌岌可危，有时无校长，校务陷于停顿；长期无经费，学校一贫如洗。教职工的薪金经常拖欠，竟至依靠抵押校产，借债度日，师生们在惨淡经营、勉强维持着。也曾经一度因为实在无法开课，同学们发起过"经费运动"、"上课运动"，这些情况，现在的青年同学简直无法想象。很多老教授在这极端困窘的情况下，为了把知识传授给青年，不愿离开他们，仍然坚持着教学；同学们为了学业不致荒废，严冬时在没有炉火的冰冷教室里，仍然刻苦的学习。由于师生们的努力，到抗日战争前夕，我校共培养出毕业生四千多人，百分之八十多都在教育界服务，绝大多数毕业生教学情况良好，深受所在学校的欢迎。我校附中的教师，大多是在师大毕业，他们先后编撰出版了五十多种教材，在当时和以后为许多中学所采用。尽管反动当局对我校摧残压迫，阻挡着我们的进路，但是我校师生对培养中学师资和发展普通教育上，还是作出了不少功绩的。

抗日战争爆发后，师大西迁，八年之间，一再迁徙，搬移往返、长途跋涉，历水登山，困难重重。在西北的八年，设备异常简陋，图书仪器异常缺乏，师生们仍然克服了艰辛困苦，因陋就简地进行教学和学习。

与此同时,我校后来的组成部分——辅仁大学,因为当时在天主教外衣伪装下,表面上不受日寇统治,在各校南迁、燕京大学停办后,具有民族气节和爱国思想的青年学生,因不愿在日寇直接统治下的学校读书,都来投考辅仁;由于种种原因不能离开北平的许多著名教授,因不甘心附逆,也来此任教。随着国际国内形势的变化,学校里的帝国主义分子,更特别加紧了殖民地奴化教育和法西斯残暴统治,企图扼杀中国师生的爱国思想和民族意识,并与日寇特务机关勾结,多次逮捕辅仁的爱国师生,残酷地迫害中国师生的爱国活动。在校内外敌人恐怖统治的极为险恶环境下,辅仁的中国共产党地下组织不畏一切艰险,顽强地领导群众开展反帝爱国斗争,艰苦地进行了发展组织、作抗日宣传及输送进步学生到解放区等活动。也有不少教师在沦陷期间,过着非常清苦的生活,仍努力治学,不任伪职,不参与日伪活动,以坚贞不屈的态度来对待日寇的侵略统治。八年间发表了不少文史专著,在学术上作出了一定的贡献。辅仁大学虽不是师范学校,据了解,毕业同学在教育界服务的也占大多数,一般都能胜任教学工作和其他工作。全校师生苦心孤诣地熬到了胜利。

但是,抗日胜利,学校的灾难并没有结束,反而变本加厉。蒋介石发动大规模的内战后,物价直线上升,教师连最低生活也难以维持,特务在校内横行霸道,逮捕教授,迫害学生,但是他们任何穷凶极恶的暴行,也扑不灭革命的火焰,也挽救不了反动统治即将崩溃的命运。一九四九年一月卅一日北平解放了,我们全校师生欢喜若狂的迎接了北平的解放。从此,北京师大获得了新的生命,在党的领导下,走上了前进的道路。

纵观我校解放前几十年,在中华民族危急存亡的日子里,我们为了争人权、要活命,争民主、反迫害,为了争取读书的权利,为了争取师范教育的存在,都曾付出了极大的力量,所经历的道路是艰苦的,是崎岖的。尽管学校多次变动不宁,但是学校的根本性质未变,一直是掌握在剥削阶级手中,在政治上经济上受到种种压迫和束缚,因此尽管在旧中国她经过了将近半百的岁月,而其发展进度却是非常缓慢的,一直到解放之后,北京师大才为人民所有。解放后短短的十三年,我校已起了根本变化,已从一个半封建半殖民地社会中的资产阶级大学,改造成为人民的、社会主义的新型师范大学,学校进入了空前的大发展时期。

在党和政府的领导下,我们进行了一系列的改革。一九五二年,教师们初步进行了自我思想改造;经过院系调整,我校与辅仁大学合并,规模有了较大发展,师生人数、图书仪器和校舍使用面积都增加了将近一倍。我们学习了苏联先进经验,系统地进行教学改革,改革了教学制度、教学内容、教学方法和教学组织,并建立起比较完整的教育实习制度。一九五三年起,开始建立了新校舍,各系陆续迁往新校,现在我校的建筑面积,已是过去两校面积的四倍多。经过历次的政治运动,特别是一九五七年整风运动和反右派斗争之后,全校师生受到深刻的阶级教育,政治觉悟有了很大提高。在这个基础上,自一九五八年起,我校坚决贯彻执行了党的"教育为无产阶级政治服务,教育与生产劳动相结合"的方针,开展了教育大革命。一九六〇年春,我校响应党提出的中小学"教学必须改革"的号召,积极热情地投入普通教育改革运动,取得了很大成绩,在普通教育改革方面作出了贡献。目前,我们初步总结了几年来的经验教训,进一步贯彻"以教学为主"的原则,对教学、劳动和科学研究作了全面安排,正在进一步为提高教学质量而努力。

解放后,我们学校已有了巨大的变化,发展速度是在旧社会所梦想不到的,十多年来,我们已培养出九千八百多名毕业生,许多毕业生到了工作岗位后,在政治和业务上起了骨干作用。虽然解放前人们都称我们是"穷师大",而就在这"穷师大"里,劳动人民的子女也不过是极少数,解放后工人农民的子弟逐年增加,现在已占绝大多数。教师中,新生力量也在迅速成长,他们在我校教学和科学研究工作中,已成为一支重要力量。此外教职工人数、图书仪器、实验场所,都有了成倍的发展,但是使我们感到变化最大的,还是人的思想面貌的深刻变化。

十几年来,教师们尤其是年老的教师,经过历次政治运动,由于党的耐心教育和教师们自己的努力,在思想改造上都获得了丰收,党重视我们的一点一滴的进步,鼓励我们继续前进,为我们指出前进的方向。大家都感到是在党的教育下才能觉醒,在党的领导下参加了斗争,在党的帮助下思想得到解放,在党的培养下我们都健康地站了起来。我们深刻的感到党和政府对教师的信任和关心,关心我们的思想和工作、学习和生活,我们所掌握的有限的科学知识,党和政府都看做是国家的财富,非常重视。从各方面保证了教师们有必要的工作条件和学习进修的条件,并且得到极高的政治待遇,生活加以照顾,劳逸注意安排,使得一切有专长的知识分子,都能充分发挥自己所长。我们深切的认识到只有社会主义制度,只有人民自己的政府,才能对教师如此重视和爱护。

今天,大家都团结在党的周围,一心一意为人民服务,再也不受帝国主义和反动统治者的气了。过去一切都是人家的,命运掌握在人家的手里,今天真正感到师大是自己的师大,所考虑的是自己怎样才能更好地发挥作用,怎样才能更多地负起责任,把工作做得更好。回忆起过去的辛酸、困苦,面对着今天美好、幸福,展望着未来瑰丽远景,都感到新社会的无限温暖。过去的精神抑郁,苦闷彷徨,生活窘困,甚至颠沛流离,所有这一切,都一去不复返了。于是当家做主的主人翁思想迅速的成长起来,感到胜利是我们自己的胜利,成绩是我们自己的成绩,甚至连困难和缺点也是我们自己的,我们可以用自己的双手,战胜困难,克服缺点,把工作质量更迅速的提高。为了搬掉现在横在我国人民面前的经济贫穷和文化落后这两座大山,我们应当贡献出更大的力量。为了建设社会主义的新师大,我们更是责无旁贷,义不容辞。

我们也进一步认识到从事高等师范教育的重要意义,高等师范培养出的人民教师,影响到今后千百万青年的成长,古人说:十年树木,百年树人。培养人的工作,是社会主义建设中的百年大计,不容忽视。师范教育办得好坏,关系中学教学水平和大学招生质量,对于培养我们的后一代——共产主义接班人有着深远的意义,目前我国中小学在校学生有一亿人左右,因此师范学校毕业生工作的好坏,也有着非常广泛的影响。所以说高等师范教育是整个教育事业的中心环节,关系到全国人民能否掌握科学文化知识的问题,也关系着我国科学技术水平、攀登科学高峰的问题,我们认识到自己工作的光荣和重要,虽然我们的工作已取得不少成绩,但是比之伟大的目标,还差得很远,我们应当提出更高的要求,进一步改造思想,继续改进工作,加倍努力地把工作做得更好,才不辜负党和人民对我们的期望。

今天欢祝北京师大六十周年,我个人是感触很深的。我自十九岁开始教书,在教育界工作已有六十多年,曾在各种类型的各级学校任教,亲眼看到这六十年的变迁,亲眼看到北京师大的种种遭遇,也亲眼看到解放以来翻天覆地的变化,真有道不完的今昔对比,说不尽的沧海桑田,抚今思昔,恍如隔世。过去的教育界凋零衰敝,今天的教育事业欣欣向荣;过去北京师大风雨飘摇、苟延残喘,今天我们学校已规模宏壮、朝气蓬勃。过去自己也曾对文教工作抱过一些美好的响望,但却常有"俟河之清,人寿几何"的感慨,而今天我们解放仅仅十三年,就已经有了这惊人的变化。过去自己也曾想做出一点贡献,但是在那样的社会里知识分子能有什么出路,历史的经验证明,知识分子只有与党结合在一道,才能有出路,才能有前途,才能有所贡献。眼看着我们北京师大的迅速成长,看到我们教师的迅速进步,怎能不令人欣喜无限、兴奋万分呢!

六十年来,特别是解放后十三年来,我们已培养出大批中等学校的师资,以我们学校来说,真可算是"桃李遍天下"了,在这"春风桃李花开日",欢庆学校诞生以来的第六十个春天的时候,让我们高举毛泽东思想的红旗,继承我校的优良传统,师生紧密团结,同心同德,克勤克俭,发愤图强,为培养更多又红又专的人民教师而奋斗吧!

与历史系毕业生谈学习历史的门径

首先我向你们祝贺胜利的读完了大学四年,从此以后,我们都是教历史的教师了,都是教育工作,都是研究历史,这两件事是我做了一辈子的工作,一直到现在还在继续,今天我就从历史和教学方面简单地讲几句话。

四年来,你们学了不少东西,有些课程,比如马列主义理论课程,我几十岁才得接触,而你们二十几岁,甚至十几岁就学了,这是你们莫大的幸福,因此我们这一辈的条件远不如你们。你们现在又有专业知识,又有理论水平,有史有论,在全国来说,历史系的大学毕业生也不算太多,所以你们不要小看自己,应当认识四年的学习是有很大收获的,已经打下了很好的基础。

但是这只是一方面,另一方面,也应当认识大学毕业,只是学校学习的结束,而是新的学习阶段的开始。今后几十年在工作里,仍要继续学习,因为学无止境,学习永远不能停顿,学如逆水行舟,不进则退,时代天天在进步,你却停止向前,自然就落后了。尤其是作人民教师,跟不上时代,教书就渐渐不能胜任。只有学而不厌、诲人不倦一齐来。如果在学习上满足了,怎么诲人不倦呢?这是很重要的一点,希望你们今后在工作中仍要努力学习,学而后知不足,教而后知困,不断学习,才能把书教好。想要把书教好,就要加紧学习,教与学是不能分开的。

有史有论,有教有学,就是我们这些作教育工作,又是研究历史的干部所应当具备的条件,也是我们今后应当努力注意做到的事情。

下面谈谈学习。今后你们的学习,主要是靠自学了,有了四年大学的底子，在自学中更提高一步，也并不困难，一个人的一生，上学的时间不过十几年，而毕业之后的时间却是几十年，所以每个人的绝大部分时间都要靠自学。

作教师，不但上讲台要能讲，要求有表达能力；而且下讲台要能写，写出文章必须简单扼要、明白通顺，写出的字迹，最低要求是使人认得，清楚整洁。这是说一般的教师，做一个历史教师，又要有历史的知识。

学习历史、研究历史，应当具备的知识是极为广泛的，古今中外，无所不包，要学"古"，就得懂文言文，能阅读古籍，要学"外"，就得懂一二种外国语，能翻找原文材料。

研究中国历史，应从何入手呢？中国历史悠久，历史材料极为丰富，各朝各代，都有史官记载，没有间断过，又有官修史书以外的各方面的典籍，经史子集，都是历史材料，这是一笔非常宝贵的遗产，这批"遗产"究竟有多少呢？如果自己研究一个专题，怎样去寻找材料呢？看来书籍这样多，如汪洋大海，一时找不到头绪，而实际上只要掌握了规律，还是有途径可寻的，也并不是难事。

我自己在这方面有一个经验，大家可以参考。我当时初步入门，是从目录学入手的，掌握了目录学的知识，我感到一生得益不少。

因为尽管你天天念书，但是终不能把所有的书都念到，所以要先知道中国书有多少门类，每门类有些什么书？是谁作的？有什么版本？内容大概是什么？好不好？这些问题，如果有些目录学的知识，原书虽然没有念过，却可以先了解到书的大概。

现在高等学校的课程，讲目录学的还很少，所以同学读到大学毕业，所知道的书还不很多，有时甚至是极普通的书都没有听见过，廿四史不知都是什么书？更不用说作者和内容了。我看目录学有提倡的必要，有志做学问的人，有研究他的必要。

所谓目录学，并不仅仅是看一看书目的单子，而是可以在里面得到学术的源流，可以知道读书的门径，可以了解材料，选择材料，了解前人对某书的看法，再用今天自己的理论水平来认识，来继承和批判。

前人的观点，今天看来也不一定都对，但是你已经是大学毕业生，应当先了解，然后自己就可以加以分析批判，如果连这些都不知道，还谈什么去粗取精呢？

康有为在桂林讲学的时候，曾和学员们说过："《书目答问》常置怀中，学问自然长进。"我看这话也有道理。现在有关目录学的书还不多，我们还是可以利用前人所作的书，《书目答问》是比较简单的目录书，清朝末年出版，此书一出，风行一时，五六十年中，受到这书益处的人不少。

不过这书比较简单，只看它是不够的，较详细一些的有《四库全书总目提要》，凡是《四库全书》所收的书，不但有目录，而且每本书都有提要，多者一两千字，少者几十字，提要里说明每一书的时代、作者、版本、内容，大体上都是经过考订的，并且有的书还说明前人对此书有什么批评，作者对此书的看法。凡是乾隆以前的书，差不多都有了，读了它，不用进图书馆，大体上就能掌握了史料。

我们还可以从《四库》所著录的，或是放在存目的书中，从它的去、取、褒、贬之中，看出来当时的政治目的。有时由于《提要》里的称赞，我们了解到某书的价值，也有时由于提要的痛骂，我们也了解到某书的价值。比如明朝李卓吾是反封建礼教和反道学思想的著名人物，他所著的《藏书》，内容是他对自战国到元末许多历史人物的看法，实际上是为许多历史人物写的翻案文章。他在《藏书》自序中说：千百余年，独无是非，并不是真没有是非，而是都以孔子的是非为是非。这话今天可以随便说，但是三百年前说这话，反对孔子是不得了的，所以《提要》把《藏书》放在别史类存目，批评它说：李卓吾的书都是"狂悖乖谬，非圣无法"，这本《藏书》更是"排击孔子，别立褒贬，凡千古相传之善恶，无不颠倒易位，尤为罪不容诛，其书可毁，其名亦不足以污简牍"。又说：李卓吾是"小人无忌惮之尤"，说他著的书"毫无义例，总无一长之可取也"。

既然《藏书》这样坏，为什么还放在存目呢，《提要》自己说，是因为当时有很多"乡曲陋儒，震其虚名"，还有对李尊信不疑的，如果置之不理,恐怕有人好奇心盛,反倒搜寻这书,所以"特存其目,以深暴其罪"。

这不是很清楚地看出《提要》的政治目的吗？不是正可以因为它的痛骂,我们反能够了解《藏书》内容和价值吗？

所以尽管《书目答问》、《四库提要》都已是几十年、几百年前的著作了,但是我们还能够加以利用的。常翻常看,尤其是更多的翻看史部的书籍,虽然它是乾隆、光绪的水平,对我们掌握资料、熟悉资料,是有很大好处的。

我自己的经验,认为这是读史的门径,当然时代不同,条件不同,门径也不可能都相同,现在常常接到各地的群众来信或是杂志报纸来访,让我谈谈读书经验,我觉得我的经验,是六七十年前的老经验,不一定今天还适合,所以不愿谈,但是如果谈,经验就是如此,我确是得到过这两本书的好处,至于你们年轻人是否还应如此,我看可以作为一个参考吧！